文化的力量

REV.

改變全世界

永久檔案

Permanent Record

愛德華・史諾登
Edward Snowden

蕭美惠
鄭勝得
譯

獻給L

目次

第二部

第三部

前言

我的名字是愛德華・約瑟夫・史諾登。我曾經為政府服務，但現在，我為民眾服務。我花了將近三十年才明白這是有差別的，而當我明白時，我在辦公室惹出了一些紕漏。結果，我現在把時間都用於保護民眾不受我以前身分的危害——一個中情局（CIA）和國安局（NSA）的間諜，又一個自以為可以打造美好世界的年輕技術專家。

我在美國情報體系（IC）的生涯僅持續短短七年，我很訝異地發現，這只比我在不是自己所選擇的國家流亡的時間多了一年而已。然而，在七年的任職期間，我參與了美國間諜活動史上最巨大的改變——由鎖定監視個人轉變為大量監視全部人口。我在技術上進行協助，讓一個政府得以蒐集全世界的數位通訊，長期儲存，並且隨意在其中搜尋。

九一一恐怖攻擊之後，美國情報體系對於未能保護美國，放任珍珠港事變以來最慘烈最嚴重的攻擊在他們眼皮底下發生，因而深感愧疚。因此，領導者試圖建立一個系統，防止他們再度疏於防範。這個系統必須以科技為基礎，而這是龐大的政治科學專科生與商業管理碩士所不懂的。最祕密的情治單位對我這樣的年輕技術專家敞開大門。科技怪咖因而統治了地球。

要說當時我懂得什麼的話，我很懂電腦，所以我快速晉升。二十二歲時，我第一次通過國安局最高機密安全調查，得到組織圖最底層的一個職位。不到一年後，我到了中情局，擔任系統工程師，可以四通八達地進入一些全球最機密網絡。唯一的成年人主管是一個在值班時看羅勃・陸德倫（Robert Ludlum）及湯姆・克蘭西（Tom Clancy）平裝書的傢伙。情報單位在僱用科技人才時打破一切規定，他們通常不會僱用沒有大學學歷的人，後來至少要是準學士才行，而我兩者都不是。無論如何，我都不應該被放行進入才對。

由二〇〇七至二〇〇九年，我派駐在日內瓦美國大使館，是少數以外交身分掩飾的技術專家之一，我的任務是把中情局帶進未來，讓歐洲外站上線，將美國用以監視的網路數位化及自動化。我這一代不只是重新設計情報工作；我們全面重新定義情報。對我們來說，重要的不是祕密會晤或暗中交換消息，而是數據。

二十六歲時，我表面上是戴爾公司（Dell）員工，但仍舊為國安局工作。委外合約成為我的身分掩飾，我這類的科技型間諜幾乎都是這樣。我被派去日本，協助設計國安局的全球備用系統——一個龐大的隱蔽網路，確保即便國安局總部被核彈轟炸夷為平地，也不會損失任何數據。當時，我並不明白架構一個保存每個人生平永久紀錄的系統竟會是一項悲劇性錯誤。

我在二十八歲回到美國，獲得極高的升遷，加入負責戴爾與中情局雙邊關係的科技聯絡團隊。我的工作是跟中情局的科技部門主管們開會，以設計與銷售他們可以想得到的任何問題的解決方案。我的團隊幫中情局設立一種新型的運算架構——雲端（cloud），這種科技首創讓每一名幹員無論身在何處，都可以存取及搜尋他們所需的任何數據，不論距離多麼遙遠。

總結來說，以前的工作是管理與連結情報流通，後來的工作變成設法加以永久保存，接著又變成讓情報可以在各地取得及搜尋。二十九歲時我去到夏威夷，承接一項國安局的新合約，此時我才注意到這些計畫。在那之前，我一直被「知的權利」這項教條困住，無法了解我這些特殊、區隔性任務背後所累積的目的。直到來到這個樂園，我終於能夠看出我做的所有事情是如何整合起來的，像一部巨大機器的裝置互相齧合，組成一個全球監視的系統。

深入鳳梨田底下的一條坑道——珍珠港時代的一座舊地下飛機廠——我坐在終端機前，可以幾近無限地取得世界上幾乎所有男女老幼的通訊，只要人們曾經撥打過一通電話或碰觸過一部電腦。這些人當中，包括三億二千萬美國同胞，他們日常生活的一舉一動都遭到監視，不僅嚴重違反美國憲法，更是違背自由社會的基本價值。

你讀這本書的理由在於：我做了一件以我的職務來說很危險的事。我決定說出事實。我蒐集美國情報體系的內部文件，做為美國政府違法的證據，並把它們交給新聞記者，他們審查之後公諸於世，舉世震驚。

本書將說明我為什麼做出這個決定，我所依據的道德與倫理原則，以及我為什麼會有這些原則，這亦即關乎我的一生。

人生是什麼？不只是我們說了些什麼，甚至不只是做了些什麼。人生亦在於我們所喜愛的、所相信的。以我而言，我最喜愛和相信的，是連結，人際的連結，以及促成這些的科技。當然，這些科技也包括書籍。但在我這個世代，連結，主要意味著網際網路。

在你產生反感、明白網際網路瘋狂毒害我們這個時代之前，請諒解，對我來說，當我認識網際網路之時，那是很不一樣的東西。網路既是朋友，也是父母，是一個無邊界、無限制的社群，既是單一、也是無數的聲音，一個已經有人墾殖但尚未遭到剝削的共同邊境，各式各樣的部落和睦相處，每個成員都能自由選擇自己的姓名、歷史和風俗習慣。每個人都戴著面具，然而這種多數匿名造就的文化所產生的事實多於造假，因為重點在於創造與合作，而不是商業與競爭。當然這之間也會有衝突，但善意與善念會勝過衝突——而這正是真正的先驅精神。

如此一來，你便會明白，我說今日的網路是「無法辨識的」是什麼意思。值得一提的是，這種改變是一項有意識的改變，少數特權人士的系統性努力的結果。往線上發展電子商務的早期浪潮很快便成為泡沫，接著在本世紀之初終於破滅。在那之後，企業界明白，人們在線上的興趣不在於消費，更在於分享，而且網路促成的人際連結是可以賣錢的。如果人們在線上想做的事主要是跟家人、朋友和陌生人報告自己的近況，從而得知家人、朋友和陌生人的近況，那麼企業只需要設法將自己擠進這些社交互動之中，再從中獲利即可。

這便是監視資本主義（surveillance capitalism）的開端，也是我原先所認知的網路的終點。

如今，具創造性的網路已然崩潰，因為那些美好、高難度、有個性的無數網站關閉了。便利性的承諾讓大家關掉自己的個人網站，因為那需要不斷、辛苦的維護，改換成臉書網頁和Gmail帳號。所有權的表象讓人容易搞錯現實。很少人在當下即明白，我們所分享的一切都將不再屬於我們。以前電子商務公司因為找不到讓我們有興趣購買的東西以致倒閉，其後繼者現在找到可以販售的新產品了。

「我們」就是那個新產品。

我們關注的事物、我們從事的活動、我們的所在地點、我們的慾望——我們揭露有關自己的一切，不論刻意或非刻意的，都受到監視並被暗中出賣，極力拖延隨之而來無可避免的侵犯感，因此我們大多數人直到現在才知道發生什麼事。這種監視持續受到積極鼓勵，甚至得到眾多政府的資助，渴望由此獲得大量的情報。除了登入和金融交易，二十一世紀初期所有線上通訊幾乎都沒有加密，這表示在許多時候，政府甚至不必為了想要知道他們的客戶在幹什麼而去找企業，他們可以在神不知鬼不覺之下，監視整個世界。

美國政府在全然漠視開國憲章之下，屈服於這種誘惑，而且一旦嚐過這棵毒樹的果實，便陷入狂熱無法自拔。在暗地裡，政府掌握全民監視的權力，這種權威就定義上而言，對無辜者的傷害遠大於對犯罪者的傷害。

直到我完全了解這種監視及其傷害，我才赫然驚覺，不只是一個國家的民眾，而是全世界的民眾，從不曾獲准投票或是有機會表達我們對這種程序的意見。這種近乎環球的監視不僅在未經我們同意之下便設立，而且刻意隱藏這項計畫的每個層面，不讓我們知道。遭到變更的每一步程序與其後果都不讓所有人知道，包括大多數國會議員。我可以去找誰呢？我可以跟誰談呢？即便是洩漏實情，甚至是對律師或法官或國家，都會構成一項重罪，全盤揭露事實將會招致在聯邦牢獄終身監禁。

我感到迷惘，陷入憂鬱，跟自己的良知掙扎。我愛我的國家，我相信公共服務，我們全家、數世紀以來的家族，多是一生為國家與人民服務的男男女女。我本人便宣誓為民眾服務，而不是為一個機構、或是一個政府，也支持與捍衛憲法，而憲法所保障的公民自由已慘遭蹂躪。現在，我不僅參與其中，我還是犯下這種勾當的人。那些工作，那些年，我究竟是為誰做事？我如何在僱用我的機構的祕密合約以及我對美國立國原則的宣誓之間求取平衡？我應該對誰效忠？或者對什麼效忠？在何種地步，我有道義上的責任去違背法律？

回想那些立國原則，讓我得到答案。我明白，站出來向新聞記者揭露我的國家濫權的程度，並不是倡導什麼激進的事，例如摧毀政府或者是摧毀情報體系，而是重新追求政府以及情報體系自己明訂的理想。

唯有對於人民權利的尊重才能衡量一個國家的自由，而我相信這些權利實際上是國家權力的界線，明確界定一個政府到何種程度不得侵犯個人領域或個人自由，在美國革命時期所謂的「自由」，在網路革命時期所謂的「隱私」。

自從我挺身而出已有六年了，因為我目睹全球各地所謂先進政府保障這種隱私的決心逐漸削弱，而我認為，聯合國也是如此認為，隱私是基本人權。然而，在這些年間，這種決心不斷減弱，民主國家退化成威權民粹主義。這種退化，在政府與媒體的關係尤其明顯。

民選官員企圖抹黑媒體，而真相的原則遭受全面攻擊，更教唆及煽動了這種情況。真相被刻意摻雜了虛假，並且藉由科技將那種造假放大為空前的全球混亂。

我極為清楚這個過程，因為虛構造假向來是情報體系最黑暗的一面。單是在我的職業生涯，同一批機構便操弄情資以營造戰爭藉口，並且使用非法政策與隱諱的司法權，將綁架視同「異常拘留」、將刑求視同「強力偵訊」、將全民監視視同「大量蒐集」。這批機構毫不猶豫就指控我是中國雙重間諜、俄羅斯三重間諜，更糟的指控是：「千禧世代」（millennial）。

他們說得口沫橫飛、無的放矢，主因在於我拒絕為自己辯護。從我挺身而出的那一刻直到現在，我都堅決絕不透露我私生活的任何細節，避免為我的家人和朋友造成進一步傷害，他們為了我的原則已經吃了夠多苦頭了。

由於擔憂加劇他們的苦難，我一直猶豫著要不要寫這本書。畢竟，與決定公開我的一生相比，決定挺身而出、公布政府犯行的證據，對我來說還比較容易。我所目擊的濫權需要採取行動去因應，而沒有人因為無法抗拒自己的良知就去寫一本自傳。因此，我試圖取得本書指名道姓的每個家人、朋友與同事的許可，或者是公眾人士的許可。

正如同我不願做為他人隱私的片面仲裁者，我從不認為單憑我一人可以選擇哪些國家機密必須對民眾公開，哪些不可以。所以我只對新聞記者揭露政府文件。事實上，我沒有直接向民眾揭露任何文件。

我相信，正如同記者們所相信，政府可以隱藏一些資訊。縱使是世上最透明的政府也可以隱藏一些事情，例如地下情報員的身分與部隊在戰場上的行動。而本書沒有此種機密。

在敘述我的一生的同時，保障我所愛的人的隱私，並且不曝露合法的政府機密，這並不是簡單的任務，但這是我的任務。在這兩項責任之間，才是我的容身之處。

第一部

第一章 窗外

我的第一個駭客行為，便是挑戰就寢時間。

我被爸媽強迫去睡覺，比他們早睡、比我姊姊早睡，而我一點都不累，我覺得這不公平。人生第一次小小的不公平。

我人生前二千個夜晚有許多是在「公民不服從」（civil disobedience）之中結束：哭鬧、乞求、討價還價，直到第二千一百九十三個夜晚，我滿六歲的那個晚上，我採取直接行動。權威當局不理會改革的請求，我可不是好騙的。我剛剛享受了年幼生活最棒的一天，朋友都來了，舉行派對，甚至拿到禮物，我不打算結束這一切，只因為別人都得回家。於是我偷偷把家裡所有的時鐘都撥慢了好幾個小時。微波爐比瓦斯爐更容易撥慢時間，因為我比較容易搆得著。

當權威當局因無知至極而疏忽之際，我精力充沛，而在客廳裡發狂跑了好幾圈。我，是時間的主宰，絕對不會再被趕上床。我是自由的。因此，我終於看到六月二十一日夏至的夕陽，那天是一年之中白晝最長的日子，然後在地板上睡著了。等我醒來，屋子裡的時間又調回到跟我父親的手錶一樣。

假如現在有人想要設定手錶，他們知道要根據什麼來設定嗎？如果你和大多數人一樣，你會按照手機上的時間來設定。可是，如果你看自己手機，我是指真的深入手機的設定目錄，你會看到手機時間是「自動設定」。每隔一陣子，你的手機便悄悄地——無聲地——詢問你的服務供應商網路：「嘿，現在幾點了？」那個網路便會去問更大的網路，後者又去問更大的網路，經過許多連串的基地台與電線之後，終於抵達真正的時間主宰之一，網路時間伺服器，是根據保存在美國國家標準技術研究院（NIST）、瑞士聯邦計量科學研究院（METAS）和日本情報通信研究機構（NICT）等地的原子鐘而運作。這趟彈指間便完成的漫長而隱形旅程，讓你不會在每次電池充電後，打開手機時看到螢幕閃爍著12:00。

我出生在一九八三年，人們需自己設定時間的世界結束之時。那一年美國國防部將內部互聯電腦系統分成兩半，成立一個軍方使用的網路，稱為軍事網路（MILNET），另一個是公眾使用的網路，稱為網際網路（Internet）。那年結束前，新規定設定了這個虛擬空間的界限，催生了我們至今仍在使用的網域名稱系統，像是.govs、.mils、.edus，當然還有.coms，以及每個國家的國碼，像是.uk、.de、.fr、.cn等等。我的國家（還有我）便已占有好處、優勢。然而，又過了六年，全球資訊網（www）才發明出來，再過了大約九年，我家才買了一部電腦與連接用的數據機。

當然，網路並不是單一實體，雖然我們習慣這麼說。以技術上來說，你和大約三十億人口、約為全球人口的四十二%，所經常使用的全球互聯通訊網路叢集，每天都有新網路誕生。不過，我還是會使用最廣義的定義，意指透過一組共同的通訊協定連結全球大多數電腦的環球網路。

有些人或許擔心自己不懂什麼叫通訊協定，可是我們均曾使用過許多協定。不妨把通訊協定想成是機器的語言，它們要遵守共同的規則才能彼此理解。如果你和我的年紀差不多，你或許記得曾在你的網路瀏覽器網址欄鍵入一個網址開頭的「http」。這是指超文本傳輸協定，你用以進入全球資訊網的語言，大多為文字網站但也包括谷歌、YouTube和臉書等影音網站的巨大集合。你每次查看電子郵件時，使用的語言可能是IMAP（網際網路資訊存取協定）、SMTP（簡單郵件傳輸協定）或POP3（郵局協定）。檔案傳輸則使用FTP（檔案傳輸協定）。至於我剛才提到手機上設定時間程序的此類更新，是透過NTP（網路時間協定）。

這些協定通稱為應用協定，只是線上無數協定當中的一個支派而已。舉例來說，為了讓這些應用協定的數據經由網路傳輸到你的桌機、筆電或手機，首先要包裝到一個專屬的傳輸協定——不妨想像傳統郵件服務希望你用郵局的標準信封和紙箱來寄信和包裹。TCP（傳輸控制協定）等應用，則是用以傳送網頁和電郵。UDP（用戶資料包協定）則用來傳送時間更為敏感、即時的應用，例如網路電話和實況轉播。

若要講述我童年時被稱為虛擬空間、網路、資訊高速公路的多層次構造，必然無法說得詳盡，但重點是：這些協定讓我們有方法把幾乎所有東西數位化，上傳到我們不吃不喝不穿不住的世界。網路幾乎已成為我們生活所不可缺的，就像空氣一樣，許多通訊都藉由網路進行。每當社群媒體警告我們有一則貼文用貶損的角度提到我們，我們便一再被耳提面命——將事物數位化，就是以永久保存的格式加以記錄。

回想起我的童年，尤其是沒有網路的前九年，令我吃驚的是：我無法證明當時發生的任何事情，因為我只能依賴自己的記憶。沒有任何數據存在。我還是小孩時，「無法忘懷的體驗」還不是名符其實的科技形容，而是熱切的意義比喻：我說的第一句話、我踏出的第一步、我掉落的第一顆牙、我第一次騎自行車。

我這一代，是美國最後一代，或許也是世上最後一代的未數位化世代，童年尚未上傳到雲端，大多局限在類比格式，像是手寫日記、拍立得相機和VHS錄影帶，可觸摸且不完美的手工藝品，隨著年代而衰敗，而且可能永久遺失。我的學校作業是用鉛筆和橡皮擦在紙上寫的，而不是在連網的平板電腦上作業。我的身高成長不是用智慧居家科技來記錄，而是用小刀刻畫在我成長的房屋木頭門框上。

我們住在一棟紅磚老房子，有一小塊草坪種著山茱萸，夏天開滿白色木蘭花，正好充當我拿著四處爬的塑膠士兵的掩護。我家有個奇特的外觀：大門位在二樓，要走一座大型磚造樓梯才能上去。這層樓主要是起居室，設有廚房、用餐室和臥室。

主要樓層上方是滿布灰塵、掛著蛛網、禁止進入、當作儲藏室的閣樓，母親跟我保證裡頭只有松鼠，父親卻堅稱有吸血鬼和狼人，會吃掉膽敢進入的笨小孩。主要樓層下方是差不多完工的地下室，這在北卡羅萊納州很少見，尤其是極為接近海岸之處。地下室常常淹水，我們家的地下室當然是終年潮濕，儘管一直開著除濕機和泵浦。

我們搬進去的時候，主要樓層後面加蓋起來，隔出一間洗衣室、一間浴室、我的臥室，和擺放一部電視機及沙發的小起居室。由我的房間，我可以從原先安置在房屋外牆的窗戶望進這個起居室。這個以前看出去是戶外的窗戶，如今看向室內。

我們家住在伊莉莎白市（Elizabeth City）那棟房子的那些年間，那間臥室幾乎都是我在用，房間的窗戶也是我在用。窗子雖然有裝窗簾，但沒提供任何隱私。就我記憶所及，我最喜歡做的事是拉開窗簾，從窗戶窺探起居室。換句話說，就我記憶所及，我最喜歡做的事就是監視。

我監視我的姊姊潔西卡（Jessica），她獲准比我晚睡覺，而且可以看我還不能看的卡通。我監視母親溫蒂（Wendy），她會坐在沙發上摺洗好的衣物，一邊看晚間新聞。可是，我最常監視的是父親隆恩（Lon），美國南方的叫法是隆尼，他霸占休息區直到凌晨。

父親任職於海岸警衛隊，可是小時候我絲毫不懂那是什麼意思。我知道他有時穿制服，有時不穿。他早早出門，晚晚回家，時常帶回來新裝置——德儀的 TI-30 科學計算機、卡西歐掛繩碼錶、家庭立體音響系統的其中一個喇叭——有的他會給我看，有的他會藏起來。你可以想像我對什麼更感興趣。

我最感興趣的裝置在某個夜晚抵達，正好過了我的就寢時間。我躺在床上，迷迷糊糊快要睡著時，我聽到父親的腳步聲穿過客廳。我從床上坐起來，從窗簾後頭看著。他捧著一個神祕的盒子，跟鞋盒差不多大小，由盒子裡拿出一個像是煤渣磚的褐色物品，纏繞著長長的黑色電線，活像我噩夢裡出現的深海怪物的觸腳。

緩慢而有系統地——部分是基於他做任何事情時有紀律、工程師的方式，部分是為了保持安靜——父親解開一條電線，由盒子背後越過絨毛地毯接到電視機背後。再把另外一條電線接到沙發後方的牆面插座上。

忽然間，電視機亮了起來，也照亮了父親臉龐。通常他都是晚上坐在沙發，喝著 Sun Drop 汽水，看著電視上的人在球場上跑來跑去，可是這次不一樣。我一下子就明白到我整個人生、雖然還很短暫，最驚奇的發現：**父親控制著電視上發生的事**。

我看到的是一部 Commodore 64，市面上最早期的家用電腦系統之一。當時，我不知道什麼叫電腦，更別說父親是在電腦上玩遊戲或者工作。雖然他在笑著，看上去很享受，他對螢幕上的專注程度跟他做家裡各種機械雜務時一樣。我只知道一件事：不管他在做什麼，我也要做。

在那之後，每當父親進到起居室去打開那個褐色磚塊，我就會從床上站起來，掀開窗簾，窺視他的舉動。有一晚，螢幕上出現一顆下墜的球，底部有一根橫槓；父親要水平移動那根橫槓去碰觸那顆球，把它彈上去，擊破彩色的磚牆（《快打磚塊》）。另一晚，他的螢幕上是不規則形狀的彩色磚塊；磚塊不斷掉下來，他要在掉落途中移動及旋轉磚塊，把它們組成完整的排列，磚塊就會消失（《俄羅斯方塊》）。可是，我真的搞不懂父親在做什麼，是消遣還是工作，有一晚我從窗戶偷窺，看到他在開飛機。

父親為了讓我開心，總會在海岸警衛隊空軍基地起飛的實體直昇機飛過我們家上空時指給我看，而現在，就在我眼前，他自己駕駛著直昇機，在我們的起居室。他由一個小基地起飛，基地有一面小小的、飄揚的美國國旗，飛入星光閃爍的黑暗夜空，然後立即墜毀到地面了。他發出小小的叫聲，掩蓋住我的叫聲，可是正當我想著好戲結束時，他又回到有一面小國旗的基地，再次起飛。

這個遊戲是《救援直升機！》，不只是名稱有驚歎號而已，玩遊戲的體驗也充滿驚奇。《救援直升機！》很刺激，一次又一次，我看著這些飛機由我們的起居室出動，飛越平坦沙漠上的月亮，射擊敵方戰鬥機和坦克，也會遭到還擊。直昇機不斷起降，父親試圖救援一群閃爍的人質，將他們送往安全之處。那是我最早對父親的印象：他是個英雄。

那架小直昇機第一次載著一群小小的人安全降落時，從沙發傳出來的歡呼聲有點大聲，父親把頭湊到窗戶，想看看他有沒有吵到我，結果跟我四眼對望。

我跳回床上，拉起被子，乖乖躺好，此時父親沉重的腳步聲靠近我的房間。

他在窗戶輕敲。「已經過了你的上床時間了，小子。你還沒睡嗎？」

我屏住呼吸。突然間，他推開窗戶，探身到我房間，把我抱起來，連同被子，一起抱進休息區。事情如電光火石般發生，我的腳甚至沒碰到地毯。

我還沒搞清楚，就已經坐在父親腿上，擔任他的副駕駛。我還太小，而且太興奮，根本不知道他交給我的操縱桿沒連線。重要的是，我和父親一起開飛機。

第二章　看不見的牆

伊莉莎白市是個寧靜的中型港口城鎮，保留完整無缺的歷史核心。如同大多數其他美國早期殖民地，這個城鎮傍河而建，也就是帕斯闊坦克河（Pasquotank River）的沿岸，這個字是阿岡昆族語（Algonquin）「河流分岔處」之義。這條河由切薩皮克灣（Chesapeake Bay）流下，穿越維吉尼亞─北卡羅萊納州界的沼澤，與喬萬河、柏奎曼河及其他河流，一同流入奧伯馬峽灣（Albemarle Sound）。每當我思考我的人生可能走上其他方向時，我便想到那個分水嶺：無論河水由源頭行經哪條河道，最終都會抵達相同目的地。

我的家族向來與大海關係密切，母親家人尤其如此。她是清教徒後裔，第一位上岸的祖先是約翰·艾登（John Alden），他是「五月花號」的桶匠。他娶了一同搭船的普莉西亞·穆林斯（Priscilla Mullins）為妻，而她很可能是船上唯一適婚年齡的單身女性，並且是普利茅斯殖民地第一代唯一適婚年齡的單身女性。

然而，約翰和普莉西亞差點沒辦法在感恩節結婚，因為普利茅斯殖民地指揮官麥爾斯·

史丹迪希（Myles Standish）從中作梗。麥爾斯愛著普莉西亞，普莉西亞卻拒絕他，最後嫁給約翰，成為我年少時一再被提及的一本文學作品梗概，《麥爾斯．史丹迪希求愛記》（*The Courtship of Myles Standish*），作者是亨利．沃茲沃思．朗費羅（Henry Wadsworth Longfellow）（他本人也是艾登．穆林斯的子孫）：

房間裡寂靜無聲，唯有小夥子振筆疾書，
忙於書寫重要的使徒書信，要帶上五月花號，
預定明日出航，或者至少後天，由上帝旨意決定！
乘著嚴冬的潮流返鄉，
艾登寫的信，寫滿普莉西亞之名，
寫滿清教徒少女普莉西亞的名字與名聲！

艾登與普莉西亞的女兒伊莉莎白，是第一個在新英格蘭誕生的清教徒小孩。我的母親也叫伊莉莎白，是她的直系後代。由於血統幾乎完全由女性相傳，幾乎每一代的姓氏都不同——艾登家的人嫁給帕伯迪家的人、嫁給葛林奈爾家的人、嫁給史蒂芬家的人、嫁給喬斯林家的人。我這些遠渡重洋的祖先沿著現在的麻州到康乃狄克與紐澤西州的海岸航行，

往返於貿易路線，並且躲避殖民地與加勒比海的海盜，直到美國獨立戰爭，喬斯林的支系定居到北卡羅萊納州。

亞瑪斯雅．喬斯林（Amaziah Jocelin，或拼為Amasiah Josselyn），是一名武裝民船船長和戰爭英雄。他是十門槍砲帆船「火把號」（Firebrand）的船長，負責守衛恐怖角（Cape Fear）。美國獨立之後，他成為威明頓港的美國海軍補給官，並且設立當地第一個商會，詭異的是，他取名為「情報局」（Intelligence-Office）。喬斯林和他們的子孫——摩爾家、霍爾家、梅蘭德家、豪威爾家、史蒂芬家、瑞史通家和史托克利家——我母親族譜的所有支系均曾參與美國史上的每場戰爭，由獨立戰爭到南北戰爭（卡羅萊維州的親戚支持美利堅邦聯，對戰支持美利堅合眾國的新英格蘭表親），直到兩次世界大戰。我的家族一直為國效忠。

我的外祖父，海軍少將愛德華．貝瑞特（Edward J. Barrett），我則是叫他波普。我出生時，他是華盛頓特區海岸警衛隊總部航空工程部副主管。他後來擔任不同的工程與作戰指揮官，包括紐約市總督島和佛羅里達州西礁島，他在西礁島擔任東部聯合跨部門特遣部隊的指揮官（由美國海岸警衛隊主導的跨部門、跨國部隊，負責查緝加勒比海毒品走私）。我不知道波普的軍階升到多高，但是歡迎上任的典禮變得越來越隆重，演說越來越長，蛋糕越來越大。我記得有一次在典禮上拿到砲兵衛隊給的紀念品：一枚四十毫米子彈的彈殼，還熱熱的，發出地獄的味道，剛剛才由向波普致敬的禮砲中發射。

接著是我的父親隆恩，我出生時他是伊莉莎白市海岸警衛隊航空技術訓練中心士官長，擔任課程設計師與電子指導員。他常常不在家，留母親一人在家照顧姊姊和我。為了培養我們的責任感，她叫我們做家事；為了教我們識字，她在衣櫃抽屜貼上裡頭裝了什麼的標籤──「襪子」、「內衣」。她會把我們放進紅色旅行拖車，拉著我們到鎮上圖書館，我會立刻衝去我最愛的那區，我稱為「大機器」。每次母親問我「大機器」有什麼好玩的，我會一口氣的說：「砂石車、壓路機、堆高機、吊車……」

「就這些嗎？小子。」

「喔！還有水泥攪拌機和推土機……」我說。

母親喜歡考驗我的數學能力。在量販超市 Kmart 或溫迪克西超市（Winn-Dixie），她會讓我挑選書本和模型汽車和卡車，如果我可以用心算把價錢加起來，她就會買給我。在我童年時期，她不斷提高困難度，先是叫我估算到最接近的金額，接著叫我算到準確的幾美元幾美分，後來叫我計算金額的三％，再加進總額裡。我搞不懂最後一項考題，不是不會計算，而是搞不懂理由。「為什麼？」

「這叫做稅，」母親解釋。「我們買的每樣東西，都要付三％給政府。」

「他們用它去做什麼？」

「你喜歡道路吧？小子，你喜歡橋梁吧？」她說。「政府用那些錢去修橋鋪路。他們用那些錢在圖書館裡擺滿書本。」

一段時間後，我擔心我剛萌芽的數學技能不及格，因為我心算的結果和收銀機螢幕上的金額不一樣。母親又一次向我解釋。「他們調高銷售稅了。現在你要加上四％。」

「所以，現在圖書館會有更多書了？」我問說。

「希望如此。」母親回答。

祖母住在距離我們家幾條街外的地方，對面有卡羅萊納飼料種子磨坊和一棵高大的胡桃樹。我會扯出襯衫當成籃子，裝滿掉落的胡桃，然後到她家去，躺在長長的矮書櫃前的地毯上。我常看的是《伊索寓言》，以及最喜歡的《古希臘羅馬神話》。我會翻著書頁，停下來敲碎幾顆胡桃，一邊看著飛馬、複雜的迷宮，以及把凡人變成石頭的蛇髮女怪。我敬畏奧迪賽，喜歡宙斯、阿波羅、赫耳墨斯和雅典娜，但最景仰的神祇是工匠之神赫菲斯托斯（Hephaestus）：主司火、火山、鐵匠和木匠的醜陋神祇。我很自豪可以拼出他的希臘名字，也知道他的羅馬名字瓦肯（Vulcan），被用做《星艦迷航記》（*Star Trek*）裡的史巴克（Spock）的星球名稱。希臘羅馬萬神殿的基本設定總是令我心動。在一座山的高峰，一群男神與女神將他們永恆生命的大多時間都用來互鬥，以及監視人類的事務。偶爾，當他們注意到什麼事情令他們好奇或生氣時，他們就會變身成羊、天鵝或獅子，降臨到奧林帕斯的山坡上去調查和干涉。每當眾神試圖將他們的意志強加在凡人身上及干涉凡人的事情，時常會造成一場災難，不是有人淹死，或被雷擊，或被變成一棵樹。

有一次，我選了一本亞瑟王和騎士傳說的繪本，而讀到另一座傳奇的山，這次是在威爾斯。是一個暴虐巨人希塔（Rhitta Gawr）的堡壘，他拒絕接受他統治的時代已經結束了，未來世界將由被他視為渺小而軟弱的人類的國王統治。他決意要維持自己的權力，於是從山頂下來去攻擊一個又一個的王國，摧毀他們的軍隊。最後，他擊敗及殺死威爾斯與蘇格蘭的每一個國王。他在殺死這些國王時，將他們的鬍鬚剃下來，織成一件斗篷，做為他血腥暴力的戰利品。接著，他想要挑戰英國最強的國王，亞瑟王，並給他一個選擇：亞瑟若不自己剃掉鬍鬚投降，他就要砍掉亞瑟的頭顱，剃掉他的鬍子。亞瑟對巨人希塔的傲慢勃然大怒，於是前往巨人的山頂堡壘。亞瑟王與巨人在山峰交手，大戰數日，直到亞瑟重傷。正當巨人希塔抓住亞瑟的頭髮，想要動手砍掉他的頭時，亞瑟使出渾身最後一絲力氣，將他著名的寶劍插進巨人眼中，巨人因而倒下身亡。亞瑟王和他的騎士們在巨人希塔的屍骨上堆了一個石塚，但還沒堆好，就開始下雪了。當他們離去時，巨人染血的鬍鬚斗篷已變成一片白茫茫。

這座山在古英語稱為Snaw Dun，「雪山」之意，今日則名為史諾登山（Mount Snowdon）。這座熄火山，標高大約三千五百六十英尺，是威爾斯最高的山峰。我記得看到自己的名字出現在故事裡的時候，心情興奮不已，古老的拼字首度令我感受到這個世界比我還老，甚至比我父母還老。這個名字跟亞瑟王、蘭斯洛、高文、珀西瓦爾、崔斯坦和其他圓桌武士的英雄事蹟沾上關係，讓我覺得驕傲，直到我明白這些並不是史實，而是傳說。

多年後，在母親協助下，我在圖書館認真搜索，希望分辨神話與事實。我發現蘇格蘭的史特靈城堡（Stirling Castle）已被重新命名為史諾登城堡，以紀念亞瑟王的勝仗，同時也是蘇格蘭為了強調他們爭取英格蘭王位繼承權的論點。我發現，事實總是比我們希望的來得悲慘和不光彩，但是方式奇特，往往比神話來得豐富。

在我發現亞瑟的真相時，我已老早沉迷於新的、不同的故事，或者是新的、不同的說故事法。一九八九年耶誕節，家裡出現了一部任天堂。我對任天堂灰機（美版紅白機）太過著迷，警覺的母親於是立下一條規定：我每讀完一本書之後，才能去租一個新遊戲，遊戲很昂貴，而我早已熟練遊戲機附贈的遊戲，《超級瑪利歐兄弟》與《打鴨子》這兩個遊戲在同一個卡帶，而我迫不急待要玩其他遊戲。唯一的麻煩是，我才六歲，讀書沒辦法像玩完遊戲那麼快。此時我又使出新手駭客的招數。我開始從圖書館借篇幅比較短的書，以及很多圖片的書。比如，發明的圖畫百科全書，裡頭有早期的腳踏兩輪車和飛船的神奇圖片，還有我後來才知道這是儒勒·凡爾納（Jules Verne）和威爾斯（H. G. Wells）小說的刪節兒童版漫畫書。

可是，NES——慢速但好玩的八位元任天堂家用遊戲機——才帶給我真正的教育。由《薩爾達傳說》，我學會這個世界是要去探索的；由《洛克人》，我學會敵人有很多值得學習之處；還有《打鴨子》，嗯，《打鴨子》教會我，即使有人嘲笑你的失敗，你也不能開槍打爆他們的頭。最後，《超級瑪利歐兄弟》教會我人生中最寶貴的一課。我是很誠懇地說這句話。我要請你認真地思考。《超級瑪利歐兄弟》1.0版，可能是史上最經典的橫向捲軸遊戲。遊戲開始時，這個傳奇性的開場畫面，瑪利歐就站在左側，他只能往一個方向走——他只能往右走，新的場景和敵人會從右邊不斷出現。他穿過八個世界，每個世界有四關，每一關都有時間限制，直到瑪利歐找到邪惡的庫巴，並拯救被俘虜的碧姬公主。在這三十二關當中，瑪利歐的背後有一堵牆，遊戲用語稱之為「看不見的牆」，這讓他無法往後走。沒有辦法後退，只能向前走——無論是瑪利歐、路易吉，還是你和我都一樣。人生只會往一個方向前進，也就是時間流動的方向，無論我們努力走了多遠，這堵看不見的牆永遠都會緊跟著我們，讓我們無法回到過去，強迫我們前往未知的未來。一個一九八〇年代在北卡羅萊納州的小鎮裡長大的孩子，一定要透過某些事物來學習關於死亡的概念，那麼何不從兩個愛吃下水道裡的蘑菇、來自義大利的水管工兄弟身上學習呢？

有一天我那頻繁使用的超級瑪利歐兄弟遊戲卡帶無法讀取，無論我怎麼吹它都無法讀取。這就是那個時代你必須採取的做法，或是我們認為你必須採取的做法，你必須對著卡帶的開口吹氣，把卡在上面的灰塵、碎屑、寵物毛髮吹掉、吹乾淨。然而無論我怎麼吹，卡帶的開口和遊戲機的插卡處都吹了，電視螢幕上還是只有斑點和波浪，一點安慰效果也沒有。

回想起來，任天堂或許只是插槽針腳接觸不良，但是我才七歲，根本不知道什麼是插槽接觸不良，我很著急無助。更糟的是，父親剛去出差，要等到兩週之後才會回家幫我修機器。我又不會瑪利歐式的時間跳躍技法或有水管可以鑽進去，讓那兩週時間快點過去，因此我決定自己動手修理。如果我成功了，父親一定會大加讚賞。我走去車庫找他的灰金屬工具箱。

我想說要找出問題所在，首先我必須把它拆解。基本上，我只是在模仿或試著模仿父親坐在餐桌邊修理家中錄影機或卡帶機的相同動作，在我看來，這兩部機器跟任天堂遊戲機最為相似。我花了大約一小時拆解遊戲機，用我不協調的小手努力把一字螺絲起子插進十字圓頭螺絲，最後我做到了。

遊戲機外觀是暗沉的灰色，內部卻是五顏六色。看起來像一整排的電線彩虹，綠油油的主機板上突出的金色與銀色點點。我把這裡栓緊，那裡鬆開，隨便亂弄，再把每個零件都吹氣。之後，我拿紙巾把它們擦拭一遍。接著，我得再把主機板吹過一遍，才能清除卡在我現在知道是針腳的地方的紙巾碎屑。

我完成清潔與修理的工作之後，現在該把機器組裝起來了。我家的金色拉布拉多獵犬「寶貝」，可能吞掉一顆螺絲，或者只是掉落在地毯或沙發下。我一定沒有把所有零組件按照原來樣子裝回去，因為它們裝不進盒子裡。遊戲機的蓋子一直彈開，我於是用力把零組件壓下去，就像用力闔上裝太滿的行李箱那樣。蓋子終於闔上，但只關上一側，另一側又彈開，壓住這一側，另一側就又彈開。我來來回回弄了好一陣子，最後放棄了，直接把機器插上電源。

我按下電源開關，毫無反應。我按下重新開機，同樣毫無反應。遊戲機上只有這兩個按鍵。在我修理前，按鍵旁邊的燈泡一直亮紅燈，現在連燈都不亮了。遊戲機被弄得歪歪斜斜，完全故障，我突然萌生愧疚與畏懼。

父親出公差回來後，不會稱讚我；他會像踩栗寶寶（Goomba）一樣踩到我頭上。但我害怕的不是他的怒氣，而是失望。在同事眼中，父親是擅長航空的電子系統工程師專家。在我眼中，他是家裡的瘋狂科學家，可以自己修好任何東西，插座、洗碗機、熱水器和空調機。只要他同意，我會做他的助手，在這個過程中，我親身體會體力勞動的愉快及基本機械的知識，還有電子基本原理，伏特與電流的不同，電力與阻力的不同。我們一起做的工作，最後不是修好了，就是一聲咒罵，父親會把修不好的設備扔到房間另一頭，丟進一個廢物紙箱。我從來不會因為這些失敗之作而批評他，而是一直感動於他有膽量去嚐試。

等他回家發現我對紅白機做的好事之後，他沒有生氣，這令我頗感意外。他也沒有很開心，但是他很有耐心。他解釋說，了解東西出錯的原因和方式與了解什麼零組件故障同樣重要：理解原因和方式讓你可以預防未來再度發生相同的故障。他依序指出遊戲機的每個零組件，不只說明它的名稱，還有功用，以及它跟其他零組件的互動如何促成機械作用的正常運作。唯有分析個別零組件的機械作用，你才能判斷它的設計是否足夠有效率來達成目的。如果很有效率，只是故障，你便修理它。如果不是，那麼你要做出調整以改善機械作用。父親說，這是維修工作的正確步驟，你不可以隨便敷衍，事實上，這是你對科技應有的基本責任。

如同父親的所有教誨，這次的教訓適用於我們手邊工作之外的廣泛領域，尤其是有關自立自助原則的教誨，父親堅稱，從他的童年到我的童年之間，美國已遺忘這個原則。美國這個國家已變成買新機器取代故障機器比找專家修理來得便宜，而且一定比自己去找零組件設法修理來得便宜。單憑這項事實便幾乎保證會出現科技暴政，助紂為虐的不是科技本身，而是每天使用卻不了解的所有人。拒絕讓自己了解你所依賴的設備運作與維修，即是被動接受暴政及其條件：當你的設備正常運作時，你也正常運作，但是當你的設備故障，你也會故障。你擁有的物品反過來擁有了你。

結果，我好像是弄壞了一個焊接點，為了要搞清楚是哪個焊接點壞了，父親想要使用他在海岸警衛隊基地的實驗室裡的一部特殊測試設備。我猜他原本可以把測試設備帶回家，可是不知為何他帶我去，我想他只是想讓我參觀他的實驗室。他覺得我已經準備好了。

我其實沒有。我從未見過比那裡還可觀的地方，圖書館比不上，無線電屋（Radio Shack）和林海芬購物商場（Lynnhaven Mall）也比不上。我最記得的是螢幕。實驗室本身燈光微弱，空無一人，制式的褐白色政府建物，但在父親開燈之前，我便不自禁盯著規律跳動的螢光。我第一個想法是：「為什麼這個地方有這麼多電視？」但馬上又想到：「為什麼它們都轉到相同的頻道？」父親解釋這些不是電視，而是電腦，雖然我已經聽過這個字，但我並不明白它的意思。我起初以為的螢幕——終端機——就是電腦。

他接著把電腦一部一部指給我看，試著解釋它們的作用：這個處理雷達訊號，那個是無線電中繼，另一個模擬飛機的電子系統。我甚至無法假裝我懂得其中一半。這些電腦比當時私部門使用的幾乎任何電腦都來得先進，遠超過我所能想像的任何事。當然，它們的處理器要花整整五分鐘才能開機，顯示器只有單色，沒有喇叭可播出音響效果或音樂。但是，那些限制只能凸顯它們很厲害。

父親把我放進一張椅子，調高到我可以搆得著桌子和放在桌上的一塊長方型塑膠。我生平第一次看到電腦鍵盤。父親從來不讓我碰他的 Commodore 64，我的螢幕時間只限於遊戲機和專用操縱桿。可是，這些電腦是專業、綜合用途機器，不是遊戲機，我不知道怎麼操作它們。沒有控制器，沒有操縱桿，沒有玩具槍，唯一的介面是有著好幾排印有字母與數字的按鍵的方形塑膠塊。字母排列順序甚至跟我在學校裡學到的不一樣。第一個字母不是A，而是Q，之後是W、E、R、T及Y。只有數字的順序和我學到的是相同的。

父親告訴我，鍵盤上的每個字母、每個數字，每個鍵都有作用，它們的組合也有目的。跟控制器與操縱桿上的按鍵一樣，如果你可以想出正確的組合，你便可以創造奇蹟。為了向我證明，他從我身後輸入一個指令，再按下「Enter」鍵。螢幕上跳出來一些東西，我現在知道那是文字編輯器。他接著拿了一張便利貼和一支筆，寫下一些字母和數字，叫我照著輸入，他就離開去修理故障的任天堂。

他離開的時候，我開始一個按鍵一個按鍵地把他寫的東西輸入到螢幕上。我是天生左撇子，卻被教導使用右手，我立即發現這是我所遇到過最自然的書寫方法。

```
10 INPUT “WHAT IS YOUR NAME?”;NAME$
20 PRINT “HELLO,”+NAME$+“!”
```

你或許覺得很容易，可是你不是一個小孩子，但我是。我是一個手指又胖又短、連什麼是引號都不知道的小孩子，更別說我必須按住「Shift」鍵才能輸入。在許多嘗試及許多錯誤之後，我終於成功輸入檔案了。我按下「Enter」，瞬間，電腦問我一個問題：你叫什麼名字？

我被迷住了。小抄上沒有說我接下來該怎麼做，於是我決定回答，再一次按下「Enter」。突然間，黑色背景的最上方跳出一行螢光綠色的字：哈囉，艾迪！

這是我的程式設計與電腦入門：這些機器做了些什麼事，是因為有人叫它們去做，以一種特殊、仔細的方式。而這個人可以是七歲孩童。

幾乎在當下，我便了解遊戲機的極限，它們跟電腦系統相比悶到令人窒息。任天堂、雅達利（Atari）、世嘉（Sega），它們都將你局限在你可以升級甚或打敗的關卡和世界，但永遠無法改變。修好的任天堂又回到休息區，父親和我比賽玩《瑪利歐賽車》、《雙截龍》和《快打旋風》。當時，那些遊戲我都玩得比他好很多，這是我做得比父親好的第一件事，可是三不五時我會讓他打敗我。我不想要他覺得我不知好歹。

我不是天生的程式設計師，我從來不覺得自己很擅長。但是，在之後十年，我確實成為一個足以構成危險的高手。直到今日，我依然覺得程式設計很神奇：用這些奇特的語言輸入指令，處理器便會轉譯為不只是我、而是大家都可以獲得的體驗。我沉迷於一個程式設計師可以編寫環球通用的電腦程式，不受法律、法規限制，除了因果關係之外。我的輸入與輸出有著絕對的邏輯關係。如果我的輸入有缺陷，電腦輸出便有缺陷；如果我的輸入沒有缺陷，電腦輸出便沒有缺陷。我從未經歷如此一致與公平、如此表達明確及沒有偏見的事情。電腦會永遠待候接收我的指令，可是一旦我按下「Enter」，它就立即處理，不會發問。我從未在其他地方覺得這麼有控制感，學校裡當然沒有，甚至家裡也沒有。完美撰寫的指令會完美地一次又一次執行相同的作業，在我看來，如同許多聰明、喜愛科技的千禧兒童也是這麼認為，這是我們世代的一個永恆真理。

第三章 環城公路男孩

快到我九歲生日前，我們舉家由北卡羅萊納州搬到馬里蘭州。讓我訝異的是，我的名字已捷足先登。「史諾登」在我們定居的安妮阿倫德爾郡（Anne Arundel）隨處可見，過了一陣子我才知道箇中原由。

理查・史諾登（Richard Snowden）是在一六五八年來到馬里蘭的一名英國少校，他以為巴爾的摩勳爵（Lord Baltimore）保障天主與清教徒的宗教自由，亦適用於貴格會教徒。一六七四年，理查的哥哥約翰也來了，他同意離開約克郡，為貴格會傳教以換取縮短刑期。威廉・佩恩（William Penn）的「歡迎號」（Welcome）在一六八二年抵達德拉威時，約翰是少數在場歡迎的歐洲人之一。

約翰的三名孫子在獨立戰爭時加入大陸軍。由於貴格會是和平主義者，他們決定加入戰爭支持獨立而遭受教區責難，可是他們的良知要求他們重新考慮和平主義。威廉・史諾登，我的父系祖先，官拜上尉，在紐約華盛頓堡之役被英軍俘虜，死在曼哈頓惡名昭彰的糖廠監獄中（傳言英軍強迫戰俘吃下混著絞碎玻璃的粥來殺死他們）。他的妻子伊莉莎白・摩爾（Elizabeth nee Moor）是受到華盛頓將軍重視的一名顧問，她的兒子約翰・史諾登是一名政治家、歷史學家和賓州報紙發行人，其後代往南方定居，和他們的馬里蘭史諾登表親們在一起。

查理二世（King Charles II）在一六八六年賜給理查・史諾登家族的一千九百七十六英畝林地，安妮阿倫德爾郡便涵蓋幾乎全部林地。史諾登家族創立的企業包括帕塔克森特鐵工廠（Patuxent Iron Works），美國殖民時期最重要的鍛造廠之一，也是砲彈與子彈的主要製造商，以及史諾登農莊，由理查的孫子們經營的農場與乳牛牧場。在英勇的大陸軍馬里蘭防線服役之後，他們回到農莊，而且全完奉行獨立原則，廢除家族蓄奴，解放兩百名非洲黑奴，甚至是在南北戰爭之前將近一百年。

往昔的史諾登田地今日被史諾登河大道一分為二，這是一個繁華的四線道商業地段，有高級連鎖餐廳和汽車經銷商。鄰近的32號公路／帕塔克森特高速公路直接通往米德堡（Fort George G. Meade），美國第二大陸軍基地和國家安全局所在地。事實上，米德堡座落在曾經屬於我的史諾登表親的土地上，若不是向他們收購（一派說法），便是美國政府向他們徵收（另一派說法）。

當時，我對這段歷史一無所知，我的父母開玩笑說，每當有新的人搬進來，馬里蘭州就把招牌上的姓名改掉。他們覺得這很好笑，我卻覺得很驚悚。走I-95公路，安妮阿倫德爾郡跟伊莉莎白市距離才不過二百五十英里，卻像是不同的星球。我們從樹木茂密的河岸換到混凝土人行道，從我受人歡迎及成績好的學校轉到因為戴眼鏡、不會運動、尤其是我的口音而老是被嘲笑的學校，我南方拉長尾音的濃重腔調，新同學因而罵我是「智障」。

我對自己的腔調極為介意，便不肯在課堂上說話，自己一人在家練習，直到我聽起來「正常」為止，或者至少直到我不會再把我受羞辱的「英語課」講成「應語棵」，或者說我的「叟指」被紙頭割傷了。但是，我害怕開口講話造成我的課業退步，我的一些老師決定讓我接受智商測驗以判斷我是否為學習障礙。等我的成績恢復後，我不記得有人向我道歉，只有一大堆的課外「加強作業」。事實上，原本懷疑我的學習能力的老師們，現在開始對我喜歡講話很有意見。

我的新家位於環城公路，原先是指495號州際公路，也就是環繞華盛頓特區的公路，現在則是指美國首都附近幅員不斷擴大的住宅社區，北起馬里蘭州巴爾的摩，南至維吉尼亞州匡堤科（Quantico）。這些郊區的居民幾乎全都是在美國政府工作或者是跟美國政府做生意的公司上班。講白了，除此之外，沒有其他理由要待在那裡。

我們住在馬里蘭州克羅夫頓（Crofton），安那波利斯與華府之間，安妮阿倫德爾郡西區，住宅建築清一色是乙烯牆板的聯邦式風格，取了一些奇特有趣的老名字，像是克羅夫頓古鎮、克羅夫頓馬房、保留區、萊丁區。克羅夫頓本身是一個規劃社區，座落在克羅夫頓鄉村俱樂部的外圍。在地圖上，它像極了人的大腦，街道蜿蜒轉折，像是大腦皮質的溝。我們住的街道是騎士橋環路，滿布廣闊慵懶雙層式住宅、寬敞的車道和兩部車的車庫。我們家是環路一端數過來第七戶，另一端數過來也是第七戶，亦即正中央的房子。我有一輛 Huffy 變速腳踏車，我騎著去送《首都報》，這是一份安那波利斯發行的老牌報紙，它的每日派報變得很不規律，尤其是在冬季，尤其是在克羅夫頓大路與 450 號公路之間，這條路經過我們社區時就變成了國防公路。

對我的父母來說，這是一個令人振奮的時期。克羅夫頓對他們來說是更上一層樓，經濟與社會地位都是。街道樹木林立，幾乎沒有犯罪，多文化、多種族、多語言的人口，反映出大華府外交與情治社區的多樣化，富裕且教育良好。我家後院基本上是個高球場，街角就有網球場，再走過去有一座奧運規格的游泳池。交通又方便，克羅夫頓再理想不過了。父親只要四十分鐘便可上班，他的新職位是海岸警衛隊總部航空工程部准尉，當時總部設在華府南區的巴瑟德角，鄰近萊斯利．麥克奈爾堡。母親只要二十分鐘就可以到國安局去上班，其四方型、未來式的總部，屋頂設有雷達天線罩，並用銅包覆以密封通訊信號，構成米德堡的中心。

我一再向外來者強調，這類工作再普通不過了。我們左手邊的鄰居在國防部上班，右手邊的鄰居在能源部和商務部工作。有一陣子，學校裡我喜歡的女孩子，幾乎每個人的爸爸都在聯邦調查局上班。米德堡不過是我母親上班的地方，還有另外一萬一千五百名員工，其中四萬人住在當地，許多都是和家人一起。這個基地設有一百一十五個政府機構，另外還有軍方五個軍種的部隊。正確的說，安妮阿倫德爾郡大約五十萬人口，每八百人有一人在郵局工作，每三十人有一人在公立學校體系工作，每四人有一人任職或服務於與米德堡相關的企業、機構或軍方。這個基地有自己的郵局、學校、警察和消防署。地方上的孩童、軍人和平民，每天都會去基地上高球、網球和游泳課。雖然我們沒有住在基地，母親把那裡的販賣部當成我們的雜貨店，大量採購物品。她會利用基地的福利社做為一站購足式的商店，為總是穿不下衣服的姊姊和我採購實用的衣物，但最重要的是，這都免稅。不是在這種背景成長的讀者，不妨將米德堡及其周遭、甚或整個大華府地區，想像成一個巨大的興衰起伏的企業城鎮。那裡的單一文化很像是矽谷，只不過華府的產品不是科技，而是政府本身。

我必須指出，我的父母都通過最高機密安全調查，母親還接受全範圍測謊（full scope polygraph），這是軍方人員不必接受的高等級安全調查。好笑的是，母親的工作跟間諜完全不相關。她是為國安局員工服務的一個獨立保險與福利協會的辦事員，主要是為間諜提供退休計畫。不過，為了處理退休金表格，她還是必須接受審查，好像要空降到叢林裡去發動政變一樣。

直到今日，我仍然不是很清楚父親的職業，事實上，我的無知並不奇怪。在我成長的世界，沒有人真正討論自己的工作，不僅是不跟子女講，彼此間也不講。我身邊的成人確實依法不得討論他們的工作，甚至跟家人也不行，但在我認為，比較正確的解釋是，他們工作的技術性質以及政府的劃分很不一致。技術人員很少、甚至不曾，了解他們被指派的計畫的全面應用及政策影響。他們的工作往往屬極為專業的知識，在烤肉時閒聊會讓人下次不想再邀請他們，因為沒有人感到興趣。

回想起來，我們或許就是因為這樣才搬來這裡。

第四章　美國線上

我們家搬到馬里蘭州克羅夫頓後不久，我爸便買了我們家的第一部電腦：康柏（Compaq）Presario 425。這台電腦定價一百三十九美元，但父親是用軍公教優惠購得。電腦一開始就放在客廳餐桌上，這點令媽媽十分火大。從電腦出現的那刻起，我便和它形影不離。我以前不太外出踢球，現在更不可能出現這種念頭，因為在這個看似平凡笨重的電腦裡，藏了一個更加寬廣的世界。Presario 425 採用兩千五百萬赫英特爾 486 處理器，這在當時速度算是超快，硬碟容量則是怎樣都用不完的 200MB。最酷的是八位元彩色螢幕，意味著它能呈現多達兩百五十六種色彩（你的裝置或許可展現上百萬種）。

這台電腦時常陪伴著我，像是我第二個手足或是初戀情人。它在我發展獨立自我人格的時刻走進我的生命，讓我了解到網路世界無限廣闊。這種探索的過程相當刺激，令我有一陣子忽略其他家人與家庭生活。換個說法，我當時正經歷叛逆的青春期，只不過這是科技引起的青春期。這令我產生巨大的變化，而各地所有接觸電腦的人也都有著同樣經歷。

當父母叫喚我的名字、催促我上學時，我聽不到他們說話。他們叫我洗臉準備吃晚餐時，我假裝沒有聽到。當他們提醒我電腦是全家共用的，我會心不甘情不願地讓位，然後在他們身後煩躁地遊走、不斷給予指導，以致於他們不得不命令我離開客廳。比方說，我會教導姊姊使用文書處理技巧完成報告，或是傳授父母如何運用 Excel 計算稅款。

我不斷催促他們加快速度，好讓我快點回到電腦身邊，做一些我覺得更重要的事，像是玩《紗之器》電玩。隨著科技越來越進步，那些打乒乓球與直升機的遊戲早已過時（就是我爸在 Commodore 64 玩的那幾種），如今流行的是有故事情節的電玩。玩家不只追求聲光刺激，也想要有精彩故事陪襯。在我小時候，任天堂、雅達利與世嘉推出的遊戲故事還很陽春，像是主角從日本忍者手中拯救美國總統（確實有這遊戲）。後來遊戲做得越來越棒，如今大多從中古世紀故事取材。這些故事引人入勝，我小時總在外婆家地毯上翻閱這些作品。

《紗之器》是一個關於紡織者社會的故事。這個社會的長老（以希臘神話命運三女神 Clotho、Lachesis 與 Aropops 命名）創造出一個名為「紗之器」的祕密紡織機，這台機器擁有控制世界的能力，按照遊戲劇本設定，它能編織出「細緻的花紋影響現實」。當一個年輕男孩發現這台紡織機的魔力後，他被迫開始流亡的日子，所有事物陷入混亂，直到大家開始質疑這台機器的價值。

沒錯，這聽起來很不真實。但這只是個遊戲。

不過，即使當時年紀小，我仍能了解故事箇中含義。紗之器就像我使用的電腦。它的七彩紗線像極了電腦內部線路，而唯一灰線預言著不確定的未來，就像是電腦後方長長的灰色電話線，連結的是無遠弗屆的世界。對我而言，這是最神奇的地方。有了這條電話線，加上擴充卡、數據機與電話，我便能撥號連上一個名為「網路」的地方。

一九九七年之後出生的人，或許沒聽過「撥接上網」。但請相信我，這在當時可是了不起的發明。現代人早已習慣無時無刻連線，智慧型手機、筆電、桌機等一切裝備早已預設連線功能。至於連線目的與方式早已不重要。你只需要輕按一下老一輩人口中的「上網按鈕」，所有東西便會自動送上門，包括即時新聞、訂購披薩、線上影音（取代傳統電視與電影）。在那個時代，我們辛苦走路上下學、上網得靠數據機撥接。

我並不是說，我很懂上網這件事或背後原理，而是我完全了解上網的神奇之處。因為那時想要電腦連上網路必須花點功夫：數據機撥號後會發出嗶聲與嘶嘶聲，大約耗上三輩子（至少一分鐘）的時間才能連線成功。若你連線後拿起屋裡其他分機，你會聽到電腦正在說話。當然，你聽不懂電腦說些什麼，畢竟這是每秒傳送約一萬四千位元的機器語言。但這至少證明了一件事：打電話不再是年輕女孩的特權。

利用電腦連上網路與網際網路的崛起，可說是我這個年代的「宇宙大爆炸」或「寒武紀大爆發」事件。網路改變了我的生命，也對其他人帶來重大影響。從十二歲開始，我睜開眼睛的時間幾乎都在上網。無法上網時，我也在思考下一次的上網計畫。網路是我的避難所，也是我遊玩的攀爬架、棲息的樹屋、守護的堡壘，更是一個沒有圍牆的教室，讓我終生學習成長。因為如此，我久坐的時間拉長，臉色也變得蒼白。慢慢地，我開始日夜顛倒，晚上在家忙上網、白天上課打瞌睡，分數因此一落千丈。

我並不擔心學業倒退，爸媽應該也不會太在意。畢竟網路學來的東西更豐富、實用，或許還能幫助我日後找到好工作。至少我是這樣告訴父母的。

我的好奇心越來越強，與網路擴張速度有得比。全球網頁數量爆炸性成長，每分每秒都在增加。這些資訊包羅萬象，包括我一無所知的主題、從沒聽過的內容等。當我發現新事物時，我渴望了解它的一切細節並全心投入，不願把時間浪費在休息、吃點心或上廁所。我的興趣廣泛，不只涉獵嚴肅的科技主題（像是如何修理光碟機），也熱愛搜集破解《毀滅戰士》、《雷神之鎚》等遊戲的祕技。網路資訊氾濫、唾手可得，令我混淆主題的分界。舉例來說，我原本在網路上學習如何組裝電腦，後來卻被中央處理器設計課程吸引過去，然後發現武術、槍枝、跑車等其他主題也很有趣，最後則落腳於鹹濕的色情網站。

我有時覺得自己有強迫症，非要搞懂一切才肯下線。我像是在與科技競爭，猶如青少年彼此較量，看誰長得比較高、誰先長出鬍子。在學校，圍繞在我身旁的人之中，有些人來自於國外，他們不斷嘗試融入、努力裝酷並迎合潮流。但與我的行為相比，這些在同儕中賣力耍帥的舉動不過是小兒科罷了。我發現，想跟上網路更新速度何其困難，以致於當我成績退步或遭留校察看，父母約束我不得在平日晚上上網時，我心裡不禁埋怨他們。我無法忍受他們撤銷我上網的特權，一想到無法上網錯過多少資訊，便讓我無比煩躁。在父母不斷警告與威脅禁足後，我決定將自己感興趣的資訊列印出來並帶到床上閱讀。我用紙本方式吸收資訊，直到父母就寢後，我才在黑暗中爬起，躡手躡腳地走到客廳，深怕開門與下樓的聲響會吵醒他們。我不敢開燈，循著電腦螢幕保護程式的光源前進，之後輕敲鍵盤開始連上網路，我用枕頭蓋住數據機，以降低撥號時的吵雜聲音。

沒有經歷過這一切的人，很難了解我的感受。以年輕讀者的標準來看，初期的網路速度太慢、網頁不夠美觀，娛樂性也不足。但這種看法是錯誤的。在那個年代，多數人認為上網是另一個世界、與現實生活分開。當時虛擬與現實尚未融合，而區分兩者的權力掌握在使用者手上。

這正是網路當時啟發人心的原因：我們擁有想像全新事物、隨時重新再來的自由。網路1.0版介面或許不夠親民、設計略顯粗糙，但實驗與原創性十足、盡顯個人創意。舉例來說，過去地球村（GeoCities）的網站背景可能是綠色與藍色交互閃爍，中間可能會跑過「先讀這個！！！」的白色字體，下方還附上一個跳舞倉鼠的ＧＩＦ動畫。這些設計雖然古怪、技術有待改進，但對我來說，這代表創造網站的是一個人類，而他是獨一無二的。所有人都樂於在網路上分享自己的研究與信念，不論是資工教授、系統工程師、兼差的英文科系畢業生，或是不切實際、遊手好閒的政治經濟學者都一樣。他們貪的不是金錢報酬，而是希望宣揚理念。不管他們提倡的是大自然長壽飲食或廢除死刑，我都深感興趣。他們對於知識的熱情激發了我的好奇心。在這些聰明而怪異的人當中，許多人甚至願意留下聯繫方式並回應我的提問，像是在網站下方提供電郵信箱或意見表格。

隨著千禧到來，網路世界變得越來越中心化、集中化，政府與商業力量加速介入這個原本應是對等式的網路（P2P）。但幸好網路有段時期是由人民所擁有、管理並為其服務的，而這段短暫而美好的日子恰巧與我的青少年歲月重疊。網路的目的應該是啟發人心，而不是追求賺錢。它的規則應由大家約定俗成且隨時更動，而非採取全球一致、剝削性十足的服務性協議。一直到今日，我都認為一九九〇年代網路是我經歷過最愉悅、最成功的無政府狀態。

在那個時期，我特別著迷於電子布告欄系統（BBS）。你在上頭可以隨便取個使用者暱稱，想po什麼內容沒有限制，不論是延續既定討論或新開話題都行。所有回覆內容都會被整合成討論串，就像是一長串電郵，唯一差別是它們是公開的。另外還有IRC這類網路聊天室，功能類似即時通。你可在聊天室內即時與別人討論任何主題，這種即時的感覺就像打電話、聽實況廣播或觀看新聞連線。

我那時聊天內容大多是請教別人如何組裝電腦，而我收到的回覆相當完整，網友非常和善大方，這在今日非常難以想像。比方說，我辛苦存零用錢買下的晶片組與聖誕節禮物主機板不相容時，我便會向網友求救，沒想到收到來自美國另一端的回應，一名獲得終身職的電腦科學家洋洋灑灑寫了兩千字解釋其中原理並提供建議。信的內容並非截自操作手冊，而是針對我的問題予以解答，還細心地分成好幾個步驟。我那時十二歲，這個遠方陌生人卻把我當成大人看待，因為我對網路這項新科技展現熱忱。我將他謙恭有禮的態度（與現今社群網站酸民風潮形成強烈對比）歸因於當時進入門檻極高。畢竟，所有上得了ＢＢＳ的人都費了一番工夫，這群人擁有專業與熱情，同時展現出對於上ＢＢＳ的強烈想望，畢竟為一九九〇年代的網路可不是「一鍵連線」。

記得有一次，我常上的ＢＢＳ突然想辦個全國網友見面會，地點分別在華府、紐約與拉斯維加斯消費電子展。在主辦單位極力邀約下（以及承諾豪奢的晚宴），我最後只好坦承真實年齡。我擔心他們不再理我，但他們反而對我鼓勵有加，不但寄給我電子展資訊與型錄照片，其中一名網友還打算送我二手電腦零件。

雖然我向網友透露年齡，但對於真實姓名卻是保密到家，因為上網最棒的一點是：我不必扮演自己而能假裝他人。網路的匿名性與假名化能為所有關係帶來和諧、改善不平衡現象。我可以扮成任何樣子，轉瞬間年齡變大、身高抽高、充滿男子氣概。我利用這個特徵在板上詢問業餘問題，每次假裝的身分都不同，甚至一人分飾多角。我的電腦技術一日千里，但我並未因此自滿，反而對於過去無知感到難為情，試圖撇清一切、假裝那不是我。我告訴自己：那個暱稱名為「squ33ker」的人愚蠢至極，「他」上週三詢問晶片組相容問題性根本是基本常識。

網路擁有自由多元的風氣，因此我不會粉飾太平地說：這裡沒人會相互較勁，或是這群人（由男性異性戀主宰、充斥雄性荷爾蒙）不會為了瑣碎事物陷入激戰。但在所有人都用假名的情況下，聲稱恨你的人根本不是真實存在，他們對你一無所知、唯一清楚的是你的觀點與論述方式。當你的意見在板上引起部分人士不滿（機率不低），你只要換個暱稱、戴上另一副面具，一切就能重來。你甚至可以加入聲討行列，狠狠地批評自己先前化身。這一點實在太棒了，令人鬆了一口氣。

在一九九〇年代，政府與企業的髒手還未伸進網路裡。這兩大力量後來竭盡所能連結使用者的網路身分與真實姓名。孩童過去能在網路大放厥詞、不必擔心後果。這或許不是成長的最佳環境，但網路卻提供你**得以**長大的唯一前提。我的意思是：網路早期的匿名性鼓勵了我這一代人改變成見，而非故步自封、頑固不化。擁有這種反省的能力，能讓我們傾聽自己內心而不必選邊站，也不須擔心名譽受損而盲從他人意見。錯誤迅速遭懲處然後盡快修正，讓社會與「犯錯者」都能繼續往前走。對我而言（以及許多人），這就是自由。

想像一下，若你想要的話，每天起床都能換張新面孔、選擇新身分，或是轉換新聲音、替換新詞彙。只要點擊「上網按鈕」，你的人生便能重啟。但在千禧年過後，網路科技變得非常不同：所有記憶必須忠實、身分維持一致，意識形態也得正確。但在那時（至少維持一陣子）網路容許我們越界、犯錯的空間。

但我切換線上身分的最大啟蒙來源並非BBS，而是更有趣的角色扮演電玩，尤其是大型多人線上角色扮演遊戲（MMORPGs）。我最喜歡的MMORPGs是《網路創世紀》（Ultima Online），玩家必須創造並扮演另一個「分身」，像是巫師或戰士、工匠或盜賊等。我可以不停切換分身，這種自由在下線後很難獲得，因為真實世界對於「變異性」抱有疑慮。

我在《網路創世紀》的分身會與其他人的「分身」互動，當我與這些分身並肩作戰完成任務時，我偶爾會發現其實以前與這些玩家相遇過。只是他們當時使用的是不同分身，而他們也可能認出我。他們透過我的慣用角色用語或特殊指令，進而辨識出我這個人。比方說，他們會發現，現在扮演「史芮克」（Shrike）女騎士的我曾是名為「科溫」（Corwin）詩人與自稱「巴爾格瑞」（Belgarion）的鐵匠。我有時覺得這些互動非常有趣，但大部分時間將其視為比賽，輸贏關鍵是誰能辨識出最多分身。我試圖在隱藏自己身分的情況下，盡可能猜出別人扮演多少分身。我必須讓留言不露出蛛絲馬跡，同時在互動中觀察其他玩家不經意透露出來的訊息，好猜出他們的真實身分。

雖然玩家在《網路創世紀》能扮演的分身五花八門，但這些角色各司其職，任務定義清楚、模擬現實，自成一套社會體系，讓你扮演角色時就像是在現實生活履行職責一般。在經過一整天工作或上課後，回家進入遊戲世界、扮演角色執行任務能讓你獲得充實與滿足，不論你扮演的是醫生、牧羊人、煉金師或魔術師都一樣。《網路創世紀》創造出一個相對穩定的社會，擁有完善的法律與行為準則，確保所有分身任務明確，並依據個人能力與意願指派任務，以滿足社會對於他們功能的期待。

我愛死這些遊戲並樂於扮演眾多分身，但我的家人卻沒有這般熱情。玩電玩非常耗時，尤其是多人連線遊戲。我每天耗費數小時玩《網路創世紀》，導致家中電話費高漲、其他電話打不進來。我家電話總是十分忙碌。正值青春期的姊姊發現電話線路被我上網占據，導致她錯過高中校園八卦時，她感到怒不可抑。不久後，她察覺到最棒的報復是拿起電話筒中斷網路，如此一來，數據機嘶嘶聲響便會停止。但在她還沒聽到正常撥號音時，樓下便傳來我的尖叫聲。

若你在看線上新聞時遭到中斷，你總是可以之後再接續閱讀。但若是你玩遊戲時連線中斷，而你沒按暫停或存檔，那事情就很嚴重了。你可能與其他玩家正在城堡裡砍殺巨龍，正殺得如火如荼之際，此時網路突然中斷三十秒，之後螢幕變成灰色，上頭墓誌銘文字寫著：你死了。

現在回想起來，對於當時小題大作有些不好意思，但我那時確實認定姊姊想要摧毀我的人生，尤其是當她拿起電話筒時，還先確定眼神與我對到，之後再微笑示意切斷連線。她根本不是要打電話，她只是讓我知道誰才是老大。後來父母實在無法忍受我們兩人不斷爭執，於是更改我們家的上網方案，從以分計費改成無限上網，同時安裝第二支電話。

自此以後，家中再也無戰事。

第五章　駭客

所有青少年都是駭客。他們必定得如此，因為他們處境尷尬。他們覺得自己是成年人，但大人卻總把他們當小孩。

請記住，若你能變成駭客的話，你便能擁有青少年時光的主導權。你願意付出一切代價，只要能逃避父母管教就好，因為你已經受夠被當成小孩對待。

你一定還記得，當年紀更大、更強壯的人試圖控制你時，那感覺並不好受，這彷彿代表著：年紀與體型等同於無可挑戰的權威。你必定有過這樣的經驗：你的父母、師長、教練、童軍隊長與牧師濫用職權侵犯你的私生活，把他們的希望加在你身上，強迫你服從規範。每當這些大人把自己的願望、夢想與慾望偷渡給你時，他們嘴上總說著「這都是為你好」或「不聽老人言，吃虧在眼前」。雖然他們有時確實替我們著想，但我們總記得那些不適用的情況，尤其是當他們說出「因為這是我說的」、「有天你會感謝我」這類說服力薄弱的空話時。年少時期，你必定聽過這些陳腔濫調，也一定經歷過「權力不平等」的狀況。

所謂的「長大」代表的是你體會到：你的存在受制於成套的規範、模擬兩可的規則以及毫無根據的常規。這些規定未經過你的同意便強加在你身上，而且隨時隨地都有可能改變，甚至在你違反規則時，你才意識到它們的存在。

當時的我，對此感到震驚。

當時的我戴著眼鏡、骨瘦如柴，還不到十歲就開始對政治感到好奇。

在學校，教科書告訴我們，美國民主體制的精髓在於「一人一票」，這就是民主。但顯然，民主不存在於我的美國歷史課堂，若是我們班上都能投票的話，那歷史老師馬丁先生肯定會失業。相反的，馬丁先生為美國歷史課堂設下規則，正如同英文老師伊凡斯太太、科學老師斯威尼先生與數學老師史塔克頓先生等人，這些老師經常更改規則以助益自己並擴大權力。若老師不希望你們上廁所，那你們最好先憋著。若老師取消帶你們參訪史密森尼學會的行程，那他們根本不必多做解釋，只要拿出「權威不容挑戰、秩序需要維護」的態度即可。在那時，我便體會到反對體制的困難，尤其是涉及到更改規則以符合多數人的需求，因為這有害於訂定規則者的利益。這便是每個系統的重大缺點或設計瑕疵，不論是在政治或電腦領域皆然，換句話說，創造規則的人沒有理由與自己作對。

我認為，學校是一個不合理的體制，因為它容不下任何合理的質疑。我可以據理力爭直到精疲力盡，或是乾脆接受現實，承認一開始就無權置喙。

但是，歷史經驗證明，學校這個看似仁慈的暴君終有被推翻的一天。否決學生獨立思考的空間，將成為他們起身反抗的導火線，儘管許多青少年經常將抵抗與逃避或暴力混淆在一起。一般叛逆青少年發洩情緒的管道，對我來說根本沒用，因為毀壞公物不是我的風格，而我又不敢嘗試嗑藥（直到今日，我仍沒有酗酒或抽菸的經驗）。相反的，我選擇最聰明、最健康、最具教育性的方式，這是我所知道最能幫助青少年奪回自治權、與成年人平起平坐的方法，那就是駭客。

我和絕大多數的同學一樣，雖然不喜歡規則的存在，但又不敢打破規則。我深知學校體制運作的方式：你糾正老師錯誤會得到口頭警告。你質疑不願承認錯誤的老師會遭到留校查看。你放任同學偷看考卷，你同樣會遭到留校察看，而作弊同學則受到停學處分。這是所有駭客的起源，你意識到因果關係間的連結。駭客並非僅限於電腦領域，只要規則存在的地方就會有駭客。想駭入一個系統，你必須比系統創造者或經營者更了解規則，並利用這群人預設系統運作與實際運作間的差異。駭客懂得善用這些無心瑕疵，與其說他們打破規則，不如說他們協助暴露系統缺點。

人類天生就懂得辨別模式。我們所做的一切選擇都立基於一連串的假設，這些假設可能來自於經驗與邏輯推理，也可能是無意識提取或有意識發展。我們運用這些假設評估每個選擇帶來的後果，我們將迅速、精確從事這一切活動的能力稱為智力。但即使是擁有最高智力的人，他平常依賴的假設也未經過驗證。要是我們凡事驗證的話，那我們便會發現我們經常做出錯誤選擇。任何人若懂得更多，或是思考更快速精準的話，便能利用這個瑕疵創造出我們預想不到的後果。這便是駭客的原理，所有人都能當駭客，重點不在於你是誰，而是你推理的方式。正因為掌權人士深信系統完美無暇、從未試圖檢驗，才讓駭客總能趁隙而入。

學校當然不會教這些資訊，我是自己從網路上學來的。網路能讓我盡情探索我有興趣的主題，透過網址連結不斷往外衍伸，如此一來，我的進度便不必受制於老師教導與同學學習的速度。隨著上網時間增加，我越覺得學校功課更像是課外活動。

在我滿十三歲的那個夏天，我下定決心不回學校或至少大幅降低上課時間，但不確定該怎麼做。我所想出的計畫全都可能帶來麻煩。若我被逮到翹課，父母可能取消我玩電腦的特權。若我決定輟學，他們可能會殺了我埋在森林裡，然後告訴鄰居我逃家了。我必須想出一個計謀，而在新學年第一天，我便發現到一個方法，事實上，它就印在課程大綱上。

在每堂課開始前，老師會發放他們製作的課程大綱，裡頭詳述課程內容、指定閱讀書籍、大小考日期與回家作業等。除此之外，上面還清楚寫著評分辦法，也就是分數的計算方式。我從沒注意過這類資訊，但這些數字與字母如今成了我的解脫之道。

那天放學後，我坐在書桌前仔細研究一疊課程大綱，試圖找出哪些課程可以翹課但仍能低分過關。以美國歷史課程為例，小考約占總分二十五%、期中期末測驗占三十五%、學期報告十五%、家庭作業十五%，而其中最主觀的項目「出席率」則占十%。我通常不必花太多時間念書便能考到不錯分數，因此小考與期中期末測驗這兩項十拿九穩。至於學期報告與家庭作業就非常討厭，不但分數占比低，時間成本也高。

我推測，如果我都不做家庭作業，但其他項目得高分，總分會落在八十五分上下。若不寫回家作業或學期報告，但其他項目分數高，總分大約七十分。一成的出席率算是彈性緩衝。即使老師覺得我存心翹課，在出席率給我零分，我仍可能拿到六十五分低分過關。這套給分標準本身就存在瑕疵。課程大綱告訴學生如何爭取到最高分，但同時也能用來爭取最大的自由，幫助我逃避不想做的事，但仍能順利矇混過去。

當我想出這套計謀後，我便不再做作業。每天都很開心，心情與那些逃脫工作責任與繳稅義務的大人無異。直到有一天，史塔克頓當著全班的面問我為何漏交六份作業，我很開心地和大家分享這套公式，完全忘記這可能讓我喪失優勢。同學們大笑一會兒後，開始拿起筆在紙上塗寫計算，想搞清楚自己是不是也能仿效這招。「非常聰明喔，艾迪。」史塔克頓說道。他給了我一個微笑後繼續上課。

我是全校最聰明的學生，至少二十四小時前如此。史塔克頓隔天發了新的課綱，裡頭清楚寫著：學期末前累計未交六次作業直接當掉。

這招真厲害啊！史塔克頓先生。

當天下課後，史塔克頓把我拉到一邊。他告訴我，「你的聰明才智不該用在逃避作業，而是應該想辦法做到最好。艾迪，你很有潛力。但你不知道的是，分數會跟著你一輩子，你應該為日後著想。」

在擺脫家庭作業的束縛之後（至少有一陣子如此），我的空閒時間更多，於是開始從事更多電腦駭客行為，而且能力越來越強。我在書店翻閱《*2600*》與《*Phrack*》這類粗製濫造的駭客雜誌。這些小本刊物影印模糊、用訂書機裝訂而成。我從中學習到駭客技巧，同樣也將反權威的政治觀點一併吸納。

我是個剛入門的菜鳥，充其量只能利用別人開發的工具入侵系統，我甚至連這些工具的功能都不太懂。當我駭客能力逐漸提升後，有人問我，幹嘛不去盜領銀行戶頭或竊取信用卡號碼。我必須老實說，當時的我太年輕也太愚笨，壓根沒想到這回事，更別說我也不知該如何處理贓款。所有我渴望的、我需要的東西，在網路上都能免費取得。但我後來利用一些簡單技巧駭入遊戲，讓我的遊戲分身多幾條性命或擁有透視牆壁的超能力。話說回來，當時網路上的金錢交易並不盛行，與今日根本無法相比。我唯一知道的駭客行為是「電話飛客」（phreaking），也就是利用網路入侵技術盜打電話。

若你問知名駭客為何要駭入新聞網站，卻只是把標題換成閃爍的ＧＩＦ檔，上頭寫著一些不知所云的文字，他們的回應會和多數聖母峰登山客一樣，「因為山就在那裡」。大部分的駭客不為權也不為利，青少年駭客尤其如此。他們僅是想測試自己能力的極限，嘗試做到不可能的事。

那時我還年輕，懷抱著單純的好奇心，但現在回過頭來看，或許當時的駭客行為是為了減輕我的精神官能症狀。當我越了解資訊安全的脆弱，我越擔心信任不可靠機器的後果。做為一名青少年，我首次執行的駭客行為，源自於我對核能電廠大爆炸的深切恐懼。

我當時上網讀到一些關於美國核能計畫歷史的文章，經過幾次滑鼠點擊後，我來到核能研究機構洛斯阿拉莫斯國家實驗室（Los Alamos National Laboratory）的網站。這正是網路運作的方式：你懷抱一顆好奇心，滑鼠會帶你去找答案。但我發現到這個美國最大、最重要的科學研究與武器研發機構網站竟然存在極大的安全漏洞，這著實令我嚇一大跳。這個網站的瑕疵在於它開放目錄結構，形同對外大開門戶。

請容我解釋一下。假設我寄給你一個連結，讓你下載一個ＰＤＦ檔案。網址通常長這樣：website.com/files/pdfs/ 檔案名.pdf。這個網址與網站目錄結構相同，也就是說，網址每一個部分代表樹狀結構的一層。在這個例子中，website.com 裡頭有個名為 files 的資料夾，而 files 裡頭有個名為 pdfs 資料夾，在這個資料夾裡存著我要寄給你的檔案。今日所有網站都會限制訪客取用特定檔案並隱藏樹狀結構。但在遠古時代，創造與經營重要網站的人可能剛觸及網路這項新科技不久，他們經常將目錄結構對外開放。這意味著，若你僅複製網址一部分，比方說輸入 website.com/files，那你便能取用網站所有資料夾與檔案，當然也包括機密資訊在內，這便是洛斯阿拉莫斯網站問題所在。

在駭客的世界裡，這種「遍歷目錄」（directory walking）的手法簡直是小兒科等級。而這正是我當時做的事，我盡情閱覽這個網站的上下層資料夾。在花了半小時讀一篇關於核子武器威脅性的文章時，我赫然發現數個安全人員才能取得的檔案竟任人下載。

嚴格來說，這些檔案並非機密資料，無法讓我在自家車庫裡製造核子武器（但其他DIY網站有教）這些資料只是一些辦公室備忘錄與員工個資。由於我對於天空出現核爆蕈狀雲十分害怕，加上我出自於軍人家庭，因此我立即將此事通報給大人知道。我寫了一封電郵給網站管理員說明原委，但遲遲等不到回應。

每天放學回家後，我做的第一件事便是上網查看這個網站是否更改目錄結構，但每次都讓我失望。除了我感到驚訝與憤怒之外，什麼事都沒發生。最後我實在忍不住，便按照網站下方列出的電話號碼打去告知。

接起電話的是總機，但那一刻我有些結巴。我開始解釋來龍去脈，但話還沒說完，她卻以一句「轉接資訊科技部門，請稍候」打斷。我來不及道謝，電話便轉到語音信箱。

當嗶聲響起時，我稍微恢復信心，用平緩的語氣留完言。我現在唯一記得的是，我留言後鬆了一口氣的感覺，我最後還重述姓名與聯絡電話。我甚至拼出自己的名字，使用的是父親偶爾會用的「語音字母」方式。「我的名字是，Sierra 的 S，November 的 N，Oscar 的 O，Whiskey 的 W，Delta 的 D，Echo 的 E，最後是 November 的 N，S-N-O-W-D-E-N，史諾登。」我掛完電話後，繼續過我的生活。接下來的一個禮拜，我應該是造訪該網站最多次數的人。

今日若有人一天內多次使用 Ping 指令檢查該網站伺服器，很可能會被政府情報單位盯上。但那時，我不過是個雞婆的年輕人。我真的不懂，為何沒人在乎這個問題。

幾個禮拜過去（對青少年來說，一個禮拜如同一個月漫長），有天晚上家裡電話突然響起，我媽正在廚房料理晚餐，她隨即接起電話來。

我當時正在客廳打電腦，從對話可知電話是找我的。「嗯，他在，請問哪裡找？」我轉過身，媽媽正盯著我，胸前頂著電話筒，她的臉色蒼白，身體忍不住顫抖。她悄聲問：「你幹了什麼好事？」帶著一種我從沒聽過的急迫語氣，這令我害怕。我毫無頭緒，怎麼可能知道發生什麼事。我問道，「誰打來的？」

「洛斯阿拉莫斯。」

「噢，終於打來了。」

我輕輕地從她手中接過電話，並讓她坐下來。

「你好。」

電話另一端的是資訊科技部門的員工，他一直尊稱我為史諾登先生。他對於我回報網站瑕疵表達感謝，並告訴我問題已獲解決。我壓抑住自己別問為何拖那麼久才修好，同時克制住衝到電腦上網確認的衝動。

母親目光一直沒從我身上移開，她試圖從我們對話中拼湊事情全貌，但她只能聽到我這邊的說法。我對她豎起大拇指，之後為了安撫她，我開始裝出嚴肅、成熟且低沉的聲音，再次向對方述說一切：關於我是如何發現網站問題，之後如何通報給他們，以及一直到現在才有了回音。我結尾時表示，「感謝你特地打電話通知我，希望沒有帶來麻煩。」

「當然不會。」他說道，接著詢問我從事什麼職業。

「沒有工作。」我回答。

他問我是否在找工作，我回答，「學期中通常比較忙，等到暑假時就有空了。」

他這時才意識到和他講電話的是一名青少年。「好的。你有我的聯絡方式，等你成年時記得打給我。現在幫我把電話轉給剛剛那位女士。」

我把電話交給滿臉擔憂的母親，她把電話帶回廚房，那時晚餐已經燒焦，廚房裡煙霧瀰漫。但我猜對方應該對我讚譽有加，所以我後來沒有受到任何懲罰。

第六章　未完成

我對於高中的印象很模糊，因為我大部分時間都在睡覺，這是彌補熬夜打電腦睡眠不足的方法。在我就讀的阿倫德爾高中（Arundel High），大部分的老師都不介意我小歇片刻，只要我不打呼的話。但還是有一些殘忍的同學，總覺得有義務叫醒我，他們用粉筆劃過黑板或是拍擊板擦製造聲響，有時還會突然丟出一個問題：「史諾登，你對此事有什麼看法？」

我會從書桌上抬起頭，在椅子上坐直，嘴巴還打著呵欠，旁邊的同學強忍笑意，一副等著看笑話的樣子。

老實說，我愛死這些時刻，這是高中所能提供最棒的挑戰。我享受被注目的感覺，我在黑板上搜尋蛛絲馬跡時，全班三十雙眼睛盯著你瞧，期待看我出洋相。若我能迅速回答正確答案，那我可能變成全校風雲人物。若反應不及，我也可以講個笑話混過去，畢竟笑話永遠不嫌多。最糟的狀況是結結巴巴，那他們會覺得你是個白癡。隨他們怎麼想，被別人看不起沒什麼大不了。別人低估你的智商與能力，只是凸顯他們自己的脆弱。他們的判斷越偏離事實，越能幫助你之後扳回一城。

當我還是青少年時，我非常喜歡二元論觀點：生活重要問題的答案，只有對與錯兩種。我想我是受到電腦程式影響，在那個編碼的世界裡，所有問題只能用0或1回答。即使是大小考的複選題，我也能用二進制的相反邏輯來應答。若我無法立刻辨識出其中一個選項為正解，那我可以用消去法，淘汰掉「總是」、「從未」這類極端說法，或是排除不合理的例外。

高一接近尾聲時，我面臨到一個非常特殊的挑戰。這個難解的問題，無法用2B鉛筆畫卡回答，只能使用完整的字句篇章。講白點，這其實是英文課的一道寫作題目，問題上頭寫著：「請寫出一篇自傳，字數不超過一千字」。我被陌生人命令檢視自我，這恐怕是我唯一毫無頭緒的主題。我實在寫不出來，我無法對外人敞開心胸。我後來交了白卷，結果得到「未完成」的評語。

我的問題是非常私人的，正如寫作題目一樣。我無法寫出自傳，因為我的生活陷入混亂：父母當時正在鬧離婚。父親早就搬出去了，而母親想賣掉我們位於克羅夫頓的家，並和我們一起搬到一間公寓，之後又搬到埃利科特市（Ellictt City）附近。曾有個朋友說過，只有經歷過父母死亡或自己變成父母的人，才算是真正的長大。但沒人告訴我，在我這個年紀的小孩，父母離婚帶來的打擊極大，如同前面兩件事同時發生一般。突然之間，我們童年時期父母堅不可催的形象一夕破滅。他們比你還失落，臉上滿是眼淚與怨懟，期待你告訴他們：凡事都會變好。但根本不會變好，至少短期內不可能。

在我們的監護權與探視權由法院分派的期間，姐姐將自己投身於申請大學的忙碌行程，後來也成功獲得威爾明頓（Wilmington）北卡羅來納大學錄取。隨著大學開學的日子逼近，我覺得自己逐漸失去家庭的溫暖。

我變得越來越內向。我強迫自己變成另外一個人，戴上面具扮演成別人期待的模樣。在家人眼中，我值得信賴且真誠。在朋友面前，我幽默風趣、無憂無慮。但當我獨處一人時，我卻悶悶不樂、心情抑鬱，時常擔心自己成了別人負擔。在前往北卡羅來納的路上，我開始被悲觀念頭糾纏：每年聖誕節都被我搞砸，因為我的成績不理想，因為我總是玩電腦、不做家事。我的腦海閃過童年做過的錯事，如今就像是呈堂證供，直指我就是事情淪落至此的元凶。

我試圖擺脫這種罪惡感，方法是忽視自己的情緒、假裝一切沒事，後來我開始裝大人。我不再說「玩」電腦，而是「打」電腦。光是調整用詞而非修正行為，就能改變別人看待我的方式，甚至連我自己也吃這一套。

我不再自稱「小史」。從現在開始，我叫「史諾登」。我買了人生第一支手機，大剌刺掛在腰間，樣子就像個混帳大人。

創傷的意外收穫是獲得重生的機會，教導我欣賞家庭以外的世界。我驚訝地發現，隨著我與父母漸行漸遠，我反而與其他人變得更親密，他們把我當成同輩看待。他們就像是人生的導師，教導我航行、訓練我打拳、指導我演講，並給予我上台的自信，他們幫助我成長。

高二開學後，我覺得越來越疲憊也更容易睡著，不僅在學校如此，連在家打電腦時也一樣。我會在半夜裡驚醒，前方的螢幕顯示一連串莫名字串，因為我先前倒在鍵盤上頭。過了不久，我的關節開始疼痛、身體水腫，眼白泛黃，後來甚至連起床力氣都沒有，即便連睡十二小時也起不來。

醫生從我身上抽出大量血液，最後診斷我得了傳染性單核白血球增多症（mononucleosis）。我的身體極度虛弱、內心倍感羞辱，不只是因為此病傳染途徑是我同學口中戲稱的「亂搞」，更因為十五歲的我唯一「亂搞」過的就只有數據機而已。學校被我拋在腦後，請假次數越來越多，而就連這件事也無法讓我開心，甚至狂吃冰淇淋也沒用。我沒精力做任何事，唯一例外是玩父母買的遊戲。他們兩人彼此較勁，看誰能買給我更新、更酷的遊戲。父母搶著取悅我，試圖減輕對於離婚的愧疚感。而當我連碰遊戲的興致都喪失時，我開始懷疑生命的意義。我有時候醒來不知自己置身何處。昏暗的光線，讓我疑惑現在是在母親的公寓或父親的單人套房。我不記得誰載我來這裡。日復一日，每天都沒有變化。

我的世界一片黑暗。我記得讀過《駭客的良知》（*The Conscience of a Hacker*）（也就是《駭客宣言》）、史蒂文森（Neal Stephenson）的《潰雪》（*Snow Crash*），還有托爾金（J. R. R. Tolkien）一系列著作。我在讀這些書時經常睡著，搞不清楚書中主角與情節發展。有天還夢到《魔戒》裡的咕嚕在我床邊哀鳴，「主人，主人，資訊渴望自由。」

雖然我沉浸於發燒時做的夢，但真正惡夢是必須補上學校作業。在我翹了四個月的課後，校方寄信通知我必須重讀高二。我確實感到驚訝，但當我讀信時，我心裡清楚這事終究會發生，即便先前為此擔憂好幾個禮拜。一想到要重返學校就令我抗拒，更別說要再念兩個學期，我一定得設法避免這件事發生。

正當我憂鬱症越來越嚴重之際，收到校方通知令我重新振作。我打起精神，好好打扮自己、不再穿著睡衣。我立刻上網找資料、打電話詢問，試圖尋找學校體制的漏洞，也就是讓我脫身的辦法。經過一番研究與填寫許多表格後，幾天後我收到大學寄來的錄取通知。很顯然的，你並不需要高中文憑就能申請上大學。

錄取我的是安妮阿倫德爾社區學院（Anne Arundel Community College），這一間當地學校知名度當然不及我姐的學校，但一樣是受到官方認可的機構，這個才是最重要的。

我帶著錄取通知來到阿倫德爾高中，校方行政人員一開始非常疑惑，後來掩蓋不住無奈又有些開心的表情，最終同意讓我修大學學分換取高中文憑。我之後一禮拜要上兩天課，這是我能容忍的最大極限，不然我無法維持正常運作。我透過跳級方式不必再次經歷高二痛苦的課程。

這間大學距離我住的地方僅需二十五分鐘車程，而我頭幾次自行開車前往的過程相當危險，除了我才剛拿到駕照外，我還得在途中試圖保持清醒、別打瞌睡。我一上完課直接回家睡覺。我是班上最年輕的學生，或許是全校最小的也說不定。對於他們來說，我的存在既新奇又礙眼。況且我正從憂鬱症康復中，這也代表：我不太會與他們互動。再加上這是一所通勤學校，校園生活並不活躍。這種校風很適合我，而且大部分課程都比高中來得有趣多了。

在我繼續述說故事前，我必須說明一點，那就是：我離開高中後仍積欠那份英文課程作業，也就是被評為「未完成」的自傳。隨著年紀漸長，寫自傳這件事變得越來越沉重，而困難度也沒有絲毫減低。

實情是，擁有我這般人生經歷的人不可能輕易寫出自傳。我人生大部分時間都在隱藏身分，如今卻諷刺地寫書「爆料」。美國情報體系不斷告訴員工必須隱姓埋名：把自己想像成一張白紙，這樣才能寫上祕密同時方便偽裝成其他事物。你訓練自己融入人群，模仿別人打扮的樣子、說話的方式。你住著一般的房子，開著常見的汽車，穿著也類似。唯一不同的是，你的平凡只是掩飾。這是一個否認自我的職業，無法享受公眾的讚許，唯一犒賞來自於下班後，你再度融入人群，成功說服他們：你是其中一分子。

雖然有許多更流行且準確的心理詞彙，能夠形容這種「分裂的認同」概念，但我傾向用「人為加密」來解釋。在加密過程中，原始素材（你的核心認同）仍然存在，但卻經過上鎖與編碼擾亂處理。這個世界很公平，你越清楚別人就越不了解自己，一段時間之後，你可能忘了自己喜歡或厭惡的事物。你失去自己的政治觀點，對政治程序的尊敬也蕩然無存。一切事物都沒有這份工作來得重要：一開始是否定人格，最終是欺騙良心，畢竟「任務擺第一」。

基於這樣的觀點，令我多年來堅持維護隱私權。我既沒有能力也沒有意願探討個人私事。但我離開美國情報系統的時間，幾乎與我任職期間一樣長，我如今體認到：這樣的解釋不足以說服我自己。畢竟當寫作課交出白卷時，我根本稱不上是間諜，而是乳臭未乾的小子。我那時只是個青少年，利用虛擬化身玩間諜遊戲，藉此度過父母離婚的艱難時刻。

在經歷婚姻破裂後，我們變成一個各懷祕密的家庭，每個人都善於裝腔作勢、隱藏祕密。我的父母不會分享祕密，當然也會防範小孩。當我週末待在父親家，而姐姐和母親一起住，我們姐弟兩人也開始有了自己的祕密。父母離異對小孩來說，最殘酷的考驗莫過於被其中一方拷問，對方如今過得好不好。

我媽早已重返單身戰場，父親則盡力填補內心空虛，但他偶爾還是會因冗長、昂貴的離婚程序而大發雷霆。當這樣的情況發生時，我和父親的角色便會對調，我必須堅定果決地和他講道理。

寫下這段文字令人感到痛苦，原因並不在於重溫過去傷痛，而是這無法顯示我父母本質上的良善。出於對孩子的愛，他們兩人最終化解歧異、和解收場，各自過著幸福的日子。這樣的改變是恆常、普遍且充滿人性的。但自傳是靜態的，無法記錄下一個人的全部變化。因此，最棒的自傳不是發表一段聲明，而是許下一個承諾，期許自己堅守原則、變成更棒的自己。

我上社區大學不是為了接續高中教育，而是實現我對自己許下「至少完成高中學業」的承諾。我還記得那天是週末，我開車前往巴爾的摩附近的公立學校參加考試，目的在於取得相當於高中畢業文憑的普通教育發展證書。

離開考場後，我的心情格外輕鬆。別人要用兩年時間才能高中畢業，我僅參加兩天考試就取得同等學歷。這感覺像是鑽漏洞，但實際意義遠大於此，因為這代表我信守諾言。

第七章 九一一事件

從十六歲開始，我基本上算是一個人住。母親忙於工作經常不在，空蕩的房子只剩我一人。我自己安排行程、料理三餐，洗衣、打掃也都自理。除了付帳單外，一切事情靠自己。我擁有一台一九九二年本田白色 Civic 轎車，我開著它四處趴趴走。我在車上總聽著 99.1 另類搖滾電台 WHFS（「現在聽我的」是它的招牌節目），只因當時大家都如此做。我不擅於從眾，但我很努力嘗試。

我的生活像是個迴圈，不斷在我家、學校以及朋友間循環。而在朋友圈當中，又以最近在日文課認識的新同學與我最為親近。我不確定我們是何時混在一塊的，但自下學期開始後，我們上課目的除了學日文外，也是為了看到彼此。順帶一提，這正是「看似平常」的最佳方式：讓你周遭圍繞著一群和你一樣怪的人。在這群朋友中，有不少人是藝術家新星與平面設計師，他們非常沉迷於當時頗具爭議的日本動漫。隨著友誼加深，我對於動漫的認識也逐漸加深，後來甚至可以對一系列新作品發表影評，包括《螢火蟲之墓》、《少女革命》、《新世紀福音戰士》、《星際牛仔》、《聖天空戰記》、《神劍闖江湖》、《風之谷》、《槍神》與《秀逗魔導士》，而我個人心頭最愛則是《攻殼機動隊》。

在他們當中，有個女生名叫小梅（Mae）。她當時二十五歲，年紀比我們大上許多。她的作品在市面上可以買到，而她私下熱衷於扮裝（Cosplay），所有人都崇拜她。小梅是我練習日文會話的夥伴，我後來才發現，她還經營著非常成功的網頁生意。我將這家公司命名為「松鼠企業」，原因是她有次在紫色包包裡塞了一隻貌似松鼠的蜜袋鼯寵物。

而這正是我變成自由工作者的原因，我為了小梅一頭栽進網頁設計領域。她（或說她的公司）私下僱用我，時薪三十美元現金，這算是極好的待遇。但我實際工作時數遠高於帳面紀錄。

我不介意小梅以微笑當作報酬，畢竟我深深癡迷於她。儘管我沒有刻意隱藏愛意，但我不確定她是否注意到此事。畢竟我從不遲交稿件，而只要是她的事，再小的忙我都會幫。此外，我的學習速度極快。若公司只有兩名員工的話，那你一定得身兼數職。雖然我在任何地方都能工作（網頁設計只需網路），但她希望我到公司上班。所謂的公司其實就是她家，也就是一間兩層樓的聯排別墅，她與她的老公諾姆（Norm）一起住在裡面。諾姆是個乾淨俐落的聰明人。

是的，你沒聽錯，小梅已婚。而他們的房子就位於米德堡西南方基地，諾姆是駐守該基地的空軍語言學家，目前為國家安全局工作。我無法告訴你，若你家是聯邦政府財產或軍事基地的話，你在家開設公司是否合法。但做為一名愛上已婚女性的少年，且這名女性還是你的老闆，那我也不是什麼奉公守法的人。

現在想起來很不可思議，當時的米德堡軍事基地任人出入，沒有路障、崗哨與帶刺鐵絲網的阻攔。我可以開車進入基地（全球最大情報機構國安局就位於此），任由車窗隨意拉下、音樂大聲放送，途中不會遭到攔查，更不必出示任何證件。日文班約四分之一的人每兩週便在小梅家中小聚一次，大家一起觀看或製作動漫作品，我們進出基地絲毫不受限制。我們視其為理所當然，畢竟在那個時代，學校校園與電視劇最流行的一句話是：「我們是自由國家，不是嗎？」

週一至週五期間，我一早便開始上班。在諾姆出門後，我會駛入他們家的死胡同，然後進到屋內工作一整天，並在諾姆回家前離開。為小梅工作的兩年期間，我和諾姆偶爾還是會遇到，他非常親切大方。我一開始以為，他沒注意到我對小梅的愛意，或認為我根本不是對手，因此不介意我和他太太同處一室。但我們有天碰巧遇上時（他剛回家，而我正要離開），他刻意提到，他在床頭櫃上放了把槍。

松鼠企業體現網路泡沫時期新創公司的典型樣貌，換句話說，我們這些小型企業為了蠅頭小利而削價競爭。它的運作原理是：一間大型企業（像是汽車製造商）僱用知名廣告或公關公司協助建立網站，希望提升網路能見度。這些企業對於網站架設一無所知，而廣告或公關公司懂得比這些企業多一些，於是他們在人力銀行刊登徵人啟事，希望找到合適的網頁設計師。

在看到徵人啟事後，由小梅和我「老少配」組成的松鼠企業便會競標爭取工作，但由於競爭者多，得標者必須將價格砍到見血。且得標者還得支付一筆費用給人力銀行，最後拿到的報酬根本無法養活一名勞工，更別提是一間公司。除了金錢報酬低之外，網頁設計師還得承受心理羞辱，因為廣告或公關公司會搶走功勞，對外宣稱作品皆是出自於他們之手。

在小梅這位老闆的帶領下，我更加認識這個世界（尤其是商業領域）。小梅精明能幹、工作又比別人認真，因此在這個男性主宰的產業闖出一片天。而這種「客戶壓榨勞工」的企業文化，促使自由工作者尋找這套體制的漏洞。小梅在這方面相當厲害，她總有辦法和最大客戶直接談妥交易，不必透過人力銀行中介。而由於我在技術層面提供全力支援，小梅得以將精力專注於企業經營或藝術作品上頭。她將插畫技巧擴展至商標設計並提供品牌諮詢服務。對我來說，這些編碼技術非常簡單、容易上手，雖然重複性極高，但我沒有絲毫怨言，即使是操作最枯燥的 Notepad++ 軟體，我也甘之如飴。為了愛情，我們可以付出一切，單相思更是如此。

我不禁懷疑，小梅是否早就知曉我對她的感覺，並利用這種不對等的關係獲得好處。但就算我深受其害，我也心甘情願，和小梅在一起時，我變成更好的人。

然而，在松鼠企業工作一年後，我體認到自己必須為未來打算。在資訊科技產業，獲得業界認可變得越來越重要。大部分進階工作開始要求應徵者必須獲得ＩＢＭ、思科等大型科技公司官方認可的證照。至少，廣播廣告經常放送類似觀念。我有天開車回家時又聽到一則廣告，雖然我已聽過無數遍，但這次我決定採取行動、撥打電話報名微軟認證課程，該課程由約翰．霍普金斯大學電腦培訓中心提供。雖然課程聽起來很像詐騙，包括高得嚇人的學費、位置位於「分校」而非本部等，但我壓根不在乎。這是一樁赤裸交易，讓三方各得利益。由於科技人才需求激增，微軟可獲得額外課程收入，人資主管可假裝這張昂貴證書能有效篩選人才，區分真材實料的專業人士與骯髒的冒牌貨，至於無名氏如我則能在履歷掛上「約翰．霍普金斯大學」的榮耀頭銜，大大地提高應徵錄取機會。

科技業創造出資格認證機制後，隨即將此作為業界標準。「A+認證」代表你能夠提供電腦維修服務，「Network+ 認證」則認可你擁有基本網路維護工作的能力，這些都幫助讓你成為線上服務支援中心（Help Desk）的一員。其中最有用的是微軟認證系列，包括入門級的微軟認證專家（MCP）、更高階的微軟認證系統管理員（MCSA），以及最高等級微軟認證系統工程師（MCSE）。這些認證是你發財的機會，確保你踏上光明前程。ＭＣＳＥ

年薪最低四萬美元起跳，這樣的薪資在當時算是不錯，更是十七歲的我難以想像的。仔細想想，這其實很合理，微軟股價早已突破一百美元，而創辦人比爾蓋茲更多次成為世界首富。

若從技術層面來看，MCSE認證雖取得不易，但在自命不凡的駭客眼中，這也不需要什麼特殊才智，唯一麻煩的是得付出大量時間與金錢。我必須參加七場個別考試，每場報名費一百五十美元，而這一系列認證課程更要價一萬八千美元。我當然沒完成課程就直接去考試，因為我實在受夠了上課，但不幸的是，這些課程無法退費。

如今的我債臺高築，更有理由和小梅待在一塊，因為我必須賺錢。我要求她提高我的工作時數，她欣然同意並將我上班時間提早至九點。對於自由工作者而言，這個時間實在太早了，而這也是我某個禮拜二早上差點遲到的原因。

那天，在美麗的蔚藍天空下，我在32號公路放慢車速，因為我不想吃上超速罰單。幸運的話，我應該能在九點半前抵達，我打開車窗，將手伸出車外感受風的流動，真是幸運的一天啊。我扭開車內收音機聽起廣播，等待新聞結束後的交通路況播報。

正當我打算從康乃路抄捷徑切入米德堡時，廣播裡傳來一則突發新聞，內容是有架飛機在紐約市墜毀。

我抵達後，小梅幫我開門。我跟在她身後，從昏暗的入口走樓梯到樓上辦公室。狹小的辦公室就在臥房旁邊，裡面沒什麼家具，就兩張桌子並排，旁邊放置一個繪圖桌與她的寵物籠子。雖然墜機新聞令我有些分心，但是我們還有工作得完成。我強迫自己把心思集中於手邊任務。我才剛打開文字編輯器裡的資料夾（我們為網站親自編碼），一旁的電話便響起。

小梅接起電話。「什麼？真的嗎？」

我們兩人坐得很近，因此我能聽到她丈夫的聲音，他不停地吼叫。

小梅看起來似乎受到驚嚇，她隨即上網查看新聞。雖然樓下有台電視，但實在太遠了。我仔細讀了一下新聞，內容是：有架飛機撞上世貿中心的雙子星大樓。小梅這時回應，「好的，哇，我知道了」，隨即掛上電話。

她轉向我說道，「第二架飛機剛撞上世貿大樓。」

直到那一刻，我才發現這不是意外。

小梅表示，「諾姆覺得他們會關閉基地。」

「你是說大門嗎？」我回應。「真的假的？」整件事遠超出我想像。我開始思考該如何才能回家。

「諾姆叫你趕快回家，不然可能會被卡在這裡。」

我嘆了口氣，趕緊存檔，即使我的進度才剛開始。當我要離開時，電話再度響起，這次兩人對話更短，小梅臉色蒼白。

「你一定不會相信發生這樣的事。」

混亂與騷動就是我們內心最原始的恐懼，因為這不僅象徵秩序崩壞，更代表恐慌蔓延。那天回程途經康乃路國安局總部時，我看到的景象令我終生難忘。當時五角大廈剛傳出遭攻擊的消息，國安局所有人都陷入恐慌，許多人瘋狂尖叫，手機鈴聲此起彼落，所有汽車都想趕緊駛離停車場、誰也不讓誰。在美國經歷史上最嚴重恐攻的時刻，數以千計的國安局員工拋下工作逃命，而我被卡在車陣中動彈不得。

在全國民眾尚未搞清楚發生什麼事之前，國安局局長海登（Michael Hayden）早已下達員工撤離命令。美國中央情報局也採取相同做法，只在總部留下必要人力，要求其他人儘速逃難。兩大機構後來解釋，遭劫持的第四架飛機聯合航空九十三號班機攻擊目標可能是他們，而不是白宮或國會山莊。

當國安局員工爭相開車逃離停車場時，我深陷車陣當中難以脫身，我根本沒想到這裡可能是下一個攻擊目標。事實上，我腦袋完全無法運作。我只是盲目地從眾，跟著大家一起按鳴喇叭（沒有人敢在美國軍事基地這麼做），一起聽著廣播急促地播報南塔崩蹋的消息，所有開車的人慌張地重撥電話探問親人安危。每當通訊系統超載、手機撥不通時，我便能感受到當時那種空虛感：我與世界的連結中斷、陷在車陣進退兩難，即使開車的人是我，我卻感到無能為力。

九一一事件過後，康乃路上的紅綠燈變成臨檢站，指揮交通的是國安局特種部隊。而幾個小時、幾天或幾週後，裝上機關槍的悍馬車隊開始現身，新的路障與崗哨也陸續設立。這些原本是緊急應變之用，但許多安全措施卻延用至今，同時搭配外圍架起鐵絲網、四周部署大量監視器。國安局戒備森嚴，令我無法重回基地工作，直到我後來加入該單位才得以進入。

九一一恐攻過後，我對小梅的愛意全消。雖然這些「反恐戰爭」的裝備並非主因，但它們確實發揮一定阻隔效果。九一一事件令她相當害怕。我們不再一起工作，兩人漸行漸遠。我們偶爾還是會聊天，但我發現自己對她的感覺起了變化，而我自己也變了。她與諾姆分開後搬去加州，她堅定反戰的立場與我抵觸。對我而言，她已形同陌生人。

第八章 九月十二日

不妨回憶一下，你曾參與過的家族活動，假設是家族聚會好了，在場的有幾人？或許是三十或五十人？雖然他們都是你的親戚，但你不見得認識每一個人。英國人類學家鄧巴曾提出「鄧巴數字」（Dunbar's number，亦稱 150 定律）的概念，意指一個人維持緊密人際關係的人數上限為一百五十。現在試著回想，你以前就讀的小學或中學有多少學生？在這些人之中，稱得上朋友的有幾位？有幾個人算是熟識的？又有幾個人僅是點頭之交？若你上的是美國學校，那全校師生大約是一千人。這樣的人數絕對超出「你的朋友圈」之外，但你仍會覺得這群人和你有關連。

九一一恐攻事件中，死亡人數將近三千。試想一下：若你所有深愛的人、認識的人，甚至僅是見過幾次面的人，他們全都死去。整間房屋空盪盪的，整個校園空無一人、所有教室悄然無聲。過去陪伴你成長的人、每天見面的人，他們全都不見了。九一一事件在你心裡留下創傷，美滿的家庭不再完整、健全的社區出現裂縫。

相比之下，美國為了報復九一一事件而採取反恐行動，因此而死的人超過一百萬。

從九一一事件發生迄今約二十年，美國在這段期間制定祕密政策與法律、設立祕密法庭並發動祕密戰爭，但政府卻不斷否認、隱瞞這些作為的存在與負面衝擊，甚至扭曲事實或加以保密封存。在這二十年期間，我前半段時間待在美國情報體系服務，後半段忙著四處逃亡，沒人比我更了解這些情報單位，他們出錯頻率令人咋舌。我也能告訴你，他們收集與分析的情報可能被用於造謠與宣傳，而他們的打擊對象不分敵國或盟友，這些情報有時甚至用來對付自己國民。即使我對於這一切瞭若指掌，但美國改變速度之快、規模之大仍令我相當驚訝。美國過去自許為容忍異議的泱泱大國，如今卻變成專制的警察國家，要求人民絕對服從，甚至不惜動用槍砲威脅、下達「放棄抵抗」的命令。

而這正是我回顧九一一事件的原因。我必須重新檢視九一一發生當下一切事物與後續影響，才能理解為何美國在這二十年間發生如此巨大的轉變。重回那年九月的秋天，代表著我們必須面對更殘酷的真相，這些事實遠比謊言（像是：將塔利班與蓋達組織混為一談、伊拉克前總統海珊擁有大規模毀滅性武器）來得更加黑暗。而這也代表著，我們最終必須得面對自己，縱容屠殺與濫用權力並非專屬於美國行政機關與情報單位，而是存在於美國所有民眾的心中，包括我個人在內。

我仍然記得九一一事件那天，當北塔崩塌之際，我正試圖從混亂的米德堡基地脫身。

當我終於開上高速公路後，我一手握著方向盤，另一隻手則忙著撥電話，試圖聯繫所有家人，但卻怎麼打也打不通。最後，我媽終於接了電話，她那時已不在國安局服務，而是在巴爾的摩聯邦法院擔任書記官的工作，幸好她所待的單位不需要撤離。

她驚恐的聲音嚇到了我，突然間，我覺得最重要的事是先安撫她的情緒。

「我沒事，我已經離開基地了。」我說道。「大家都不在紐約，對吧？」

「我……我不知道。我無法聯絡到你外婆。」

「外公在華府嗎？」

「他應該在國防部工作。」

我突然覺得有點呼吸困難。外公二〇〇一年從海岸防衛隊退休，如今是聯邦調查局資深探員，擔任航空業務的主管之一，而這代表著他經常在華府聯邦機構大樓附近出沒。在我來不及想出任何安慰話語前，母親再次開口。「有人打來了，可能是你外婆，我先掛電話。」

但她後來沒再打給我，我一直試著打給她卻都不通，只好先回家等待。我坐在電視前面，一邊聽著螢幕傳來的吵雜播報聲，一邊不斷刷新新聞網頁。通訊衛星與全國基地台全都癱瘓，電視成了接收資訊的唯一管道。

母親從巴爾的摩千辛萬苦地趕回家，她到家時忍不住流淚，但我們還算是幸運的，外公平安無事。

等我們下次見到外公與外婆時，我們熱烈討論著聖誕節與新年計畫，但對於九一一事件隻字不提。

但我父親卻截然不同，他與我分享當天的回憶。當雙子星大樓遭到攻擊時，他人正在海岸防衛隊總部，他和三位同事打算找間有電視的會議室看新聞。一位年輕僱員匆忙從他們身旁跑過，他大喊，「他們剛攻擊了五角大廈」。看到我父親等人一臉懷疑的樣子，他再說一次，「是真的，他們剛用飛機攻擊五角大廈」。父親急忙跑到一旁的落地窗往外看，雖然隔著波多馬克河只看到五分之二的五角大廈，但建物明顯竄起黑色濃煙。

父親重述這段經驗越多次，我越注意到他話中的用語。每次他說「他們剛攻擊了五角大廈」時，我不禁思考，究竟誰是「他們」？

美國在九一一事件後立刻將這個世界區分為「我們」與「他們」。即使世貿大樓瓦礫還殘留大火肆虐過的餘溫，時任總統的小布希便急著如此宣稱。我的街訪鄰居紛紛掛起美國國旗，宣示他們早已選邊站。從母親家到父親家的途中，每條公路的高架牆柵欄都有著紅白藍紙杯排列而成的標語，像是「團結就是力量」、「團結在一起，永遠別忘記」等。

我偶爾去射擊場時，只見靶紙已換成戴著阿拉伯頭巾的男子肖像。商店玻璃櫃內的槍枝過去乏人問津，如今卻銷售一空。美國民眾排隊搶購手機，期盼下次遇到恐攻能及早收到警告，或至少在遭挾持飛機上能和家人好好道別。

將近十萬名的間諜重返工作崗位，他們心裡清楚自己嚴重失職、沒盡到保護美國的重責大任。他們內心感到一股罪惡感。他們與所有人一樣憤怒，但同時也得承受極深的罪疚感。追究責任的事可以日後再說，如今當前要務是挽回人民信任。與此同時，這些單位的高層忙著宣揚增加預算與充分授權的重要性，試圖利用恐懼心理擴張權力，範圍超乎一般民眾與國會議員的想像。

九月十二日是新時代的開始，美國人民團結一致的決心堅定、愛國主義高漲，其他國家對美國展現出善意與同情。現在回過頭來看，我的國家當時可以利用這個機會做出更多的改變。美國可以不要宣稱恐怖主義是特定信仰，而是犯罪本身。美國可以利用這個難得時刻鞏固強化民主價值、培養抵抗挫折的韌性，同時凝聚各國人民的向心力。

但美國當時卻選擇開戰。

我一生最後悔的事，就是我竟然毫不遲疑地支持這個決定。我當然憤怒，但我卻任由感性持續戰勝理性。我全盤接受媒體散布的謊言，然後不斷地大聲宣揚。我想成為解放者，解放那些受壓迫的人。我被一時的熱情沖昏頭，我將美國政府的利益與全國人民利益搞混。我拋棄一路發展出來的政治觀點，像是網路灌輸給我的反體制駭客觀念，以及承襲自父母的「去政治愛國主義」等，我變成一心追求報復的機器。我如此輕易地被改變，並熱烈地接納這一切，這是我覺得最丟臉的地方。

我覺得，自己想要出一份心力。在九一一事件之前，我對於服役的立場模擬兩可，因為這件事沒意義也很無聊。我所認識服兵役的人都在冷戰過後入伍，也就是介於柏林圍牆倒塌與二〇〇一年九一一事件期間。這段期間正值我的年少歲月，美國可說是沒有任何敵人。我生長的國家是世界唯一霸權，對於我這輩人而言，美國就是繁榮、安定的代表。沒有任何新疆界需要征服、沒有嚴重的人權問題待解決（網路領域除外）。但九一一事件改變了一切。如今，美國終於有場仗可打。

但我並沒有太多選擇，這令我十分沮喪。我原本以為，我服務國家最棒的方式是透過終端機，但在這個充滿不對稱衝突的新世界，一般的資訊科技業工作似乎過於安逸。我希望自己能像電影或電視演得那樣，在駭客的世界裡與敵人對決，追蹤他們的位置並破解陰謀。不幸的是，從事這類任務的國安局與中情局有著僵化的徵才規定，按照這套半世紀前制定的標準，應徵者必須具備大學學歷。換句話說，雖然我的社區大學學分與MCSE認證獲得科技業承認，國家政府卻不予認可。但我在網路上查到更多資訊，我發現後九一一時代充滿例外。隨著這些情報機構規模日益壯大、擴張速度加快，他們在技術方面需要更多人才，因此有時會放寬規定，允許退役軍人不需大學學歷便能加入，而這正是我決定入伍的原因。

你可能會覺得，我的決定非常合理或勢必如此，畢竟我的家庭是軍人背景。但這個決定一點也不合理，更不是必然的結果。我的入伍既是承襲我們家的傳統，也是挑戰這個傳統。因為在參觀所有單位後，我後來選擇加入陸軍，但這個決定遭到部分家庭成員強烈反對。

當我告知母親這個決定後，她哭了好幾天。我深知父親絕對會反對到底，因為我們先前討論此事時，他曾明確表達，斥責我加入陸軍根本浪費天賦。但我已經二十歲了，我知道自己在做什麼。

那天離開時，我親手寫了封信給父親，試圖解釋我何以如此決定，我將信從門縫下方塞進他的公寓。我以一句話結尾，現在想起來仍令我心痛。「父親，對不起。」我寫道，「但這攸關我個人成長。」

第九章 X光

我入伍從軍了，就像募兵標語所說，可以盡情展現自我，另一個原因是我對海岸警衛隊敬謝不敏。還有一件事說了也無妨，我入伍考試的分數很高，有接受特種部隊訓練的資格。募兵人員將特種部隊訓練過程稱為十八X光（18 X-ray），是設計來擴充這個特殊單位的兵員，美國參與的戰爭五花八門，而且愈來愈難以捉摸，需要靠特種部隊這類機動的精銳小組打最艱困的戰役。十八X光計畫相當具鼓舞作用，因為在發生九一一恐怖攻擊事件前，按慣例是要已經在陸軍服役的士兵，才有機會參加要求極其嚴苛的特種部隊資格考核課程。十八X光這項新制度的運作方式，是預先篩選可塑性高的士兵，確認他們具備最高水準的體能、智力及語言學習能力，當中或許就有人能通過考驗。陸軍募兵人員即以接受特訓及快速晉階作為誘因，號召有潛力的應徵者從軍，否則可能錯失這些人才。我花了好幾個月時間自我鍛鍊，以幾近自虐的方式跑步，其實我一直不喜歡跑步，但我將自己的體能保持在最佳狀態。終於募兵人員來電通知我，我的書面申請通過了，我被錄取，我做到了，我是他第一個簽核參加十八X光計畫的應試者。當他告訴我受訓後，我可能會成為特種部隊通訊士、工兵或情報士，我聽得出他的語氣滿是驕傲與振奮。

不過再怎麼說，我得先完成在喬治亞州班寧堡（Fort Benning）的基本訓練。搭車和搭機往返馬里蘭與喬治亞州，全程都是同一個傢伙和我並肩而坐。他體格壯碩塊頭超大，從事健身運動，體重有二、三百磅。他一打開話匣子就滔滔不絕，一下子說如果教官對他出言不遜，就會朝對方臉上呼巴掌，一下子又熱心建議我應該接受類固醇療程，要讓身體強壯這麼做最有效。他的嘴一路上都沒停過，直到我們抵達班寧堡的訓練區沙丘（Sand Hill），插個題外話，我不得不說，其實看起來沒那麼多沙。

負責訓練菜鳥的教育班長一看到我們就厲聲斥喝，先來個下馬威，還根據我們是初犯或犯行重大來取綽號，像是穿著色彩鮮豔的花襯衫下巴士，或是把我們的名字稍微改一下變得更滑稽有趣。很快地我被叫成「雪花」（Snowflake），坐我隔壁的傢伙被喚做「雛菊」（Daisy），他唯一能做的反應是緊咬牙關，沒人敢緊握拳頭，更沒人敢發火。

訓練士官注意到雛菊和我已經混熟，還有我是全隊當中最瘦小，身高五呎九吋、體重一百二十四磅，而他是全隊中體重最重的，於是長官為了娛樂自已，決定盡可能把我和雛菊「送作堆」分成一組。我還記得搬運夥伴的訓練，你必須扛著假定受傷的同袍跑整座足球場的距離，用盡各式不同的方法，包括讓倒臥地上的受傷袍澤雙手環繞你脖子，然後拖著他匍匐前進的「脖子拖運法」，或是仿照「消防員」扛起傷患，還有帶點喜劇色彩的「新娘抱」。輪到我必須搬運雛菊時，整個人隱沒在他龐大的身軀下，雛菊像漂浮在半空中，我汗流浹背地扛著他邊跑邊咒罵，使盡吃奶力氣要讓他的大屁股衝過終點線，然後自己累癱在地上。雛菊邊笑邊起身，將我一把抓起掛在他的脖子上，就像圍著濕毛巾，跟森林中的小孩一樣蹦蹦跳跳。

我們總是弄得全身髒兮兮，渾身是傷。可是幾週之後，我練就這輩子最好的體型。我的體格瘦弱，看來像是詛咒，但很快變成一種優勢，因為我們還是做徒手訓練居多。雛菊沒辦法攀繩，我卻像花栗鼠一樣活蹦亂跳；他連最基本的拉單槓都很吃力，很難把那令人難以置信的碩大身體提拉到單槓之上，而我用單手就能拉兩倍次數；他做沒幾下伏地挺身就揮汗如雨，而我無論是靠雙掌，甚或一根姆指都游刃有餘。每回做二分鐘伏地挺身測驗，我都是拿最高分，他們會提早叫我停下來別再做。

我們會四處行軍或跑步。我們無時無刻都在跑，集體吃飯前先跑個幾英里，飯後再跑幾英里，不是跑上一般道路或田野就是跑操場，教育班長會帶頭唱軍歌：

我來到恐怖分子橫行的沙漠
拔出我的彎刀

掏出我的槍
左，右，左，右——殺殺殺！
敢招惹我們，讓你嘗嘗我們的厲害！

我來到恐怖分子藏匿的洞穴
掏出一枚手榴彈往裡丟
左，右，左，右——殺殺殺！
敢招惹我們，讓你嘗嘗我們的厲害！

以小組隊形跑步，還高唱軍歌，能讓你整個人平靜下來，脫離自己慣有的思考方式，耳朵聽到的都是數十人附和你吶喊聲的喧鬧聲，眼睛只能盯著你前方跑者的腳步。又過了一會兒，你再也不能思考，只是一個勁兒報數，你用腳步衡量跑了多長距離的時候，全部思緒已融入軍隊中。我不得不說，如果不是周遭瀰漫一片死寂，氣氛會是安詳寧靜，如果我不是這麼疲累，內心會更平靜。這一切正中美國陸軍下懷，正是他們想要的結果。我們不再暗自幹譙教育班長，倒不是因為懼怕，而是已經精疲力竭，他不值得我們費這個力氣。這就是美國陸軍訓練戰士的手段，首先磨損他們的反抗意志，直到個個無力抵抗，唯一能做的是唯命是從。

只有晚上返回軍營後，我們才有片刻喘息時間，但這是靠在寢室床鋪前排成一列，大聲朗誦《美國陸軍戰士之誓》（*Soldier's Creed*），然後齊唱美國國歌《星條旗》（*The Star-Spangled Banner*）換來的。雛菊老是忘詞，而且他還是音癡。

有幾個傢伙半夜不睡，大談找到賓拉登（bin Laden）後會怎麼處置他，他們確信自己會逮到人，這些人滿腦子幻想的是斬首、閹割或長角的駱駝。同一時間，我夢到自己在奔跑，途中歷經的不是喬治亞州蒼鬱肥沃的風景，而是穿越一片沙漠。

訓練進入第三週還是第四週的時候，我們到野外進行陸地導航活動，每支小隊要深入林間，跋涉複雜多變的地形，多半預定好座標，不管是攀越巨石，還是涉過溪流，靠的不是衛星定位系統（GPS）或數位科技，而是一張地圖和一支指南針。這類活動我們變了花樣進行好幾回，裝備從來沒有齊全過，每個人吃力背著帆布背包，裡頭塞了五十磅左右的工具。更慘的是，軍方發給我的新靴太大，我的腳像在鞋子裡漂浮，在我出發邁開大步翻山越嶺，我都能感覺到腳趾起水泡。

導航活動進行到一半，我已經到定位，有根被暴風雨吹倒的樹木彎向路面，剛好在我胸口的高度，所以我能爬上去確認我們所在的方位。確認我們沒有偏離路徑後，我準備從樹上跳下來，但一隻腳伸出去後，注意到一條蜷曲的蛇就在我的下方。我並非自然主義者，對這條蛇是什麼種類一無所知，不過當時我還是不怎麼在乎。在北卡羅萊納州長大的小孩沒人不知道，所有的蛇都會要人命，當下我也對這條蛇有致命危險深信不疑。

我開始試著做空中漫步，把腳往外伸長，拉大步伐一倍，甚至是二倍，好跨越更遠的距離，突然我察覺到自己在往下掉。我的腳碰到地面時，與蛇的距離近到不能再近，覺得腿一陣劇痛，比我想像得到被任何毒蛇咬的痛楚還要痛，我踉蹌了幾步，好讓身體重新保持平衡，這告訴我事情不妙，非常不對勁。我痛到不行，但我不能停下來，我是部隊的一分子，部隊還沒走出森林。我集中意志，將身體的疼痛擺在一邊，專心保持步伐穩定，左、右、左、右，靠著行軍節奏分散我的注意力。

我愈來愈覺得舉步維艱，但還是努力撐下去並完成任務，原因只有一個，就是我別無選擇。我回到軍營後，雙腿都麻掉了，我睡上鋪，架子也在上層，想爬上床都有困難。我必須抓著床柱，就像要出泳池那樣把我整個身軀舉高，再拖著我的下半身才上得了床。

睡眠斷斷續續讓我苦不堪言，隔天早上還被大力丟擲金屬垃圾桶的噹啷聲驚醒，這個起床號的意思是，有人怠忽職守，讓教育班長很不滿意。我自動彈坐起來，身體擺過床沿跳到地上，落地的時候雙腿癱軟然後一蹶不振，整個人倒了下去，彷彿我完全失去雙腿。

我努力想從地上爬起來，手抓著下層床，再次試著靠手臂撐起身體，但我一移動雙腿，身體的每一吋肌肉都不聽使喚，我馬上就癱坐地上。

這時候一大群人圍著我，他們從訕笑轉成擔憂，教育班長走過來後，全都鴉雀無聲。他問：「你怎麼了？命根子斷了嗎？馬上給我從地上起來，不然我就讓你永遠起不來。」我笨手笨腳地想照班長的命令做時，他看到我的臉上閃過憤怒神情，他把手放在我的胸口阻止我。「雛菊！來把雪花扶到長椅上坐下。」然後他彎下腰對我說話，好像不想讓其他人聽到他有和善的一面，他用溫和卻又刺耳的聲音告訴我：「醫務所一開，你就撐著你摔壞的屁股去報到。」軍方會將受傷的士兵送去醫務所，接受專業人士的蹂躪。

在軍隊裡要是受傷，可說是奇恥大辱，主要原因是軍方致力將士兵塑造成所向無敵，另一方面也是避免招來訓練不當的責難。這也是為什麼所有在新訓受傷的倒楣鬼，幾乎都被當成愛抱怨的人看待，更慘的是被懷疑裝病逃避訓練。

雛菊把我扶到長椅上後就得離開，他可沒有受傷。我們這群傷兵必須隔離起來，不准和他人接觸，我們是被排擠的一群。士兵不能受訓的原因百百種，有因為扭傷的、撕裂傷的、燒傷的、腳踝斷的，還有被蜘蛛咬到肌肉嚴重壞死。現在我的新戰友就是背負傷兵恥辱的這一群，照軍方政策，你走到哪兒，新戰友就跟到哪兒，你想獨處的機會微乎其微。一個人獨處就會胡思亂想，這會給軍方製造問題。

分派給我的新戰友聰明俊俏，還當過型錄模特兒，是美國隊長那一類型。他大約一個禮拜前傷了髖關節，竟然不當一回事，直到疼痛難耐才驚覺事情大條，變得像我這樣走路一拐一拐。我們都不擅言詞，一路拄著拐杖走時都沉默不語，氣氛僵到不行，我們還是照著行軍節奏左、右、左、右，只是速度緩慢。我在醫院照了X光，被告知兩邊的脛骨都骨折，是壓力性骨折，骨頭表面裂開，隨著時間與壓力裂痕愈來愈深，直到深入骨髓。想幫我的腿快快痊癒，唯一能做的是讓腳休息暫停活動。我依從指示離開診療室，準備搭車返回營區。

除了我無法行走外，還有一個原因是我不能丟下戰友獨自離去。他在我之後進去照X光還沒有回來，我想他還在做檢查只好等著，已經過了好幾個小時，我看看報紙雜誌打發時間，這對接受新訓的菜鳥來說是難以想像的爽事。

一位護士跑來告訴我，櫃台那邊有我教育班長打來的電話，我步履蹣跚地走去接聽，電話那頭的他破口大罵：「雪花，報紙雜誌看得很爽吧？是不是配了些甜點？還看了《柯夢波丹》裡面的美女？你們這兩個渾蛋怎麼還沒有離開？」

「報告班長」（Drill Sarn），喬治亞州人都這麼叫，在這裡我有時會冒出南方口音，「我還在等我的戰友，班長。」

「媽的，他現在人在哪裡？」

「報告班長，我不知道。他進了診療室後還沒出來，班長。」

他對這個回答很不滿意，咆哮地更大聲，「動一動你廢了的屁股去找他，該死！」

我起身拄著拐杖，走到受理中心詢問。他們告訴我，我的戰友在動手術。教育班長奪命連環call後，已經接近傍晚，直到這個時候我才發現是怎麼回事。過去整整一週，我的戰友忍著受傷的髖關節趴趴走，如果他不馬上進手術室治療，恐怕會終身殘廢，好幾條主要神經都被割斷了，因為髖關節破裂處像刀子一樣鋒利。

我一個人被送回班寧堡，又回到長椅上。只要是待在長椅三、四天以上，恐面臨很嚴重的「回收」風險，新兵訓練重頭來過不說，更糟的是被移送到醫療單位，然後退訓打道回府。

這些傢伙曾夢想著把從軍當成畢生志業，讓他們有機會脫離痛苦不堪的家庭、看不到出路的職涯，但如今他們面臨軍旅夢碎，必須回歸早已支離破碎的平民生活。

我們被棄如敝屣，是一群負傷即將被解僱的該死衛兵，一天有十二小時無所事事，只能坐在磚牆前的長椅上。我們因受傷被判定不適合軍旅生涯，現在還必須為此付出代價，不但被隔離，別人對你避之唯恐不及，彷彿教育班長是怕我們的軟弱會傳染給其他同袍，擔心我們在長椅這個特別席上萌生的偏差想法，會毒害其他人。不光是傷勢本身帶來的痛苦，我們還飽受其他折磨，連觀賞七月四日獨立紀念日煙火秀的小確幸都被剝奪。國慶日當晚我們充當「防火員」，負責看守空置的營房，以防空無一人的建築物慘遭祝融。

防火員的差事是兩人一組輪班，我拄著拐杖佇立在黑夜中，假裝自己是有用之人，絕不是廢物。我身旁的夥伴是一個討喜、單純、身材健壯的十八歲男孩，他身上的傷很可疑，或許是自己刻意弄的。照他的說法，從一開始他根本就不該入伍。煙火在遠處綻放，他卻一個勁兒向我吐露自己犯了多大的錯誤，他有多痛苦多孤獨，他非常思念自己的父母和家鄉，他們家的農場座落在阿帕拉契的偏遠地方。

我很同情他，但愛莫能助，只好要他找牧師諮詢。我試著給他建議，勸他忍著點，一旦適應後情況就會好多了。他這個大塊頭突然竄到我面前，雖然孩子氣但惹人喜歡，他直截了當告訴我想開溜，可是當逃兵在軍隊中可是犯了大忌，他問我會不會告訴別人。就在那時候我才注意到他帶著自己的洗衣袋，這表示他早有預謀，選在和我一起當差時落跑。

我沒有把握應付這種情況，只能試著對他說之以理，警告他逃兵是下下之策，下場是軍方會對他發布通緝令，他的餘生將在軍警追捕中度過。可是他只是搖搖頭，說自己在深山中生活，那裡沒有警察，這是他最後重獲自由的機會。

我明白他心意已決。比起我，他行動更自如，身材又那麼魁梧，如果他要跑我也追不上，要是我試圖阻擋他，恐怕會被他劈成兩半。我能做的是舉報他，但就算這麼做我也會受到懲處，上級會怪罪我沒有馬上呼叫援軍，還跟他東拉西扯這麼久，至少也要拿起拐杖扁他。

我勃然大怒，等我回神過來發現自己對他狂吼。質問他為什麼不能等到我去上廁所再逃跑？為什麼他要把我捲入這樣的處境？

他輕聲地說：「你是唯一會聽我說話的人。」他說著說著就哭了出來。

那晚最糟的地方就是我信了他，相信他身在二百五十人軍隊中孤立無援。遠處傳來國慶煙火劈啪爆開的聲音，我們兩個站著沉默不語。我嘆了口氣跟他說：「我要去上廁所，會花一點時間。」接著我一跛一跛地離開，頭也不回。

那是我最後一次看到他，我想當下自己也領悟到，我對軍旅生活再無嚮往。

我到醫院回診時，只是更確認這個想法。

看診的醫生是身材高瘦的南方人，喜歡冷嘲熱諷。他幫我做了檢查並重新照了一組X光片後宣判，我不適合繼續從軍。下一階段要進行空降訓練，醫生告訴我，「年輕人，如果你用這雙腿往下跳，它們會化為粉末。」

我沮喪萬分，如果我沒能及時完成基本訓練，十八X計畫就沒我的份，那意味軍方會照需求將我重新分發。他們可以隨心所欲把我安插到任何職務：一般步兵、技工、坐辦公室、削馬鈴薯，或者是我最大的夢魘——在軍方服務台做ＩＴ工作。

想必醫生看出我垂頭喪氣，他清了清喉嚨給我兩個選擇：一是試試我的運氣接受重新分發，另一是他幫我開證明讓我退訓，就是所謂的「行政分手」（administrative separation）。他解釋說，這是以另類的形式退伍，無關榮不榮譽，此證明是專門開給服役不滿六個月的入伍者，是清清白白的分手，與其說是退伍，反而更像是取消入伍，處理流程會相當快速。

我承認，這個主意很吸引我。我潛意識甚至認為，是我施恩給那位出身阿帕拉契的逃兵，換來這樣的福報。醫生給我時間我考慮，他一小時後回來，我接受他的提議。

我隨即轉往醫療單位，在那裡被告知要跑這種「行政分手」程序，我必須簽份聲明證明我痊癒，我的骨頭完全癒合。非得有我的簽名不可，但那只是個形式，只要潦潦幾筆我就可以走人。

我一手拿著聲明，一手握著筆，臉上浮現一抹會心微笑，我不得不承認這種解套方法實在高明。我想的是那位好心的軍醫，對一位病弱的入伍者做這麼體貼慷慨的建議，其實是政府規避責任及避免惹來無能指責的手段。照軍方規定，如果我是因傷病退伍，凡是隨我的傷勢及所需醫療而來的費用，政府必須買單。倘若是透過行政形式退伍，那責任在我身上，我能否換取自由端看我願不願意承擔責任。

我簽了聲明，同一天拄著拐杖退伍，軍方讓我把拐杖留下。

第十章 身家調查和墜入愛河

我記不清在休養康復期間，究竟是什麼時候開始恢復清晰思考。起初是疼痛減退，接著壓力也漸漸消除，有好幾週時間，我不是盯著時鐘的分針秒針移動，就是漫無目的遊蕩，之後才終於慢慢開始注意周遭的人對我說的話，說我還年輕，依然有大好前程。不過，只有在終於能挺直站立，丟掉輔具靠自己行走時，才真正體會到我還有希望。如同家人的愛一樣，有多不勝數的事從前我都視為理所當然，自認前途光明也是其中之一。

我初次涉足老媽公寓外的庭院時，意會到還有另一件事我視為理所當然，就是我熟諳科技的天賦。

請原諒我一副自作聰明的樣子，但我不得不說自己在電腦方面就是游刃有餘，以致於我幾乎不將自己的才能當一回事，也沒想過要拿這個來沽名釣譽，或靠它闖出一番成就。正好相反，我想要憑藉其他事情搏取美名和功成名就，那些事情對我而言可難了。我想證明自己不是「桶中之腦」（brain in a jar），我也是允文允武。

那正好解釋我何以有從軍這一段歷練。在休養期間我了解到，那段經歷雖然讓我的驕傲受傷，卻大大提升我的自信。我現在變強了，不再怕痛，甚至對痛苦把我鍛鍊地更強而心存感激，鐵絲網外的生活將變得更輕鬆寫意。

最後清算的結果，整個軍旅生涯我付出的代價只有頭髮，現在已經長回來，瘸了的腳也逐漸痊癒。

我準備好面對現實，如果我服務國家的衝勁不減，確實也是如此，接下來我要用頭腦和雙手報效國家，貢獻我的電腦技能，只有這樣我才能為國家鞠躬盡瘁。我雖算不上老兵，可也通過美國軍方的審查，有助我爭取在情治單位服務的機會。我的天賦可能是那裡迫切需要的，或許也會受到最嚴厲的挑戰。

正因如此，對於取得安全許可的身家調查（security clearance），我變得甘之如飴，回想起來那是必經程序。一般來說，安全許可由低至高分三個層級，依序為信任（Confidential）、機密（Secret）及最高機密（Top Secret，TS），最高機密等級還可進一步延伸，看符不符合敏感隔離資訊（Sensitive Compartmented Information，SCI）資格。任職中央情報局、國家安全局之類的頂級情治機構，就需要取得TS / SCI這等令人夢寐以求的權限。取得TS / SCI權限的難度最高，但開放的管道也最多，所以我重返母校安妮阿倫德爾社區學院進修，同時在找有利我申請單一範疇背景調查（Single Scope Background

Investigation，SSBI）的工作，身家調查涵蓋SSBI這一項。TS / SCI核准程序會耗時一年以上，我也誠心誠意將這條出路推薦給還在養傷的袍澤。只需填寫一些書面文件，然後坐著翹二郎腿靜候佳音就好，不過聯邦政府裁決之前，盡量安分守己別惹事，剩下只能聽天由命。

從書面文件來看，我是滿分的應試者。我出身公僕家庭，家中幾乎每位成人都經過某種程度的身家調查。我曾努力從軍報國，但一場不幸的意外把我擊垮，我沒有前科，也沒有嗑藥習慣。我唯一的負債是學貸，為了取得微軟認證申請的，而且沒有欠繳貸款的紀錄。

當然，我並未因此覺得高枕無憂。

我開車往返家裡和安妮阿倫德爾社區學院期間，國家背景調查局（National Background Investigation Bureau）幾乎將我生活的每一面徹底調查一遍，約談我的親朋好友，只要是我認識的人可說一個都沒放過，包括我的雙親、遠房親戚、同學、朋友。調查員翻出我斑駁泛黃的學生成績單，肯定也請教幾位教過我的老師。我印象中他們甚至和小梅及諾姆談過，還找上我暑假在六旗大美國樂園（Six Flags Great America）剉冰攤打工的夥伴。種種背景檢查的目的，不僅僅是要挖掘我過去幹過什麼勾當，還要查明我會被威逼利誘到什麼程度。對美國情報體系來說最要緊的，不在確認你是否百分之百清清白白，若真在意這點，一個人都僱不到。重點在於你是否誠實無欺，對自己見不得人的祕密坦承不諱，以免被敵方勢力利用來打擊你個人與組織機構。

當然這會讓我不停地回想，連陷在塞車陣中，生命裡那些令我懊悔的片段，都在腦海裡不停地打轉。我實在舉不出自己有什麼不可告人的醜事，調查人員微微皺眉顯然是不相信，他們都有辦法挖出某智庫中年分析師不為人知的癖好，喜歡包尿布，讓他的祖母用皮鞭抽打屁股。你無須當個躲躲藏藏的戀物癖者，把自己弄得侷促不安，也不用擔心這些事曝光後，陌生人會誤解你，但如此一來會造就偏執狂。天哪！我可是成長於網路世代，如果你從沒在搜尋框鍵入一些下流噁心的關鍵字，那你掛在網路的時間一定不長。我倒是不擔心看色情圖片的事情曝光，大家都看過，拼命搖頭否認的你也別煩惱，我不會把你的祕密抖出來。讓我發愁的事是更個人的，說出來也會給人這種感覺，在我泡網路長大的過程中，曾對強硬外交政策高談闊論，也發表過我已經放棄的厭世言論，這些蠢事無止盡地在網路世界流傳。我的聊天紀錄和在論壇的貼文讓我坐立難安，盡是些蠢斃了的評論，被我散布在多個遊戲及駭客網站。匿名發文代表你愛寫什麼就寫什麼，但通常欠缺思考。既然早期網路文化的一大特點，是和其他人比誰的言論最具煽動性，我當然毫不猶豫鼓吹大家撻伐會對電玩抽稅的國家，或是將討厭動漫的人關進再教育營。這些網站上的網民沒人會對你的話認真，尤其是我本人。

我回頭重看以前的貼文，開始畏畏縮縮起來。當時說的話，有一半是無心之論，我只想引人注意，沒想過有一天要對一位戴著角框眼鏡的白髮男子做解釋，他的視線掃過貼著永久保存紀錄（PERMANENT RECORD）標籤的巨型資料夾。而另一半的言論，我想當時是有心這麼說的，這讓情況更糟，因為我不再是當年那個懵懂無知的孩子，我已經長大成人。連我都認不出自己說過這樣的話，還有個問題是，現在我對那些激情又衝動的觀點心生反感。我發現自己要跟幽靈爭辯，要跟愚蠢、幼稚、偶爾露出殘酷面的自我打一架，但這樣的我已不復存在。想到可能永遠被這種鬼魅糾纏，我沒辦法忍受，可又不知有什麼最好的方法，來表達我的自責懊悔，讓我和之保持距離，我也疑惑究竟該不該試圖這麼做。那些我後悔不已卻又幾乎遺忘的過去，依舊透過科技死纏著我不放，實在令人髮指。

像我們這個最先在網路環境成長的世代，對這樣的問題再熟悉不過。我們能發掘探索幾乎完全不受監督的身分，從來不會天真以為，我們說過的魯莽言論還有黃色笑話能一筆勾銷，事實是會永久保存下來，而且有一天會期待我們提出解釋。每個人想必都有在網上發佈尷尬貼文的經驗，不然就是簡訊或電子郵件，潛藏害他們被炒魷魚的風險，在找到工作前有上網經驗的人，我敢肯定對這樣的情況感同身受。

不過我的情況又另當別論，我大部分的網路留言版能讓你刪除舊貼文，我的貼文可以在不到一小時內全數刪光，那或許是這世上最輕而易舉的事。相信我，我有考慮這麼做。

可是我終究沒這麼做，某種原因阻止了我，就是覺得不該如此。讓我的貼文從地球表面消失不犯法，而且萬一有心人想去挖，我也不用冒著身家調查不合格的風險。不過刪除貼文的可能後果讓我心煩意亂，那麼做只會徒然強化網路生活一些最腐蝕人心的訓誡：沒人有犯錯空間、凡是犯錯者得一輩子為自己的錯誤負責。我在意的倒不是文字記錄是否完美無缺，而是靈魂的完整性。我不想活在一個人人必須假裝完美的世界，那樣的世界沒有我和朋友的容身之處。抹掉在網上的評論，等於抹煞我是誰、我從哪裡來、我走了多遠。否定年少時候的我，等於否定現在的我的合法性。

我決定留下這些網路評論，想出與它們共處的方式。我甚至拿定主意，既然要忠於這個立場，就得繼續在網路發文。我也及時長大，不再對標新立異的意見照單全收，不過我的原始衝動依然沒有動搖，即便只因為那是我邁向成熟的重要一步。既然抹不掉網路上那些令我們丟臉羞愧的言行，我們能做的只有控制自己的反應，看是要為了這些過去自我折磨，還是接受過去帶給我們教訓，然後成長、前進。

那是我在賦閒蟄伏時期想到的第一件事，你或許稱之為原則，儘管執行不易，我仍努力靠它過活。

不管你信不信，我在網路上唯一留下的存在痕跡，是我的交友約會檔案，反覆交代我過去的歷史，除了有些尷尬，沒什麼大不了。我猜想我必須寫下個人檔案的原因，無非是這個配對事業的成立宗旨，是要幫大家在現實生活中找尋真正在乎他們的真命天子（女），當然我也不例外，因此期待檔案的字字句句都能切中要點。

我加入名叫《辣不辣》（HotOrNot.com）的交友配對網站，這是二〇〇〇年代初期最紅的評比網站，其他類似的網站還包括 RateMyFace 及 AmIHot（這幾個網站讓人印象深刻的功能，被一位叫馬克・祖克伯的小夥子整合起來，成立名為 FaceMash 的網站，也就是臉書的前身）。臉書問世前當紅的這幾個評比網站，HotOrNot.com 之所以最受歡迎，原因很簡單，它是少數具有約會功能的網站中最棒的。

基本上 HotOrNot.com 的運作方式是，讓用戶看彼此的照片，然後投票評價對方辣不辣？對於我這類登記用戶還有一項額外功能，只要評價對方的照片很辣，接著點擊「和我見面」（Meet Me），就能與其他登記用戶交往。我就是在這樣平凡又粗糙的過程下，與我的伴侶、也是一生摯愛琳賽・米爾斯（Lindsay Mills）相遇。

我現在再看照片，發現當時十九歲的琳賽魯鈍、笨拙、靦腆地令人憐愛，可把我逗笑了。但當時的她在我眼中，是悶騷的金髮女孩，完全像座蠢蠢欲動的火山就要噴發。更何況照片很唯美，有濃厚的藝術特質，不像是自拍照，反而更像自畫像，我的目光被吸引住而且離不開，照片隱隱約約玩起光影變化遊戲。照片甚至帶點後設（mata）樂趣：一張的拍攝場景是在她工作的影像實驗室，另一張她根本不看鏡頭。

我評她很辣，給了滿分十分。出乎我意料，我們居然配對成功（她給我八分高分，真是天使），我們馬上就聊起來。琳賽修的是美術攝影，她有自己的網站，上頭除了她的日誌，更多的是她拍攝的照片：森林、花朵、廢棄工廠，還有我最喜歡的——她的自拍照。

我搜遍了網站，將找到關於她的新事實，一一拼湊成較完整的樣貌，包括她出生的城鎮（馬里蘭州勞雷爾）、她學校的校名（馬里蘭藝術學院）。我承認從網路追蹤她，我覺得自己像個卑鄙小人，但琳賽打斷我的話，她說：「我也在搜尋你，先生。」然後她不假思索說出一大串我的資料。

這是我聽過最甜蜜的話，但我不太情願和她親自見面。我們還是排定約會，日子一天天逼近，我愈來愈緊張。讓原本保持的線上關係改成離線進行，是令人提心吊膽的提議，就算在沒有斧頭殺人魔及詐騙者的世界也是如此。根據我的經驗，你在網路上與某人往來愈密切，親自見面後就愈失望。

透過電腦螢幕就能脫口而出的事，一旦面對面卻最難說出口。距離反讓彼此更親密，人只有在一個空間獨處，或是與素未謀面的人在各自的空間對話，最能暢所欲言。然而一旦兩人見面，你會覺得綁手綁腳，說話變得保守乏味，徒然只是站在中立立場的尋常對話。

在網路上，我和琳賽已成百分百的知心好友，我擔心親自見面後就失去這層關係。其實說穿了，我害怕被拒絕。

我不該這麼想的。

琳賽堅持要開車過來，她告訴我，會到我媽住的公寓接我。約定的時間一到我就外出，在黃昏時分的寒風中佇立等待，透過電話幫她指路，我媽住的這個新開發住宅區，街道名字大同小異，又長得一模一樣。我緊盯著有沒有一輛金色九八年的雪佛蘭遊騎兵，突然路邊一道光劃過我的臉，眼睛睜都睜不開，琳賽在雪地那一頭朝我閃了閃車頭燈。

我上了琳賽的車後，她說了句「繫好安全帶」，這是我們見面後她對我說的第一句話。接著她問：「有什麼計畫嗎？」

那時候我才意會到，雖然我滿腦子想的都是她的事，對於我們上哪兒約會壓根沒想過。

如果是和別的女人處在這樣情況，我會臨時想個地點搪塞過去，可是與琳賽在一起就是不一樣，只要和她在一起，到哪兒都沒關係。她載著我走她平常喜歡走的路，她有一條私房路徑，我們邊開邊聊，開了好幾英里路來到吉爾福德社區，她把車停在勞瑞爾購物中心的停車場，我們就坐在車裡閒話家常。

一切都很完美，面對面談天說地，原來不過是我們通電話、寫電郵及線上閒聊的延伸。我們的第一次約會，原來就是我們在網路上第一次接觸，然後開始聊個沒完的延續。我們聊到自己的家庭，談起家裡其他成員。琳賽的父母也離異，爸媽家相隔二十分鐘的車程，她從小得在兩邊來回穿梭。她過著居無定所的生活，週一、週三、週五睡在媽媽家，週二、週四、週六睡在爸爸家，兩邊的家都幫她準備一個房間，週日是戲劇化的一天，因為她被迫在父母之間做選擇。

她不客氣指出我的品味有多糟，把我約會當天的穿著批評一通，居然無袖汗衫搭牛仔褲，外罩一件繡有金屬火焰的扣領襯衫（我很抱歉）。她也聊到另外兩位約會對象，她在線上就跟我提過，看我暗中破壞他們關係的手段，連馬基維利（Machiavelli，義大利文藝復興時期政治思想家，其名作《君王論》強調君主若要鞏固權力應不惜用權謀，為達目的不擇手段）都要自慚形穢（我一點歉意都沒有）。我對她也是知無不言言無不盡，連不能透露自己工作的事都告訴她，其實這份工作八字還沒一撇。我這副自命不凡的德性實在荒唐可笑，琳賽顯然是這麼想，嚴肅地對我點點頭。

我坦白告訴她，很擔心接下來的測謊鑑定，這是我安全調查必經的一關，她自願幫我做練習，簡直像搞笑版的前戲。琳賽的人生哲學是：暢所欲言、展現真我、千萬別覺得難為情，如果他們拒絕你，是他們的問題。我從來沒有跟一個人相處地這麼自在，我從未像這樣甘願被人戳破缺點，我甚至還讓她幫我拍照。

在開往國安局的路上，我腦海迴盪著琳賽的聲音，我要到國安局的友誼分館（Friendship Annex），好怪的名字，在那裡接受身家調查的最終面試。我進入沒有窗戶的密閉空間，像人質一樣被綁在一張廉價的辦公椅，胸部與腹部纏繞著呼吸描記器的管子，用來測量我的呼吸。我的指尖裝上指套，測量我的膚電活動；我的手臂套上血壓壓脈帶，測量我的心律；椅子上裝了感應器，偵測我每個情緒波動變化。這些或夾、或銬、或纏繞、或緊緊配戴在我身上的裝置，全連到一台黑色大型測謊機，這台龐然大物就放在我面前的桌上。

桌子後方坐了一位測謊員，坐的椅子顯然比我的好，她提醒我曾受教於一位老師，我試了很多次都想不起來，換言之，那位老師應是我努力想忘掉的人。接下來測謊員開始提問，開頭盡問一些不花腦筋就能回答的問題，例如我的本名是愛德華·史諾登嗎？出生年月日是一九八三年六日二十一日？再來是，我犯過重罪嗎？我好賭嗎？我會酗酒或嗑藥嗎？我做過外國勢力的幹員嗎？我提倡過暴力推翻美國政府嗎？答案的選項只有兩個：「是」或「不」，我回答「不」居多。我一直等著會讓我提心吊膽的問題出現，像是你有沒有在網路上批評過木火堡醫務人員的能力和品格？你上洛斯阿拉莫斯國家實驗室的網路搜尋什麼？但都沒問到這些問題，在我意識到的時候，測謊已經結束。

我以優異的成績過關。

按照規定，我必須回答一系列問題共三次，三次我都合格，這代表我不僅取得 TS / SCI 權限，我也通過全範圍測謊，是這個國家的最高許可。

我有深愛的女友，我站在世界的頂端。

我二十二歲。

第二部

第十一章　系統

我要在這兒按一下暫停鍵，說明我在二十二歲當時的政治信仰，就是沒有任何政治信仰。與大多數年輕人一樣，我堅信我拒絕認同的信條，本來就不是我的，是從別人那兒承襲來的，而且充滿矛盾。我成長過程中被灌輸的價值，我在網路世界邂逅的理想，全都搗碎在一起成了我現在的思想。我直到即將邁入三十歲之際才終於明白，我所信仰的，我以為自己深信不疑的，大多是年輕時候的印記。我們學說話，是從模仿身邊大人的言談做起，在學習過程中我們也仿照他們的觀念，然後哄騙自己相信，我們的用字遣詞是出於自身。

我的父母就算沒有鄙視政治，也確實對政客不屑一顧。可以肯定的是，這種鄙視與放棄投票權利者對政治的不滿，還有黨派之間相互蔑視，其實沒什麼共通處。應該這麼說，那是他們這個階層才有的超然特質，只是令人困惑。在輝煌時代，那個階層被喚作聯邦公職體系或公部門；但在我們的時代，稱之為深層政府（deep state）或影子政府（shadow government）。

只不過這些稱號，沒有一個能如實捕捉他們的本質。這一群專業官員都在政府服務任職，並非透過選舉也不是經由任命，順帶一提，這或許是美國生活中僅存還在運作的中產階級。這些所謂的公務員，不是在獨立機構服務（中情局、國安局、國稅局、聯邦通訊委員會等等），就是在行政部門任職（國務院、財政部、國防部、司法部之類的）。

這些公務員之中有我的父母，有我的同胞，三百多萬專業政府員工，幾乎都投入協助選舉人團選出的門外漢，還有當選者任命的人，要幫他們盡政治責任，實踐誓詞，忠實地履行職務。即便政權更迭，政府上台下台，這些公僕始終在自己的崗位，無論是共和黨還是民主黨主政，他們都一樣勤奮不懈，因為他們最終是替政府本身工作，延續核心價值及穩定原則。

即便國家發動戰爭，這群政府公僕還是照常接聽電話，那正是九一一事件後我在做的事，我發現父母灌輸給我的愛國情操，很容易變成民族主義狂熱。有一段時間，特別是在我準備入伍階段，我的世界觀就像天真的電玩遊戲那樣二元對立，電玩世界中善與惡涇渭分明，而且不容懷疑。

不過我退伍後重新投身電腦工作，漸漸對我過去的軍事幻想感到後悔。我的能力愈有長進，人變得愈發成熟，也更能體認到，像軍事這種暴力的技術，用在某些地方行不通，改靠通訊科技反而有機會成功。民主絕不是建立在槍桿子上，但也許能靠光纖網路散播。

二〇〇〇年代初期，網路才剛剛發展成熟，但在我看來，至少比起美國自身，網路更能真實完整體現美國典範。這個地方人人平等嗎？上網查核一下。這個地方致力尊重生命、崇尚自由、追求幸福嗎？上網檢查、檢查再檢查。網路文化重大的創始檔案，幾乎都是用會聯想到美國歷史的術語來架構，這裡是有待開發的廣闊新天地，夠大膽的人都能在此安身立命，不過很快會被政府與利益團體殖民，他們為了權與錢會伸出控制魔掌。大企業為他們提供的硬體、軟體、長途電話服務索取高額費用，你想上網就需要它們。連知識這種人類共同遺產，大企業都不放過，照理說知識人人有權取得。英國以宗主國之姿對北美十三殖民地抽重稅，點燃美國獨立火苗，那些獅子大開口的大企業，宛如殖民時期英國的現代化身。

對大企業發動獨立革命，雖沒出現在歷史教科書，卻已發生在我這一代，我們光憑自身的能力便可參與其中。加入建立新社會的行列著實驚心動魄，靠的不是我們的出身、我們的教養方式，或我們在學校的人氣，仰賴的是我們的學識與技術能力。求學的時候，我必須背出美國憲法前言，這雖然還留存在我的記憶中，但現在多了網路自由先驅約翰·佩里·巴洛（John Perry Barlow）的《網路空間獨立宣言》（A Declaration of the Independence of Cyberspace），同樣也用了不言而喻且自我選定的複數名詞：「我們要打造人人都能進入的世界，摒除因種族、經濟實力、軍事力量、家庭背景產生的特權與偏見。我們打造的這個世界，無論何人在何地都能表達自己的信念，即便是多麼特立獨行，不用擔心會被迫噤聲或強迫當順民。」

科技精英教育確實能讓你握有權力，但也可能讓你備受羞辱，我一進入美國情報體系工作就了解到這一點。網路去中心化只會凸顯電腦專業的去中心化，在家裡或鄰里間，我或許是頂尖的電腦高手，但替情報體系工作，意味我要和這個國家還有全世界的高手過招，測試自己的能耐。在網路世界，我見識到太多各式各樣的天才，所以顯然想要在這個圈子出人頭地，我必須提升專業水準。

身為技術專家，有幾種職業供我選擇，我可以當軟體開發者，這個工作更普遍的說法是程式設計師，寫程式來讓電腦運作。還有一個選擇是當硬體或網路專家，架好伺服器，鋪設綿密的光纖網路，連接每台電腦、每部裝置、每個檔案。電腦硬體和電腦程式我都有興趣，對於將這些串連在一起的網路我也覺得很有意思，不過最能激起我好奇心的，是整個網路完全以相當抽象的方式運作，不是以單一元件，而是包羅萬象的系統運行。

每當我開車往返家裡與琳賽的住處或安妮阿倫德爾社區學院，常常在想這個問題。駕車時間多半是我的沉思時間，在壅塞的環城公路上，通勤時間可是很長的。軟體開發者的任務，就是如何讓交流道出口附近的休息站維持運作，確保速食店或加油站各據點之間能相互協調，還要符合使用者期待。身為硬體專家的工作，就是要建設基礎設施，鋪設道路並加以分級。網路專家負責交通管制，操縱標誌與號誌，讓趕時間的人群安全抵達目的地。不過想進入體制，就該當都市規劃員，善用所有可利用的成分要素，確保之間的相互作用發揮出最大效果，那簡直就像有人付酬勞請你扮演上帝，或起碼飾演夜郎自大的獨裁者。

想當系統人員有兩大管道。一是你掌控整個現有系統並維護它，提升系統效率，一旦故障要負責修理，這類職務稱作系統管理員（system administrator 或 sysadmin）。第二條管道是對系統問題進行分析，例如如何儲存資料或搜尋資料庫，至於解決之道，結合現成的元素加以設法，再不然索性創造全新系統，這類職務稱作系統工程師。這兩項職務我都做過，先當系統管理員，再轉換跑道成為系統工程師。自始至終我都沒有察覺到，自己這麼投入電腦科技整合的最深處，已經在潛移默化影響我的政治信念。

在這裡我盡量別太抽象，我只是要你想像一個系統，什麼系統都無所謂，可以是電腦系統、司法系統甚或是政府系統。別忘了，所謂的生態系統，正是一大串零件做為一個整體來集體運作，大多數人只有在出現故障的時候，才會想起這件事。系統失靈的部分，多半是你想不到會出問題的地方，這是進入系統工作後，最具懲罰性的事實。為了找出系統失靈的原因，你必須從發現問題的地方著手，以合乎邏輯的方式將系統每個環節檢視一遍，查出問題造成的影響。既然系統管理員或系統工程師的職責，就是要負責善後補救，無論軟體、硬體還是網路，他們必須都能講得頭頭是道。如果系統失靈演變成軟體問題，想修復的話，需要逐行捲動與聯合國大會等值的程式語言程式。倘若是硬體問題，就得嘴裡咬著手電筒，手拿電焊槍檢查電路板，核對每個連接處。假如是網路受到牽連，要探查天花板上及地板下密密麻麻的電纜線，每個迂迴曲折的地方都不能遺漏，讓架滿伺服器的數據中心與擺滿筆電的辦公室重新連線。

由於系統是按照指令或規則運行，分析的最終目的是要找出哪條規則失效，怎麼失效的？為何失效？是否規則的含意在制定或應用時未充分表達，就是要確認這一點。系統失靈是因為有些地方沒有傳達清楚？還是有人濫用體制，未經允許擅用資源，或有人獲准使用這些資源卻加以壓榨？某個環節的工作因另一個環節中止受阻？某項程式、某台電腦、某一群人在系統中占用過多資源？

在我的職涯歷程中，要我只管搞懂與自己負責的技術有關的問題，卻不能質問自己的國家，變得愈來愈強人所難。我只能修復前者卻救不了後者，也讓我備感挫折。我終結在美國情報體系的生涯後確信，我們國家的作業系統，也就是這個政府，確定只有在失靈的時候運作地最好。

第十二章 契約人

我曾滿心期待為我的國家服務，但我只是替它工作，別把這樣的區別看得微不足道。我父親那一輩對於堅定報效國家，看成是無上的榮耀，但我們這一代，連同我自己在內未必如此。我父親和父執輩開始工作的第一天，就是進入政府部門替國家服務，一直到從公職退休為止。吃公家奶水長大的我，對美國政府一點都不陌生，打從很小的時候，吃穿住行全靠政府，到我獲准進入美國情報體系工作，都與美國政府脫不了關係。政府將公民擔任公職，看成是簽賣身契，政府供你及你的家人吃穿，換取你對國家的誠信，你還要奉上人生最黃金的歲月。不過我進入情報體系的時候，時代已經不同了。

我到情報體系工作時所見的，是公共服務懷抱的真誠，已被民間部門的貪婪所取代。軍人、政府官員、公務員的神聖合約，換成褻瀆式討價還價的「契約人」（Homo contractus），那是美國政府2.0的原生種。這種生物不是宣誓過的公僕，充其量只是臨時工，薪酬給的優渥，才能激發他們的愛國心。聯邦政府對他們而言，與其說是最高權威，倒不如說是終極客戶。

美國革命期間，大陸議會（Continental Congress）為保障美利堅共和國獨立，僱用私掠船和傭兵其實無可厚非，只不過後來這個共和制國家的運作幾乎失靈。但美國這個第三千禧年的超級強權，國防居然仍依賴私有化部隊，我感到不可思議，隱約覺得是不祥之兆。的確，今日來看，承包（contracting）最常讓人聯想起重大疏失，例如受僱戰鬥的美國僱傭兵公司黑水（Black Water，旗下傭兵遭控殺害十四名伊拉克平民後，改名為 Xe Services，而被一群民間投資人收購後，再次更名為 Academi）。還有受僱來虐囚的軍事承包商 CACI 及泰坦（Titan），這兩家公司的僱員都涉嫌對阿布格萊布監獄囚犯嚴刑逼供。

這幾樁聳人聽聞的事件讓社會大眾相信，政府僱用承包商的目的，是要持續掩蓋真相、推諉否認，把幹過的非法或看似合法的骯髒勾當撇得一乾二淨，讓自己雙手不沾血腥，問心無愧。但那不是百分之百的真相，至少在美國情報體系不全然如此，美國情報體系念茲在茲的，倒不是如何在事後推說不知情，而是避免一開始就被抓包。美國情報體系僱用承包商最初的意圖，其實世俗成分居多，把它看成變通辦法、法律漏洞、理想建議，好讓主管機關規避聯邦政府設定的聘僱上限。每處公家機關都有一定的人員編制，此法令限制規定各機關特定職務所能聘僱的人數。可是承包商並非直接受僱於聯邦政府，不在正式編制內，政府機關只要在經費許可範圍內便能僱請承包商，而且要多少都請得起。這些公家機構僅須到國會幾個專門委員會作證，強調恐怖分子正威脅我們的下一代，俄羅斯駭入我們的電子郵件，中國入侵我們的電網。國會對這類形同威脅的請求從未說不，還真的屈從美國情報體系的要求。

我提供給新聞媒體的文件中，有一份是二〇一三年的黑預算（Black Budget），這份機密預算超過百分之六十八的經費，相當於五百二十六億美元，都用在美國情報體系，內含十萬七千零三十五位美國情報體系僱員的人事費，而當中逾五分之一、約二萬一千八百人是全職承包商。這個數字還不包括數萬名受僱於公家機關承包商的員工，民間企業承包政府機構的特定服務或工程計畫，或將從公家標到的服務或工程，分包或再分包給其他廠商。這些分包商從來都是被排除在政府的編制外，甚至未納入黑預算中，因為若是整個承包作業算上他們一份，徒然讓一個惱人的事實分外清晰：民間僱員在美國情報機構承擔的工作，不比政府公務員少。

連同政府內部人士在內，很多人堅稱這種涓滴計畫（tickle-down scheme）有其優點。政府將一些服務或工程對外發包，鼓勵承包商競標可降低成本，還能省下退休金與津貼補助的支出。但對政府官員來說，真正的好處竟是編列預算過程中固有的利益衝突。美國情報體系主管要從私人企業租借契約工，向國會要經費，國會議員批准預算，美國情報體系主管及國會議員日後將獲得回報，待退休卸職後，這些受他們庇蔭的私人企業，已經預留高薪職位或顧問職等著他們。從企業董事會的角度來看，照政府那種方式運作承包會助長貪腐，在美國欲將公帑五鬼搬運到私人口袋，這是最合法也最便利的方法。

儘管情報機構已有不少工作私有化，但還是聯邦政府才有這個權力，核發個人接觸機密資訊的許可。要申請安全許可，應試者得先找到贊助人，換句話說，他們必須謀求需要身家調查的職務，並取得工作機會，因此大多數承包商會直接在政府機構展開職涯。畢竟對私人企業來說，花錢資助你申請安全許可不算，等待政府批准的一年左右時間還得付你薪水，實在划不來。對一般公司而言較經濟實惠的做法，就是直接聘用已通過政府身家調查的員工。之所以造成這種情況，想必大家都想得到，政府一力承擔了身家調查工作，也負擔所有的調查費用。反觀應試者過了身家調查這一關後，馬上就能從一般政府職員佩戴的藍色徽章，換成承包商佩戴的綠色徽章。有人開玩笑說，綠色徽章是「錢」的象徵。

贊助我取得 TS / SCI 安全許可的政府職務，我並不中意，不過好歹我也曾是馬里蘭州公務員，在馬里蘭大學學院市分校服務。這所公立大學協助國安局開辦一個新機構，名為語言高級研究中心（Center for Advanced Study of Language，CASL）。

表面上看來，CASL的任務是研究一般人怎麼學習語言，開發電腦輔助系統幫他們快速有效地學習。但CASL的任務還隱藏一個必然的結果，亦即國安局想發展出提升電腦語言理解能力的方法。一旦其他機構找不到會說阿拉伯語、波斯語、達利語、普什圖語、庫德族語的人才，國安局想保證他們的電腦，能將攔截到的大量外語對話進行解析，恐怕也沒那麼容易。即便找到外語高手，他們得先通過常常看似荒謬的安檢，才能當場擔任通譯，就我所知太多美國人想當通譯落選，只因他們有個會帶來麻煩的遠房親戚，他們甚至與親戚素未謀面。

我對於CASL的使命其實沒什麼概念，理由很簡單，我帶著象徵前途一片光明的許可上任時，這個地方根本還沒開放，事實上只是尚在興建中的建築工地。直到大樓完工，技術設備一切就緒之前，我的工作基本上就是晚班保全，每天只須在工地工人及其他包商收工後現身，負責巡邏空蕩蕩的大廳，確保沒有人企圖縱火燒毀大樓，也防止有人闖入偷裝竊聽器。我連續幾個小時來回巡邏這棟半完工的建物，檢查白天施工的進度。設備先進的大禮堂剛安裝好觀眾席座椅，我特地跑去試坐一番；我反覆丟擲石頭，越過鋪好石礫的屋頂；欣賞才砌好不久、沒有塗泥灰的石牆；還有一點都不誇張，我就盯著看油漆變乾。

在最高機密設施負責下班後的保全工作，這就是我的生活，說實在的我不介意。我的工作只是在黑夜中漫遊兼胡思亂想，就有薪水可領。更何況我有的是時間，可以利用建築物內一台上線的電腦，搜尋下一個新職務。白天是我的補眠時間，要不就是外出與琳賽來趟攝影考察。在我猛烈追求及耍了點計謀後，琳賽終於甩掉其他男友。

那時候我真是有夠天真，滿心以為在CASL的職位，能成為我通往全職聯邦公職生涯的跳板。但我愈環顧四周愈驚訝發現，想直接報效國家的機會竟少之又少，至少我認為有意義的技術角色是如此。除非到私人企業當承包商，我才會有比較好的機會，只不過這類公司是看在利益份上才為國家服務。最好的機會竟是當私人企業的分包商，這類公司承包其他同業從政府那兒標到的業務，這些企業一樣是為了利益才替國家效力。覺悟到這一點後，我茫然無措。

我尤其覺得奇怪的是，系統管理員及系統分析師的工作機會竟然大多來自民間，再怎麼說這些職務可謂廣泛深入僱主的數位生活。難以想像主要銀行甚或社群媒體業者，會僱用圈外人從事系統層級的工作。然而在美國政府背景下又另當別論，重整情報機構，讓最敏感的系統改由不是真正替你服務的人掌管，反倒以創新為由獲准。

政府機構僱用旗下多是毛頭小子的科技公司，給了業者進入公家領域的鑰匙，就像這些機構對國會及新聞媒體所說，他們別無選擇，但鑰匙怎麼用、公家如何運作，外人實在一無所悉。我試著將這一切合理化成保持樂觀的藉口，我強壓滿腹狐疑，寫好履歷表，然後前往就業博覽會。至少在二〇〇〇年開頭，那裡是承包商找工作或政府員工被挖角的主舞台，這類博覽會被冠上啟人疑竇的名稱，叫「許可就業」（Clearance Jobs），我想也只有我發現這個雙關語的趣味所在。

當時每月都舉辦這類就業博覽會，地點在維吉尼亞州泰森角的麗思卡爾頓飯店，正好位於通往中情局總部的路上。或是辦在有萬豪風格卻有點髒的飯店，就在馬里蘭州米德堡國安局總部附近。據我所知，此處的就業博覽會與其他就業博覽會沒什麼兩樣，唯一關鍵的例外是：這裡的招聘人員比應聘者還多，這暗示，這個行業是多麼求才若渴。招聘人員不惜砸重金，擠破頭要進這裡的就業博覽會設攤，因為能別上名牌走進此處大門的求職者，想必都已先經過線上篩選，且相關機構對其身分進行過交叉核對，這些應聘者被認定通過了身家調查，也有必備的專業技能。

一旦你離開裝潢奢華的飯店大廳，前往純洽商用途的宴會廳，準備加入「承包商星球」（Planet Contractor）行列吧！大夥都聚集在那兒，這裡可不是馬里蘭大學，洛克希德馬丁（Lockheed Martin）、英國航太系統（BAE System）、博思艾倫漢密爾頓（Booz Allen Hamilton）、DynCorp、泰坦、CACI、SAIC、COMSO等，所有你想得到的政府承包商，還有百來種各式不同的字首縮寫，我聽都沒聽過。有的承包商擺了桌子，這不算什麼，規模大的還有專屬攤位，裡頭一應俱全，甚至備有茶點飲料款待。

你把履歷表交給可能是你未來的僱主，彼此來場非正式面談寒暄了一番後，他們打開活頁夾，內含所有努力想填補的政府職缺清單。不過這類工作事涉敏感，必須暗中進行，因此上頭職缺附帶的，並非標準職稱或傳統的職位說明，反倒是每個承包商都有專屬暗語，而且刻意取得含糊不清。舉例來說，某家公司的資深開發者3（Senior Developer 3），或許不能與另一家公司的首席分析師2（Principal Analyst 2）畫上等號。通常要區分這些職稱的唯一辦法，就是注意其各自載明的資格要求，包括年資、認證層級、安全許可類型。

我在二〇一三年揭發國安局的監聽專案後，美國政府試圖把我貶低成「區區一個承包商」，或是「前戴爾員工」，藉此暗示我非佩戴藍色徽章的政府機構職員，並未享有同等的安全許可和權限。把我這號人物塑造成不足為信後，政府接著指責我「愛跳槽」，暗指我是有諸多不滿的員工，與主管處不來，而且野心勃勃，不計代價一心想要搏上位。事實真相是，這些全是政府為了帶風向編造的謊言。美國情報體系應該比誰都清楚，頻換工作是所有承包商職涯的宿命，更不用說這種流動情況是政府機構自己造成的，而且從中得利。

承包國安業務，特別是科技業務，你常會發現自己人在政府機關內工作，可是名義上，或是書面上，你是戴爾電腦或洛克希德馬丁的員工，抑或是無數家被戴爾、洛克希德馬丁收編到麾下小公司的一分子。像這樣大吃小的併購活動中，小公司的承包合約理所當然一起被收購，一夕之間你的名片上又多了新的僱主與職稱。然而你的日常工作一如以往，仍舊坐在政府機構內辦公，什麼都沒改變。你每天都是和十幾位坐在你左右的同事，負責同一項專案。嚴格來說，你那群同事受僱於十幾家不同的公司，只不過這些公司的實體身分被淡化，公司實體（corporate entities）才握有與政府簽訂的主要合約。

但願我能一五一十記住自己承包商生涯的大事記，可惜我手中再也沒有履歷表副本，自從家裡的舊電腦遭聯邦調查局扣押後，那份 Edward_Snowden_Resume.doc 檔案，就被鎖在電腦內的文件夾不見天日。不過我還記得，我的承包職涯處女秀其實是分包秀：中情局僱用英國航太系統，英國航太系統僱用 COMSO，COMSO 僱用了我。

英國航太系統是英國航太公司（British Aerospace）在美國的分支，屬中型公司，顯然是為了爭搶美國情報機構合約才成立的。說穿了 COMSO 在幫英國航太系統獵人頭，有幾個傢伙把時間都耗在開車穿梭環城公路，就是要找到承包商（傻子笨蛋），然後簽下他們（請君入甕）。就業博覽會上我面試過的業者中，要說求才若渴第一名非 COMSO 莫屬，或許因為它是小公司，與其他大公司相比是小巫見大巫。我始終沒弄清楚，這家公司的縮寫代表什麼意義，即便它可能是一切事物的縮寫。嚴格來說，COMSO 是我的僱主，但我沒有一天在 COMSO 或英國航太系統的辦公室工作過，幾乎沒有承包商在這兩家公司上班。我唯一的工作地點是中情局總部。

其實我造訪過 COMSO 辦公室，位於馬里蘭州綠帶城，這輩子可能去過兩三次。其中一回是上那兒面議薪資，還有簽一些文件。我在馬里蘭大學 CASL 任職的時候，年薪三萬美元左右，但做的都是和技術毫不相干的工作。來到 COMSO，我心安理得地開口要五萬美元。我脫口而出這個數字後，與我面談的傢伙竟問：「六萬美元怎麼樣？」

那時的我實在太嫩，不懂他要付給我更高的薪酬，究竟打的是什麼主意？我猜薪水不是COMSO自掏腰包付的，之後我才了解，COMSO、英國航太系統及其他承包商經手的這類合約，稱為「成本加成」（cost-plus）契約。代表中盤承包商支付員工的所有費用，皆可向發包的政府機構請款，每年加百分之三到百分之五。加薪自是皆大歡喜，人人受惠，是啊！每個人，納稅人除外。

COMSO人員最後跟我講定年薪六萬二千美元，因為我又答應值晚班。我們握手達成協議，他向我自我介紹，說以後就是我的「經理」。他繼續說明這個職稱不過是形式，我仍舊直接聽命中情局。他說：「一切順利的話，我們不會再碰面。」

在諜報電影和電視節目中，當有人這樣告訴你，通常意味你要深入險境，執行一項危險任務，而且會面臨死亡威脅。但在真實諜報生活中，只是代表「恭喜你得到這份工作」，我走出這扇門的時候，可以肯定的是，他已把我的臉忘得一乾二淨。

結束面談後，我整個人輕飄飄，帶著雀躍的心情離開。但在開車回家的路上，現實問題來了，我驚覺到自己即將過著每天通勤的日子。要是我選擇繼續住在馬里蘭州埃利科特市，離琳賽的住處是很近，可是要到維吉尼亞州的中情局上班，以環城公路系統每條路都塞爆的情況來看，我的通勤時間長達一個半小時，那會要了我的命。我知道自己快瘋了，世上的有聲書還是不夠多。

我不能要求琳賽隨我一起搬到維吉尼亞州，她在馬里蘭藝術學院才升上大二不久，一週要上三天課。我們討論過這個問題，為了找藉口，把我要到維州工作，怪到 COMSO 的頭上，就像是在責問：「為什麼 COMSO 要在那麼遠的地方？」最後我們決定，在 COMSO 附近租一間小房間，我值晚班那幾天就不愁沒地方夜宿，每逢週末不是我北返馬里蘭州，就是琳賽南下來找我。

我開始找房子，心目中的理想住處，最好落在文氏圖（Venn Diagram）重疊部分的正中央，代表這個地方便宜到我負擔得起，舒適到琳賽待得下去。結果事與願違，還真難找。想想在中情局工作的人有多少，中情局又位在維吉尼亞州，這裡的住家稠密度算半農村的，租金價格自是漲翻天。22100s 這個郵遞區號，代表美國幾處最貴的地段之一。

皇天不負苦心人，搜尋分類廣告網站克雷格列表（Craigslist）後，終於找到一間在預算內的房間出租，讓我喜出望外。更令我驚喜的是，地點離中情局總部很近，車程不到十五分鐘。我跑去看房子，原本預期是給猥瑣單身漢住的，像豬舍一樣髒亂不堪。沒想到我停在一間正面有玻璃帷幕的大型偽豪宅（McMansion），打理地整整潔潔，草皮應該有按季節修剪過。我一走近這個地方，就聞到陣陣濃郁的南瓜香氣，我可是認真的，絕不是說著玩。

一個叫蓋瑞（Gary）的傢伙來應門，從他在電郵用「親愛的愛德華」（Dear Edward）稱呼我，就知道他年紀不小。我只是沒想到他這個人衣著考究，個子很高，留著平頭，但已是滿頭白髮，迎接我時穿著西裝，西裝上還套著圍裙。他彬彬有禮地詢問我，是否介意稍候一下。他那時在廚房忙得不可開交，準備了一大盤蘋果，把它們一個個劈開，撒上肉豆蔻、肉桂和糖調味。

等這些蘋果送進烤箱後，蓋瑞帶我參觀房間，房間在地下室，然後告訴我可以馬上搬進來。我決定租了，留下押金和一個月房租。

接著他向我出示住宿規定，這麼寫還方便押韻：

不准弄髒環境
不准養寵物
不准帶人過夜

我坦承自己要不了多久就會破第一條戒律，而第二條規定，我沒興趣違反，至於第三條，蓋瑞特別為琳賽破例。

第十三章　培訓

你知道在每部間諜電影與打上「維吉尼亞州蘭利中情局總部」字幕的電視節目裡，都有一個定場鏡頭嗎？攝影機從大理石前廳轉向紀念牆的星星，再移到地面上的中情局徽章。蘭利（Langley）是這個地點的歷史名稱，也是中情局偏愛好萊塢使用的代名詞。正式來說，中情局總部位於維吉尼亞州的麥克林鎮（McLean），沒有人會真的進入前廳，除了重要賓客或是參訪行程的外人。

那棟建築物是中情局舊總部。不過幾乎每位中情局員工都在新總部工作，但新總部很少對外界曝光。我工作的第一天，是我少數照得到陽光的日子，也就是說我多數時間都待在地下室，在一個骯髒、由煤塊砌成磚牆的房間裡。內部瀰漫著核子避難所的氛圍與政府漂白水的刺鼻味道。

一名傢伙說，「所以這就是祕密政府」，幾乎每個人都笑了。我認為他所預期的是一群來自長春藤學校的白人盎格魯撒克遜教徒，穿著帽T在吟誦；至於我的想像則是一群從事公職的普通白人，就像是我父母的年輕版。

相反的，我們全都是電腦小子，而且沒錯，清一色都穿著制服，顯然這是我們生命中頭一回穿著「商務裝」。有些人刺青與穿耳洞，為了重要的日子拿掉了耳環。有一個人的頭髮仍有一撮誇張的挑染。大多數人都配戴承包商的徽章，光滑的青綠色，宛如一百美元新鈔。我們看來完全不像那些追求權力的幕後黑手，企圖要在幽暗的地下室房間，控制美國政客的行動。

這個課程是我們轉型的第一階段，也被稱為培訓課，重點在於讓我們相信自己是菁英，是一群特別的人，我們被選來了解政府祕密以及國家的其它真相。有時候，即使是國會與法院也不知道這些。

我忍不住想像當我上培訓課的時候，主講人就像是多費唇舌般，持續對我們說教。他無須告訴這群電腦小子，他們擁有的豐富知識與技能，足以讓他們能單獨行動，以及在沒有監督及審查之下能代表他們的同胞做出決定。最能造成一個人的傲慢，莫過於畢生都在控制沒有批評能力的機器。

在我的想法中，這也說明了美國情報體系與科技業之間的錯綜複雜關係。兩者都是根深蒂固，而且都是未經民選的權力。他們對於他們的發展，依然能維持高度機密而感到自豪。兩者都相信他們能為任何事情找到解決方案，並且還會毫不遲疑的單方面實行。最重要的是，他們堅信這些對策本質上就是無關政治的，因為數據才是一切。兩者獨有的特權，被視為比一般民眾雜亂無章的想法更為可取。

加入美國情報體系的培訓，就像成為科技專家，具有充滿力量的心理效果。突然間你就有了管道，可通往幕後故事，那些有名或理應有名的事件的祕辛。至少對滴酒不沾的我來說，這可能令人上癮。此外你不僅被授權，還有義務要說謊、隱藏、掩飾與假裝。這創造了一種非我族類的感覺，令許多人相信他們效忠的對象是組織，而不是法律。

不過我在上培訓課時，還沒產生這些想法。當主講人介紹基本的操作安全行為，也就是被美國情報體系形容為「情報技術」的技巧時，我只是努力要讓自己清醒。這些技巧通常明顯到枯燥無味：像是不要透露為誰工作，不要讓機密資料處在無人照料的情況，不要帶高度不安全的手機進入高度安全的辦公室，或談論工作。不要在商場戴著「我為中情局工作」的徽章。

最後，這些枯燥的介紹結束，燈光轉暗，PowerPoint 亮起，掛在牆上的螢幕出現不同臉孔。教室內的每個人都突然坐直。他們告訴我們，這些臉孔是以前的情治人員與承包商，他們可能因為貪婪、邪惡、能力不佳或是疏忽，而沒有遵守規定。他們自認高人一等，這樣自大的心態導致他們鋃鐺入獄、而毀了他們的事業。螢幕上提到的這些人，有些還待在比這裡還糟的地下室，他們到老死都無法脫離這樣悲慘的命運。

從各方面來說，這是相當有效的簡報。

我被告知，在我的職業生涯結束後的幾年時間，除了不適任者、內奸、叛徒與背叛者等這些麻煩人物，現在又增加新的類別：公共利益的告密者。我只希望當政府將出售情報給敵人、與揭露機密給記者這兩種不同的行為混為一談時，現在坐在那裡的二十幾歲年輕人會感到驚訝，尤其是新的臉孔，也就是我的臉孔突然出現在螢幕上時。

我到中情局工作時，剛好是該機構士氣低落之際。在九一一情報工作出現重大失誤後，國會與高層也開始積極進行組織重整，包含廢除中情局局長身兼整個美國情報體系首長的雙重角色。這個雙重角色的職務，自二次世界大戰中情局成立後就已設立。泰內特（George Tenet）在二〇〇四年被迫下台，而中情局長達半世紀凌駕其他組織的至高權力也隨之而去。

中情局的成員認為泰內特的離職與領導權遭到剝奪，只是該機構被政治階層背叛的公共象徵，然而政治階層的目的是用來服務民眾。外界普遍認為布希政府加以操弄，且中情局的不當行為受到指責，這導致欺凌與裁員文化的出現。曾為前中情局官員，後成為佛羅里達州共和黨國會議員的戈斯（Porter Goss）被任命為中情局新局長後，情況更加惡化。政治人物入主中情局，除了被視為是一種懲罰，也被解讀成在黨派的監督下，要使中情局變成武器的企圖。戈斯上台後，立即開始一連串開除、裁員行動，並強迫員工退休，導致該機構人手不足，而必須更加倚賴承包商。在同時，拜情報外洩、特殊逃犯被引渡與黑獄等消息曝光所賜，大眾從未對該機構有如此低的評價，或對內部運作有更密切的關注。

當時，中情局被拆為五個部門，分別是行動處（DO），負責實際監視工作；情報處（DI），專職合成與分析監視結果；科學技術處（DST），專門建造與供應電腦、通訊設備與監視使用的武器，並教導使用方法；管理處（DA），基本上是指律師、人力資源與整合日常營運的事物，並建立與政府的關係；以及最後的支援處（DS），這是一個陌生的部門，在當時也是最大部門。支援處為中情局的每位員工，從多數的科技人員、醫生到餐廳與健身房等員工及門口警衛等提供支援。該處的主要功能為管理中情局的全球通訊基礎設施，確保情治人員報告能傳送到分析師，分析師報告能呈交到主管的平台。支援處旗下的員工，負責技術支援，伺服器維修，並確保它們安全。他們建造、服務與保護中情局所有網路，並與其他機構網路連接，與控制通道等。簡單來說，他們使用科技把各個事物連結在一起。不令人意外，這些人很年輕，並多數是承包商員工。

我的團隊隸屬支援處，我們的任務是管理中情局華盛頓都會區的伺服器架構，也就是說它是中情局在美國大陸伺服器的核心，在這放置電腦主機硬體的大房間內，存有該機構內部網路與資料庫，所有系統負責傳送、接受與儲存情報。雖然中情局在全美各地也放置中繼伺服器，但多數重要伺服器仍放在一個地點。一半放在新總部，也是我的團隊工作地點，另一半則在附近的舊總部。它們是兩棟面對面的獨立大樓，如果有一棟爆炸，我們不會損失太多機器。

我的最高機密／敏感資訊的安全檢查，反映我已被列在不同的情報「部門」。有些部門是 SIGNT（訊號情報或攔截通訊），另外是 HUMINT（人員情報，或是情治人員和分析師完成工作所提交的報告），中情局的例行工作包含這兩項。此外我還被列入 COMSEC（通訊安全）部門，讓我專門處理加密的關鍵資料，這些密碼過去被認為是最重要的中情局機密，因為它們用來保護其他情報祕密。加密資料經過處理、儲存與存入我負責管理的伺服器。我的團隊是少數幾個在中情局允許碰觸這些伺服器的其中之一，也是唯一可登錄大多數機器的團隊。

在中情局，安全辦公室被稱為「保險庫」，我團隊的保險庫位在中情局服務櫃台部門的附近。白天在服務台工作的是一群忙碌老人，與我父母年紀相近。他們穿著西裝外套與寬鬆長褲，女性則是襯衫與裙子。他們是在中情局科技界中，幾個我回想起來可以看到許多女性的地方。有些戴著藍徽章，代表他們是政府員工，承包商稱他們為「吃公家飯的傢伙」。他們上班時忙著接電話與建築物內的人說話，或是出外解決他們的技術問題。這是美國情報體系版本的電話服務中心；重新設定密碼、解開帳號與解決清單中的難題。「你可以登出再進去嗎？」「這條網路線是否有插進去？」如果這些公僕憑著他們僅有的科技經驗，依然無法解決特定難題，他們會把它轉交給更專業的團隊，特別是該問題發生在「境外地區」，意味在中情局的海外基地，例如喀布爾、巴格達、波哥大或巴黎等。

我得不好意思的承認，當我經過這群沮喪的員工旁邊時，我是感到多麼驕傲。我比這些服務櫃台的工作人員年輕數十歲，並且握有進入他們以前未曾、未來也不會接觸的保險庫權利。那時候我並不知道這項特權，意味著該過程可能已經出現了問題，政府只是放棄有意義的管理制度，也不再從內部拔擢人才，新的包商文化崛起，反應出他們不重視的心態。在我職業生涯中，我最深刻的回憶在於，經過服務櫃台的這條通道，顯然已成為情報體系在世代與文化改變的表徵。這些舊世代菁英，艱苦的想要趕上他們懶得了解的科技時代，因此歡迎新世代的年輕駭客進入這項組織化的體系，並讓他們對這個由國家控制的空前科技系統進行開發、全面存取、並發揮完全的權力。

我喜歡這些服務櫃台員工，他們對我友善又慷慨，並對我有意提供協助表達感恩，即使當時這並非是我的工作。相反的，在點點滴滴當中，我從他們身上學到在美國政治圈外更大的組織運作。有些曾經是在海外工作的情治人員，目前則協助接電話。他們海外歸國後，有些家庭可能已分崩離析，因為缺乏電腦技術，在中情局這種逐漸把重心放在擴展科技能力的機構裡缺乏競爭力，於是他們被指派到服務櫃台，繼續之後的職業生涯。

我很自豪能贏得這些員工的尊敬，我與團隊成員在一起時從未感到自在，我的團員自視高人一等，並常常捉弄這些聰明而盡心盡力的傢伙。這些員工不論是男性或女性，待遇低，他們擔任情治人員時，大多待在充滿敵意、甚至在海外危險的地方，以此而言，很明顯也未得到中情局應有的重視。到最後，他們的獎賞卻是在空盪的大廳接聽電話。

幾週後我熟悉了日班的運作，我的工作時間換到傍晚六點到隔天早上六點的晚班，當時服務櫃台的工作人員多是基本幾名員工，其它則是一片死寂。

在晚上，特別是晚間十點到早上四點，中情局大多空蕩蕩、死氣沉沉。在寬闊巨大與陰森恐怖的建築物內，瀰漫著一股世界末日後的感覺。所有電扶梯停止運作，你必須像走樓梯一樣用走的。只有半數電梯還在運作，它們發出的砰砰聲響，白天幾乎無法聽到，如今卻顯得相當吵雜。歷任中情局局長從照片中往下瞪視，老鷹看起來不像雕像，反像活生生的掠食者，耐心等待飛撲而下狙擊獵物。飄動的美國國旗像是鬼魂，紅、白與藍色看來令人毛骨悚然。中情局最近承諾將轉向新的環保能源政策，裝置可感應的頭頂燈。前面的走廊可能黑矇矇一片，不過有人靠近時，燈光會突然亮起，彷彿有人尾隨在後，傳出無止盡的腳步回聲。

每晚輪值十二個小時，三天上班，兩天休息。我坐在服務櫃台旁的安全辦公室，有二十張桌子，每一張上面放置兩或三部電腦終端機，這些是給維持中情局全球網路的系統管理員使用。無論聽起來多高級，工作本身卻相對乏味，基本上可以形容成「等待災難發生」。問題通常不會太難解決，當事情出錯，我必須從遠端登錄企圖修復。如果行不通，我將親自下樓到新總部下面的資訊中心，或是步行半英里，通過連接通道到舊總部的資訊中心，修理機器本體。

這個任務的另一名夥伴，也就是負責晚間中情局伺服器架構運作的人，我叫他法蘭克。他是我們團隊中的怪胎，就各方面而言，他的性格真的很不一樣。除了政治意識（他是個十足的自由主義者，甚至會去囤積南非克魯格金幣），與對科技外的事情有著不變的興趣（他閱讀老舊神祕與驚悚故事的平裝書），他還是五十多歲的前海軍無線電操作人員。

我必須說，當我第一次遇到法蘭克時，我心裡想的是：**我的一生竟然都要跟我在語言高級研究中心當晚班保全一樣**。法蘭克幾乎不工作，至少這是他想要塑造的形象。他喜歡告訴我，他對電腦一竅不通，也不了解為何將他放在如此重要的團隊。他過去常說，「外包是華府第三大詐騙案」，僅次於所得稅與國會之後。當他被建議轉到伺服器團隊時，他曾向老闆聲稱自己「幾乎沒用」，不過這並沒有改變上面的看法。

就他自己而言，過去十年他所做的工作就是四處閒逛與看書，有時候也會玩接龍，當然是用真正的撲克牌而不是電腦，並追憶前任老婆（「她是管理人」）與女友（「她拿走我的車，不過卻是值得的」）。有時候他只是整晚走來走去、重新下載 Drudge Report（一個新聞網站）。

當電話響起，代表電腦壞了，他會報告日班人員。他的哲學（如果可以這麼說的話）

是晚班必須告一段落，才能令日班人員更加優秀團結。顯然日班人員已經厭煩每天早上看到法蘭克放著這種超級數位災難置之不理，所以我被招募進來。

就某些原因來說，中情局認為讓我進來比讓這個老傢伙離開更為容易。在與他一起工作後的幾週，我相信他能持續待在這裡，一定是靠著某種個人關係。為了測試這項假設，我曾問他在海軍時期，曾與哪些中情局長官共事。不過我的問題只引發他長篇大論的抱怨，認為無法在該機構有很高職位的大多都是海軍士兵。擔任高層的全是軍官，這也解釋中情局為何有如此多不良紀錄。這樣的長篇大論不斷持續，直到突然間他的臉上出現驚恐表情，然後他跳起來說：「我要換磁帶！」

我不知道他在說甚麼。不過法蘭克準備走向我們保險庫後的灰門，門打開是昏暗的樓梯，通往資料中心，這是嗡嗡作響，冷到刺骨的暗房，也是我們座位的下方。

下樓到伺服器的房間，尤其是中情局的，是一個會令人迷失方向的經驗。你走進閃著紅綠LED燈光，就像是邪惡的聖誕節，工業風扇轟轟震動，讓架上的機器降溫，以免故障。這裡總是令人目不暇給，即使沒有這個每次衝下伺服器房間就會像水手般爆粗口的瘋狂老頭。

法蘭克停在狹小角落邊，此處有由回收設備隔成的臨時隔間，標示為行動處的財產。一台老舊電腦占據這張看似悽慘、搖搖晃晃的桌子。走近一看，這是九〇年代初期或八〇年代末期的產物，比我父親海岸警衛隊研究室的任何東西都還老。這台電腦如此陳舊，甚至不應稱為電腦。比較適當的名稱是**機器**，運轉我不熟悉的迷你磁帶格式，但可確定的是，它會很受史密斯美國藝術博物館的歡迎。

這部機器旁邊是一個很大的保險箱，法蘭克把它打開。

他操弄那個機器內的磁帶，把它撬開，再放入保險箱。之後他拿起另一個磁帶，只單靠碰觸，就把它放在機器內，就像是另一個替代品。他小心翼翼地在老舊的鍵盤敲打，他真的無法看出這些按鍵造成的效果，因為機器的螢幕已經壞了，不過他還是充滿信心的按下 Enter 鍵。

我無法理解發生什麼事，不過這個小小的磁帶開始發出滴滴滴聲音，之後轉了起來。法蘭克露出滿意的微笑。

「這是這棟建築物中最重要的機器」，他說。「中情局不相信數位科技這種蹩腳的東西。他們不信任自己的伺服器，你知道它們總是故障。當伺服器故障，他們就可能失去所儲存的機密，所以為了不失去白天這些東西，他們會在晚上備份。」

「所以你在這裡儲存備份？」

「備份到磁帶。老方法，就像心臟病發作一樣可靠。磁帶很難故障。」

「但磁帶裡有什麼？個人資料？或實際的情報？」

法蘭克將手放在下巴，作沉思狀，假裝嚴肅思考這個問題。之後，他說「艾德老弟，我不想告訴你，但這是你女友的考察報告，我們有很多情報員的申報資料。這是原始情報，真的很原始。」

他笑著上樓，讓我啞口無言，在黑暗之中感到臉紅。

法蘭克第二晚重覆換磁帶儀式，直到我們共事後的每晚，我開始了解為何中情局將他留下，這不只是他的幽默感而已。法蘭克是唯一願意在下午六點到隔天早上六點工作的人，他年紀比較大，知道如何處理專有的磁帶系統。生長在磁帶為媒介的黑暗世紀中的其他技術人員，都已經有了家庭，晚上想和家人待在一起。法蘭克是單身漢，並記得啟蒙年代前的世界。

在我發現如何將多數工作自動化，也就是寫程式讓伺服器自動更新，並儲存遺失的網路連結之後，我開始擁有法蘭克所擁有的空閒時間，我有一整個晚上可以做我想做的事。我花了很多時間與法蘭克暢談，特別是他所讀到的政治：那些有關國家應回到金本位制，或有關單一稅的錯綜複雜。不過每到換班時間，法蘭克總會消失。他不是將他的頭埋入書本，直到早上才抬起頭，就是閒逛到走廊，偶爾到餐廳吃片披薩，或到健身房舉重。我也有讓自己清醒的辦法，我上網。

在中情局上網，必須在同意監看協議的對話方框中打勾，基本上是指你做的每件事都會被紀錄，而且同意不會有任何隱私。由於常勾選該方框，到最後它已成為第二天性。這些協議在工作時多被視若無睹，因為它們經常在螢幕上跳出，你只想把它們消除，重新回到工作上。這是為何多數美國情報體系員工無法感受民眾在網路上被追蹤的不安，並非他們對協助保護美國的數位監督有任何內幕消息，而是在美國情報體系，被老闆追蹤是工作的一部分。

無論如何，這不是說在公眾網路找到的東西比中情局內部的更有趣。沒有多少人知道中情局有自己的網路與資訊網，有自己版本的臉書，讓情治人員可進行社交，也有自己的維基百科，提供團隊、計畫與任務的相關資訊，以及自己的谷歌，實際上由谷歌所提供，讓情治人員可搜尋機密網路。每個中情局部門都在這個網路上有專屬網址，討論他們的工作與貼上會議記錄和簡報。我每晚都要研讀連續好幾個小時，這成為我的教材。

根據法蘭克的說法，每個人在中情局內部網路尋找的第一件事就是外星人與九一一，他說，你永遠無法找到有意義的結果，不過我還是搜尋了。中情局版的谷歌並沒有出現任何有趣的東西，但也許真相在另一個網路上。就我所知的紀錄，外星人從未接觸地球，或至少它們沒與美國情報體系聯絡。不過蓋達組織仍與我們的盟國沙烏地阿拉伯有著密切關係，這是當我們與其他兩國交戰時，布希政府企圖隱藏的事實。

這裡有一件事情，當時雜亂無章的中情局並不清楚，矽谷外的主要美國企業也不明白——電腦人員知道、或是有能力知道每件事。電腦員工的位階更高，也掌有更多高層次的特權，並且有更多管道追蹤偏主數位存在的每個足跡。當然並非每個人都會好奇，想要利用這樣的教材，也不是每個人的天性都是如此好奇。我侵入中情局的系統，是源自我童年想要了解事物如何運作、機器零件如何組裝的天性延伸。具有了官方頭銜與系統管理員的特權，加上卓越的技術能力，使我可以將這樣的權力極大化，滿足對資訊的渴望。如果你感到懷疑，沒錯！人類真的登陸月球。氣候變遷是真的。化學凝結尾（Chemtrail）並不存在。

在中情局內部新聞網站，我得知與貿易談判及正在醞釀的政變相關的祕密報導。這些事件的紀錄，幾天後將顯示在網路新聞，像是CNN或福斯新聞等。兩者最大差異僅在新聞來源與細節程度。然而報紙或雜誌在紀錄海外政變時，可能引述匿名資深官員。中情局版本則表示來源為ZBSMACKTALK/1，他是負責回應特定任務的內政部官員，過去已證明可信度很高。ZBSMACKTALK/1的真實姓名與完整個人歷史，則被列為個別檔案，不過只要幾個按鍵，就可真相大白。

有時候，中情局的內部新聞也有可能不會出現在新聞媒體。我所閱讀到的內容所帶來的刺激與重要性，令我更加珍視這份工作的重要性。我曾想過，如果只在工作站工作，將會錯失多少東西。聽起來或許很幼稚，但我很驚訝發現，中情局是如此國際化，我指的不是營運方面，而是它的工作人員。我在咖啡廳聽到的語言數目之多，常讓我驚嘆不已，我不禁感覺自己是個鄉巴佬。在中情局工作著實令人血脈賁張，它距離我成長的地方只有幾小時的車程，在許多方面與我的故鄉很像。我當初二十出頭，除了在北卡羅來納待過一段時間，我童年的旅行是拜訪在海岸警衛隊基地的祖父、在班寧堡訓練基地停留幾週。我從未真的離開家鄉。

當我讀到發生在瓦加拉杜、金沙薩與其他無法在電腦化地圖中找到的異國城市的事情，我了解到只要自己還年輕，就必須在海外從事真正有意義的工作來報效國家。我想成為更成功的法蘭克：坐在更大的桌子前、賺更多的錢，直到我再也沒有利用價值，只能處理在未來等於是垃圾的磁帶機器。

於是我做了不可思議的事，我要成為吃公家飯的傢伙。

我認為我的某些主管可能會很疑惑，但他們也受寵若驚，因為典型的路線是正好相反的。公僕在任期結束後轉入民間企業撈錢，承包商員工卻反而選擇成為公務員，薪資也大幅縮水。無論如何，對我而言，成為公僕是相當合理的，我領薪水還可以到各地旅遊。

我很幸運，之後有一個職位出現空缺。於是我在擔任系統管理員九個月後，申請中情局海外的技術工作，我很快就獲得錄取。

我在中情局總部的最後一天只是走一個形式。我已經完成所有書面工作，並把我的綠色徽章換成紅色。剩下要完成的只是上另一個培訓課程，上課地方在餐廳內的Dunkin' Donuts旁的高級會議室。在那裡，我加入承包商員工從未參與的神聖儀式。我舉手宣誓效忠，不是對政府或目前直接僱用我的中情局，而是對美國憲法。我嚴正的宣示，將會支持與捍衛美國憲法，免於受到所有敵人，不論來是海外或國內的傷害。

隔日，我開著老舊可靠的本田喜美車，前往維吉尼亞州的鄉間。為了我夢想中的海外工作站，我必須重返學校，也是我第一次真正完成坐在教室內的學業的地方。

第十四章　山丘上的伯爵

我剛成為政府公職新鮮人後所接到的第一個命令，就是前往維吉尼亞州沃倫頓（Warrenton）的康福特旅館（Comfort Inn），一棟看來陰暗、破損的汽車旅館，它的主要顧客就是「國務院」，這裡我指的是中情局。這個鎮上充滿了糟糕的汽車旅館，它是其中最糟的，這或許就是中情局挑選它的原因。顧客越少，越不容易被人發現該旅館其實是沃倫頓訓練中心的暫時住所。一般在那裡工作的人都稱它為「山丘」（the Hill）。

當我登記入住時，櫃檯人員警告我不要使用樓梯，它已被警戒線封鎖，不能進入。我被分配到主建築物二樓的一個房間，可以看到旁邊的建築物與停車場。這個房間的燈很少亮著、浴室黴菌到處可見、地毯髒到不行，還可發現在禁止吸菸的標示下，有香菸燒焦的痕跡，單薄的床墊有深紫色的污漬，我希望這是酒的污漬。無論如何，我喜歡。我仍處在覺得這種邋遢很浪漫的年紀。第一晚，我躺在床上異常清醒，看著小蟲湧向頭頂上的圓形燈具，並數著還有多久才能吃到免費歐陸早餐。

第二天早上，我發現在沃倫頓的早餐只是一盒香果圈麥片與發酸的牛奶。歡迎來到美國政府。

康福特旅館在未來六個月成為我的家。我們稱彼此為「獄友」，因為不能讓所愛的人知道我們待在何處、做什麼事，而感到鬱悶。我遵守這些規定，很少回到馬里蘭，甚至很少與琳賽通話。我們不能帶手機到學校，因為上課被列為機密，我們總是在上課。沃倫頓讓我們十分忙碌，以至於沒有多少時間能感到寂寞。

如果在培里營附近的「農場」是中情局最知名的訓練機構，這得歸功於它是該機構公關人員被允許可以透露給好萊塢的唯一地方。毫無疑問地，山丘才是最神祕的地點。透過微波與光纖連接到白蘭地車站（Brandy Station）的衛星中繼設施，也是沃倫頓訓練中心姊妹基地的一部分，山丘扮演著中情局境外通訊網路的核心。在此地工作的資深技術人員喜歡說，中情局若在一場恐怖攻擊中失去總部，仍有辦法生存，不過若失去了沃倫頓，恐怕就無法活下去。現在山丘上面仍有兩個龐大的最高機密數據中心，其中一個是我之後協助建造的，所以我認同這個說法。

山丘因為它的地點而得名，它在山頂上，山勢險峻。當我抵達時，只有一條山路可以進去，經過刻意做得不顯眼的邊欄，階梯如此陡峭，當溫度下降、道路結冰，車子可能失去摩擦力，滑落到谷底。

經過有守衛站崗的檢查站後，可看到一棟國務院陳舊的外交通訊訓練設施，它的主要地點也意味著它在山丘所扮演的臥底角色，讓它看來像是美國海外服務訓練技術專家的一個地方。此外，在後面有幾棟低矮、沒有標示的建築物，是我上課的地方。再往前走，是中情局專門訓練射擊的靶場。子彈以我不熟悉的方式射出，它發出砰砰、砰、砰砰、砰的聲音。雙重聲響表示無法正常運作，緊接著是鎖定目標的射擊，代表執行。

我是基礎通訊訓練課程 BTTP6-06 班的一員。徽章刻意選棕黃色，其實是要偽裝現今所存最機密與罕見的課程之一。該課程的目標在於訓練 TISO（技術資訊安全人員），是中情局菁英通訊員的核心，如果用較不正式的話來說，就是「通訊員」。他們被訓練成無所不能，足可取代過去的密碼員、無線電人員、電力人員、技師、物理與數位安全顧問，還有電腦技術師的角色。這個臥底人員的主要任務，是管理中情局營運的技術基礎設施，在海外多數工作站隱藏在美國外交駐所、領事館與大使館等，是美國國務院的附屬機構。會有這樣的構想是因為，如果在美國大使館，不僅遠離祖國，還被令人無法信任的外國人包圍，無論是敵人或盟友，他們對中情局而言仍是無法信賴的外人，那就需要自己人來負責所有技術需求。如果為了便宜行事，找當地的修理工人來維修祕密間諜基地，他們當然會接下這份工作，不過也可能應外國政府要求，在機器內裝設難以追蹤的竊取裝置。

因此技術資訊安全人員是負責修理在建築物內的每台機器，從個人電腦、電腦網路至

CCTV與HVAC系統、太陽面板、空調系統、緊急發電機、衛星連接、軍事加密設備、警報器、鎖與其他東西等等。它的規定是如果有插頭或插座，它就是技術資訊安全人員的問題。

這些人也必須知道如何建立系統本身，就像他們必須知道如何摧毀它們。當大使館受到襲擊，所有外交人員與中情局人員都已撤離，技術資訊安全人員通常是最後離開的人。他們破壞、燒毀、清除中情局所留下的痕跡，不論是保險箱的文件或放有暗號文件的桌子，他們要確保剩下的東西對敵人沒有利用價值，之後再傳送最後的「離開」信號給總部。

不過為什麼這是屬於中情局，而不是國務院的任務？後者實際上才擁有大使館建築物。真正原因不在於權限與信任的差異，而是似是而非的推諉。在今日外交世界中，大使館的主要功能是為情治人員提供滲透的平台，已是公開的祕密。在以往，認為國家必須在海外維持概念上的主權實體的解釋，隨著電子通訊與噴射動力飛機興起後，早已遭到淘汰。現在最有意義的外交，發生在部門與部長之間，因此大使館依舊偶爾發布外交指令與對海外民眾提供協助，至於領事部門則負責發放簽證與更新護照。不過它們通常都在完全不同的建築物裡執行業務，而且沒有一項活動可以把維修所有基礎建設的支出合理化。相反地，能為這筆費用提供具有說服力的理由，就是國家有無能力，利用海外服務做掩飾，來主導間諜活動，並將它合法化。

在外交掩飾下的技術資訊安全人員，通常以「武官」身分藏匿在這些海外服務官員內。最大的大使館可能有五人、其次可能三人，不過大多都只有一名而已。他們通常被稱為「單身漢」，我記得那是中情局所有的職務中，離婚率最高的。這樣的單身漢注定是孤獨的公職人員，遠離家鄉，處在分崩離析的世界裡。

我在沃倫頓的班級有八名成員，到畢業時只有一個人離開，聽說這相當難得。這支雜牌軍非常罕見，雖然他們代表的是一群不滿現狀的人，自願加入該職業，並承諾他們未來會有多數時間是在海外臥底。我不是班上最年輕的人，當時二十四歲的我，厭倦了在總部的工作，雖然該經歷讓我對中情局營運更為熟悉。大多數只是剛從學校畢業、喜歡電腦的學生，或是直接透過線上應徵的一般人。

由於已經同意接受中情局派往海外的準軍事任務，我們很快根據對方怪異的個性來為同學取綽號。塔可鐘（Taco Bell）是來自郊區的人，體型很大、平易近人、個性天真。只有二十幾歲的他，來中情局前只是賓州一家餐廳的夜間經理。雨人（Rainman）快三十歲了，他的個性常在焦躁不安與暴怒如雷的自閉光譜之間遊走。他對我們給他的綽號相當自豪，並聲稱這是對美洲原住民的敬語。笛子（Flute）的名字是因為他雖然曾在海軍任職，不過我們對他的興趣卻不如他曾在音樂學院，獲得排笛演奏的學位。史普（SPO）是年紀較大的傢伙，大概在三十五歲左右。他曾在中情局任職特別警察人員，不過在麥克林當守衛的日子過得有點煩悶，促使他決定逃離到海外，即使這表示他的家人必須擠在汽車旅館的一個房間（該情形持續到上司有一天發現他小孩的寵物蛇住在抽屜內）。我們的大哥叫上校（Colonel），他是四十幾歲的前特種部隊士兵，正嘗試尋求事業第二春。我們雖然叫他上校，不過他只是曾經入伍的傢伙，並非真的軍官，他長得很像和藹可親的肯德基爺爺。與沃倫頓餐廳食物相比，我們更愛肯德基的炸雞。

我的綽號，我猜想我無法被避免稱為伯爵（Count）。這倒不是我的高貴舉止或有品味的時尚感，而是我就像《芝蔴街》中的吸血鬼伯爵，我經常舉著食指，企圖打斷上課過程，就好像說，「一、二、三、啊、哈、哈、你忘了三件事。」

這些是我在二十幾堂專業課堂中常遇到的同學，多數課都必須與他人合作，在任何環境下確保技術足可使用，不論是在大使館或在前往的途中。

其中有一堂課是背著「戶外背包」跑到頂樓。這是指八十磅重的行李箱，裡面裝的是比我年紀還大的通訊設備。我們只拿到羅盤與坐標紙，必須在閃爍的星光中找到中情局的隱形衛星，透過該衛星，將把我們連接到麥克林的危機通訊中心，也被稱為「中心」，之後我必須使用行李箱內的冷戰時期設備，建立加密的無線電頻道。這項課程提醒我們，為何技術資訊安全人員總是第一個進入、最後一個離開的人。對手可以竊取全球最大機密，但除非有人把它帶回家，才是真正的贏家。

那晚天黑後我待在基地，之後開著我的車到山丘高處，把它停在目前已成為穀倉的地方，我們曾在此學習避免敵人監督我們活動的電子相關概念。當時我們學到的方法跟巫毒很像，都是可以將顯示在電腦螢幕上的內容再次重現的能力，只透過內部元件的震盪電流所產生的微弱電磁發射，利用特別的天線接受這些訊號，這種方法稱為范・埃克（Van Eck）竊聽。如果這聽起來難以理解，我必需承認我們也有一樣的感受。指導員聲稱他從未完全了解技術的細節，也無法為我們展示，不過他知道威脅是真的。中情局對其他人進行這項竊聽技術，意味著後者也將如法炮製。

我坐在那輛老舊白色喜美的車頂上，當我向遠處凝視整個維吉尼亞州時，我在這幾週以來，或甚至是這一個月以來，第一次打電話給琳賽。我們聊到手機沒電，當夜晚變得更冷洌時，我的呼吸也變成了霧氣，此時我最渴望能與她共享眼前的美景，籠罩在黑暗的草地，綿延起伏的山丘，閃爍的星光，不過向她描述景色是我唯一能做的事。我已經違反使用手機的規定，如果再拍照，就會變成違法行為。

在沃倫頓上課的主要科目之一是如何操作終端機與線纜，在許多方面來說，這是中情局工作站通訊基礎設施的基本。我說的終端機，是只靠著單一安全網路，用來傳送與接收訊息的電腦，在中情局，線纜指的是訊息本身，不過科技人員知道的線纜更為具體——它們是過去半個世紀用來連結全球中情局終端機，特別是指老舊通訊終端機的線路。這些線纜埋設在國家邊界的地底下或是海洋底下。

我們是技術資訊安全人員被要求必須專精每個領域的最後一代，這包括終端機的硬體，軟體套件與線纜等。我的一些同學覺得在這個無線世代，還要處理電線絕緣和外皮，簡直是瘋了！但如果任何人對這些已經過時的技術表達一絲質疑，指導員將會提醒我們，這也是山丘史上，技術資訊安全人員不用在該訓練中心學習摩斯密碼的第一年。

課程結束時，我們必須填寫被稱為夢想表格的東西。我們拿到中情局在全球有空缺工作站的名單，並告知根據喜好排列順序。這些夢想表格之後要交到特別要求部門（SRD），不過根據謠言指出，該部門會將這些表格揉成一團，最後丟到垃圾桶。

我的夢想表格開始於這個部門。技術上來說，這些選擇只是在維吉尼亞州以外的任何大使館，有可能被派遣到沙盤中最糟糕的地點，這些地方被中情局判定太險惡或危險，例如阿富汗、伊拉克或是巴基斯坦邊界等。如果只能在一個城市待三年，我傾向接受挑戰與多樣化。指導員堅信該部門能為我挑選到一個好機會，我也對我所學到的新能力充滿信心，但事情發展卻不如預期。

和康福特旅館的情況相同，學校也偷工減料。我的一些同學開始懷疑行政人員違反勞動法。身為有工作狂的隱士，我一開始不以為意，周遭與我年紀相仿的人也是。對我們而言，這只是經常遭遇到的低層次剝削，我們已經誤以為這是正常了。不過加班不給付、拒絕請假要求，以及不提供家庭成員福利，對年長同學來說有很大差別。上校有贍養費要支付，史普有家人，錙銖比較、每一分鐘都要計較。

這些不滿在康福特旅館樓梯崩塌時達到了頂點。幸好沒人受傷，不過大家都嚇到了。我的同學開始抱怨，如果這棟建築物是由中情局以外的機構提供資金，它在幾年前就會因為違反消防法規而遭到譴責。如此傳言不斷擴散，很快成為對學校不滿的人組成工會的導火線。管理階層則抱持決不妥協的態度，因為涉入其中的每個人，最終不是畢業離開，就是遭到開除。

一些同學來找我。他們知道指導員喜歡我，因為我的科技能力在班上數一數二。他們同時也清楚，我曾在總部任職過，明瞭如何與官僚文化打交道。此外，至少就技術標準，我寫陳情書的能力不錯。他們推選我當班代表，或是班上的烈士，將他們的申訴信正式交給學校負責人。

我想說，基於滿腔的正義感，我義不容辭的接受這項任務，不過做出該決定的另一項因素是身為血氣方剛的年輕人，挑戰學校邪惡的威權聽起來很有趣。在一個小時內，我從內部網路整合了應該遵守的政策，並在完成後以電郵方式寄發出去。

第二天早上，學校負責人把我找了過去。他承認學校已經脫離正軌，但不是任何問題他都有辦法解決，「你在這裡只需再待十二週，幫我一個忙，告訴你的同學忍耐一下。任務很快就會下來了，你們將有更值得擔心的事。你們現在只要記得，表現出最好的成績。」

他說話的方式，聽起來像是威脅或賄賂，不論是哪種，都令我感到不安。離開他的辦公室後，我知道樂趣已經結束了，我要開始追求正義。

我回到教室，他們早預期到我會慘敗。我記得史普注意到我眉頭深鎖，並對我說：「不要覺得糟糕，老兄。至少你嘗試過了！」

他在中情局的時間比大家都久，知道機制如何運作，也知道相信管理階層能解決他們搞砸的問題，是多麼荒謬無言。相較之下，我對官僚作業一無所知，我深受挫敗，史普和其他同學的諒解讓我感到比較好過。我討厭那種誤以為只要有過程便不需要真正結果的錯覺。這並不是我的同學不想抗爭，他們只是能力有限。這項系統的設計，讓對抗衝突升高所付出的代價，超出了解決預期帶來的好處。當時二十四歲的我，很少想到代價或好處，我只關心系統。我尚未認輸。

我重寫電郵內容，並再度將它發送出去，但這次對象不是學校負責人，而是他的主管，場站服務集團的主任。雖然後者的位階比學校負責人高，不過他的階層與經驗卻與我在總部接觸的部分人士差不多。

幾天後，我們正在上一堂用錯誤減法做為現場應急加密方法的課程，辦公室祕書進來，宣告舊制度已經瓦解。未來將不會再發生加班不給付的情況，而且兩週後我們將搬到更好的旅館。我記得當她宣布「漢普頓旅館！」時，那種令人暈眩的驕傲油然而起。

我陶醉在這樣的榮景之中只有一天，課程又再度被打斷。這次學校負責人站在門口，把我叫到辦公室內。史普立即從椅上站起來，給我一個擁抱，假裝擦拭一顆淚珠，並說他將不會忘記我。學校負責人翻了白眼。

這次等在辦公室的人是場站服務集團的主任，學校負責人的頂頭上司，也是所有技術資訊安全人員的主管，我曾經寄送郵件的大人物。他表現得異常親切，沒有展現對學校負責人的任何不滿，這令我感到緊張。

我企圖維持冷靜的外表，但身體卻頻冒冷汗。學校負責人一再重申班上所提的問題已在著手解決。不過他的主管卻打斷他的話。「這不是我們在此討論的話題，我們要談的是違抗命令與指揮鏈等問題。」

如果他給我一巴掌，我可能不會太震驚。

我完全不知這名主任所指的違抗命令為何，在我有機會發問之前，他繼續述說該議題。中情局與其他民間機構相當不同，即使他們在字面上的規定相差無幾。在一個負責如此重要工作的機構，沒有任何事物比指揮鏈更重要。

我自動但有禮貌的舉起食指，指出當我傳送電郵前，我曾試過指揮鏈，但顯然成效不彰。準確來說，我最不該做的是對指揮鏈本身提出解釋。

學校負責人只是看著他的鞋子，偶而望著窗外。

「聽著」，他的上司說，「艾德，我不是在此提交『感覺受到傷害』的報告。放輕鬆。我知道你是聰明的人，我們已經知道，並與你的指導員討論過，他們都說你是絕頂聰明的傢伙，甚至自願前往戰區。這是我們感激的地方。我們要你在這裡，但也必須確認我們能依賴你。你必須了解這是一個系統。有時候我們必須忍受不喜歡的地方，因為任務優先，如果團隊裡的每位成員都有二心，任務就無法完成。」他停頓了一下，嚥了口水，繼續說道，「沒有任何地方比沙漠更為真實。很多事發生在沙漠，我不確定我們是否能放心地相信你知道如何處理它。」

這個「逮到你了」！是他們的報復。雖然是全然的弄巧成拙，學校負責人只是對著停車場微笑著。除了我以外，真的沒有任何人在夢想表格上將特別要求部門或實際戰鬥地點列為前三志願。每個人都把位於歐洲香檳酒莊的工作站列為第一選擇，這些乾淨又愜意的度假工作站擁有風車與腳踏車，而且很少聽到爆炸聲。

不過中情局卻反其道而行，給我其他人心目中的夢想任務。他們給我日內瓦。他們故意給我不想要的，但其他人都渴望的地方做為懲罰。

主任好像知道我的想法一樣，他說：「這不是處罰，艾德。這是一個機會。具有你這樣技術水準的人，如果派到戰地是一大浪費。你需要更大的工作站。主導這些最新計畫，能讓你保持忙碌與擴展技能。」

班上每個恭喜我的人在那之後都開始忌妒，並揣測上面是要利用這豪華的工作站來收買我，以避免更多的抱怨。當時我的反應恰巧相反。我認為學校負責人一定是在班上安插了內線，得知我不想要的工作地點。

主任露出了笑容，暗示會議已經結束。「好了！我們已經有了一個計畫。在我離開前，我要清楚的確定：我不會再有另一個艾德史諾登時刻吧？」

第十五章 日內瓦

瑪麗雪萊在一八一八年寫的《科學怪人》一書，背景位於日內瓦，熱鬧、整齊、乾淨、有條不紊的瑞士都市，目前也是我的家。就像許多美國人一樣，我成長過程中看了不同版本的電影與卡通，但我從來沒有讀過書。在離開美國前，我搜尋有關日內瓦的書，在網路上找到的清單中，《科學怪人》在旅遊導覽與歷史書籍當中顯得特別引人注目。事實上，在我飛往日內瓦的航程中，我唯一下載的PDF只有科學怪人與日內瓦公約，然而我在漫長、寂靜的夜晚，只讀完前面那本。當琳賽還沒搬來前，我有好幾個月躺在豪華、龐大、幾乎沒有裝修的公寓裡的床墊上。大使館在日內瓦的 Saint-Jean Falaise 區支付這間公寓，窗外一邊可看到隆河，另一邊可看到汝拉山。

不用多說，這本書並非如我預期。科學怪人是用書信方式來寫作，讀起來就像是拖泥帶水的電郵，偶爾穿插瘋狂與血腥的謀殺情節，凸顯她對科技創新將超越所有道德、倫理與法律限制的警告。其結果將是創造出無法控制的怪獸。

在情報體系中，「科學怪人效應」雖然常被提及，不過若用軍事術語形容，就是後座力，意味提升美國民眾利益的政策決定，卻反而對他們造成無法挽回的傷害。

公民、政府、軍事與甚至是情報體系所指的「科學怪人效應」，包括美國募款訓練聖戰士來對抗蘇聯，結果導致賓拉登與蓋達組織的設立，還有海珊時期的伊拉克軍隊剷清，造就伊斯蘭國的興起。毫無疑問，在我短暫的職業生涯中，「科學怪人效應」的主要例子，可從美國政府祕密重建世界通訊的過程中看到。瑪麗雪萊筆下的怪人發狂的地點日內瓦，也是美國忙著創造具有自己生命與任務的網路所在，不過同時也為自己帶來重大災難，我就被牽涉其中。

美國在日內瓦大使館內的中情局工作站，是這個長達數十年實驗的主要歐洲研究室之一。這個城市，是舊世界的家族銀行與金融保密傳統的首都，也是處於歐盟和國際光纖網路的十字路口，並恰巧落在關鍵通訊衛星投射的陰影下。

中情局是美國致力人員情報的主要情報體系。這類情報主要靠人際接觸，個人對個人、面對面，並非以螢幕為媒介而收集的隱密情報。通常專精於該情報的專案人員（CO），都是嚴重的憤世嫉俗者、菸酒在手的迷人說謊家、對通訊情報（SIGINT）興起或是透過攔截取得情報而滿懷憤恨的人。這些科技大行其道，讓他們的特權與威望逐漸受到侵蝕。雖然專案人員對數位科技普遍存在不信任感，但也確切明瞭它的優勢。即使是最狡猾、最有魅力的專案人員，在他們的工作生涯中，至少會遭遇到幾位狂熱的理想主義者，無法用金錢購買他們的忠誠。通常在這種時刻，他們會利用問問題、讚美或派對邀約，轉而向我這樣的技術人員求助。

在這些有如文化大使與專家顧問的人之間擔任技術人員，並向專案人員介紹這塊新領域的文化與習慣，彷彿向美國民眾介紹瑞士的二十六州與四種官方語言一樣陌生。週一，專案人員可能會徵詢我有關如何設立隱密網路通訊的建議，週二，另一名人員可能向我介紹另一名來自華盛頓的專家，事實上他可能就是前一天的專案人員，只不過有了新的偽裝，但我依然很不好意思說自己從來沒有任何懷疑。週三，我可能會被問到如何在傳送顧客紀錄後進行摧毀（這是讀後摧毀的技術性版本），該紀錄是專案人員向狡猾的瑞士電信僱員所購買的。週四，我也許必須針對專案人員寫一份安全違反報告並傳送給高層。該報告陳列他們所犯的輕微失誤行為，像是去廁所忘了鎖門，我在執行這項任務時對他們抱著無限同情，因為我也曾經描寫自己犯了相同錯誤。週五，行動處負責人也許會打電話給我，並問我「假設說」，總部能否傳送受到病毒感染的隨身碟，它可能被「某人」用來駭入美國駐聯合國代表人員的電腦，還有「某人」被抓到的機率有多少。

我沒有被抓到，他們也沒有被抓到。

總而言之，時代在變，中情局對專案人員必須進入新的千禧世代的態度也愈趨堅決，技術人員除了工作本身，也有責任協助他們熟悉網路。他們被迫忍耐我們的存在。

日內瓦被視為是這波轉型的中心點，因為它是全球最富裕的環境，這裡有聯合國全球總部到該組織旗下多項特別部門的總部辦公室，還有國際非政府組織等。這裡有國際原子能署，提倡核能技術與全球安全標準、涵蓋核能武器等；國際通訊聯盟，該組織對無線光譜到衛星軌道等的技術標準都有重要影響力，決定該溝通什麼與如何溝通；世界貿易組織，負責制定會員國須遵守的商品、服務與智財權等法規，決定出售什麼、如何出售。最後就是日內瓦扮演私人金融首都的角色，不論財富是否利用不法或正當手段取得，它允許財富在沒有公眾監督之下累積與消費。

這些屬於傳統間諜的緩慢與細緻方式，曾在操縱對美國有利的系統上有過輝煌的成功紀錄，但最終仍無法滿足美國決策者在閱讀情治報告時，日益擴大的胃口，特別是瑞士金融部門與全球其他地區都已經轉為數位化。當世界最大的祕密如今都儲存在電腦內，並連接到網路時，美國情治單位使用相同連接來竊取這些情報，才是合乎邏輯的做法。

在網路時代來臨前，如果要存取目標電腦，中情局必須招攬擁有觸及目標的實體途徑的線民。這顯然是危險的建議。因為線民可能在下載情報，或是植入將情報傳送給操作者的軟硬體時遭到逮捕。數位科技在全球的擴散已經大幅簡化該過程。這是「數位網路情報」或「電腦網路操作」的新世界，意味著實體管道已不再需要，降低人類的風險程度，並使人員情報與通訊情報能長久獲得平衡。情報員目前只要傳送訊息，例如將附有惡意程式的電郵傳給目標，中情局不僅可監督目標電腦，還包括整個網路。在如此創新下，人員情報將專注於鎖定對象，通訊情報則負責其它工作。如果賄賂失敗，專案人員不用再透過現金、誘騙或勒索來攏絡線民，只要幾次機靈的駭入電腦，也可得到類似結果。更甚者，目標仍然不知不覺。

這至少是個希望。但情報資訊不知不覺成為「網路情報」（該術語用來區別電話與數據機形式的離線通訊情報），過去的憂心也升級到對網路這種新媒介。舉例來說，像是如何搜尋目標，同時又能在網路上維持匿名。

當專案人員在資料庫搜尋伊朗或中國的某個人的名字時，常會空手而歸，這類隨意的搜尋，經常跳出「沒有結果」的字眼。中情局的資料庫大多數儲存對該機構有利益的個人，或是較友善國家的公民，他們的紀錄比較容易取得。但面臨「沒有結果」時，專案人員必須進行一般人在網上會做的事。他們轉向公眾網路，此舉也招來了危險。

正常而言，當你上網，對任何網站的搜尋，多少會直接連到擁有最終目標的伺服器。還好有被稱為來源與目標標頭的識別碼，每一次搜尋，都會昭告網路過去與未來的足跡。可以把這些標頭想像成明信片的地址。因為它們，讓網站管理員與海外情報體系更容易辨識使用者的網路瀏覽。

也許這難以相信，但中情局當時對專案人員在此情況下應做什麼，並沒有很好的答案，只能建議他們要求總部接手搜尋。正式來說，這項荒謬過程的工作方式，應該是麥克林有人從特別的電腦終端機上網，並使用「無法歸屬的搜尋系統」。在前往谷歌搜尋前，應該先進行代理伺服器的設定，並假造來源。如果有人企圖尋找誰使用了這個特別的搜尋，他們找到的將是位在美國某處的無關痛癢的公司，這是中情局用來做為掩飾的獵人頭或個人服務公司之一。

沒人明確向我解釋，為何中情局喜歡使用「職業搜尋」公司做為前端，假設某一天，他們是在巴基斯坦尋找核能工程師的公司，第二天會有一名退休的波蘭上校前來應徵。我敢打包票，這樣的過程效率差、麻煩又昂貴。為了創造這些掩護，在美國某處設定一個可信度高的實體地址、登記可信度高的URL、創造可信度高的網址，之後再以公司名稱租用一個伺服器。中情局也可進一步從這些伺服器當中創立一個加密的關係，在沒人注意下，便能與中情局的網路連接。然而投擲的這些心血與資金，只是要讓我們能匿名搜尋一個名字，不管這些用來充當代理伺服器的前端公司可能隨時遭到破獲。我指的是它與中情局的連接可能會暴露在我們的對手面前。還有一些分析師決定暫停搜尋而休息片刻時，他們會在同一部電腦登入個人臉書帳戶。由於總部只有少數人是臥底，臉書帳戶通常遭到公開，「我在中情局任職」，或單純陳述「我在國務院工作，不過是在麥克林」。

盡情笑吧！這在當時是常有的事。

我在日內瓦的期間，專案人員常問我是否有更安全、快速、有效的方法。我向他們介紹Tor。

Tor計畫是美國對抗國家監督的有效盾牌之一。它是免費原始碼軟體，如果謹慎使用，使用者可在幾近完美的匿名狀態下上網瀏覽。它的通訊協定是美國海軍研究實驗室在一九九〇年代中期研發，並在二〇〇三年公諸於世，針對倚賴其功能的全球公民。這是因為Tor是在共同社群模式下運作，靠著全球對科技有一定專業的自願者在他們地下室、閣樓與車庫進行Tor伺服器的操作，透過將使用者網路流量轉向這些伺服器，Tor可保護網路流量的來源，就像中情局無法歸屬的系統。然而兩者差異在於，Tor做得比較好，至少效率比較高。我對此深信不疑，但要說服這些沒耐性的專案人員卻是另一回事。

憑藉Tor的通訊協定，網路流量從一個伺服器到另一個伺服器創造的路徑隨機反彈，目的在於取代使用者的身分。實際上沒有任何一台伺服器能辨識網路流量的來源資訊。在天才的眼中，其中有一台伺服器知道來源，那是整個伺服器鏈的第一台，但卻**不**知道網路流量去處。更簡單來說，第一台連結到Tor網路的伺服器稱為閘道，知道你是傳送要求的人，但因為它無法讀取要求，因此對你尋求的資訊一無所知。最後一台伺服器稱為出口，知道你所尋找的內容，卻不知道你的身分。

這種分層方式為洋蔥路由，因此 Tor 被稱為洋蔥路由器。有一個經典玩笑是，如果情治人員想要監測 Tor 網路，可能會很想哭。這也使得該計畫更為諷刺。美國軍方研發的科技讓網路情報更困難，同時也更容易。駭客知道如何保護情治人員的匿名性，但同時也付出讓對手與全球使用者可維持相同匿名的代價。在該情況，Tor 甚至比瑞士更中立。就我個人而言，Tor 改變我的生命，給我免於被監測的自由，帶我回到童年時期的自由。

沒有紀錄顯示中情局只要傾向網路情報或通訊情報，就會停止進行過去以來不斷從事的人員情報，即使是二次世界大戰後現代情報體系的興起。我也涉入其中，雖然我最印象深刻的任務是一大失敗。在我情報生涯中，在日內瓦是第一次也是唯一一次，與目標進行個人接觸。這也是我頭一回、也是僅有的一回，直接看著人類的雙眼，而非躲在遠處紀錄他們的生活。我必須承認整個經驗迄今仍讓我感到悲傷不已。

坐在椅上討論如何駭入沒有面孔的聯合國建築物，在心理上容易得多。情報的技術方面不會有這麼多令人心力交瘁的直接接觸，更遑論電腦運算。螢幕距離造就了去個人化的經驗。從窗戶偷窺別人的生活，可以讓我們對自己的行動不那麼在意，減少結果帶來的重大衝突。

我在派對上遇見那個男子。大使館經常舉辦這樣的派對，專案人員總會參加，預期能在吧檯與雪茄沙龍碰到可能的線民。

有時候，專案人員會帶我出去轉轉。我過去曾長時間向他們嘮叨我的專業，現在他們也很高興對我如法炮製，對我交叉訓練，協助他們無暇應付的人。我是天生的怪胎，意味著我可以和來自歐洲核能研究協會的年輕研究員侃侃而談，討論他們的工作。我們專案人員中，雖然有些是商學院碩士，或主修政治科學，卻不知道要和他們談些什麼話題。

身為技術人員，我發現要捍衛我的臥底身分相當容易。穿著訂製西裝的都會人士問我的職業時，我回答「資訊科技人員」，他們會馬上對我失去興趣，對話也會因此畫下句點。對話時如果你是一張新面孔，又在專業領域外，很自然地會被問到很多問題。在我經驗中，很多人會捉住機會，解釋自己非常關心的事物，顯示他們比你懂得更多。

我想起的那個派對，發生在一個溫暖的夜晚，就在日內瓦湖街道的另一邊，一家高檔咖啡館外的陽臺。部分專案人員如果看到合乎他們的情報價值指標，通常是具有吸引力、大約是學生年齡的女性，就會毫不猶豫將把我晾到一旁，我沒有什麼好抱怨的，對我而言，辨識線民是一項嗜好，還附贈免費晚餐。

我拿著盤子，坐在繫有袖扣、穿著顯眼粉紅襯衫的中東男性旁的桌子。這名穿著正式的男子看似孤單、似乎沒人對他有興趣，所以我過去跟他攀談。這是常見的技巧：只要表現好奇，讓他們開口就好。在該情景下，這位男性說起話來滔滔不絕，彷彿我不在現場。

他是沙烏地阿拉伯人，他對我說他有多愛日內瓦、法國與阿拉伯語言的美妙之處、還有與他在一起的漂亮瑞士女孩會定期約時間去玩雷射槍。之後他竊竊私語的對我說，他在一家私人財富管理公司工作，我也因此獲得私人銀行為何私人的完美簡報，還有當客戶財富相當於主權財富基金時，要如何投資但又不會撼動市場的挑戰。

「你的客戶？」我問道。

他回答，「我的工作大多是處理沙國的帳戶。」

幾分鐘後，我找藉口到洗手間，途中我傾身向負責財務目標的專案人員透露我所聽到的事。在經過必要長時間的「整理頭髮」，或在洗手間前傳訊息給琳賽後，我回去時發現專案人員已坐在我的椅子上。當我坐在已被該專案人員拋棄、化著煙燻妝的女伴旁邊時，我揮手向我的沙國朋友致意。當時非但沒有感到難過，我覺得自己不是平白吃到派對上的上等巧克力甜點 Pave de Geneve。我的任務已完成。

第二天，被我稱為卡爾的專案人員，不斷讚賞我，並表達他的衷心感謝。專案人員主要根據他們招募線民的表現來獲得升遷。這些線民意味著他們有管道可以獲得重要資訊，這些有用資訊可以回報到總部。由於沙國被懷疑牽涉到金融恐怖行動，卡爾過去對於如何培養有用的線民一直處在極大壓力下。我很確信我們的派對同伴，很快將可以得到中情局的第二份薪水。

但事情發展並不順利，雖然卡爾常帶這名銀行家到俱樂部和酒吧飲酒作樂，該銀行家仍對他有所戒心，至少不是當初預計的結果，這也使卡爾漸失耐心。

經歷一個月的不順，感到挫敗的卡爾帶著銀行家出去喝酒，並讓他喝得酩酊大醉。之後他迫使那個傢伙酒醉開車回家，而不是幫他叫計程車。當那名銀行家離開酒吧準備開車回去時，卡爾打電話給警方告知他車牌號碼，不到十五分鐘，該傢伙因酒駕而遭到警方逮捕。銀行家面臨鉅額罰款，因為瑞士的罰款主要是根據收入而定，他的執照也被吊銷三個月。這段時間，懷著虛假的罪惡感，卡爾就如同真正的朋友，開著車接送這傢伙上下班。當罰款繳清後，這名銀行家已經所剩無幾，卡爾還申請貸款資助他，最後銀行家必須倚賴卡爾，這也是每名專案人員的夢想。

不過其中只有一個問題，當卡爾最後要求銀行家洩露相關業務祕密後，這名銀行家立刻拒絕了他。特別是當他得知一切都是經過計畫，包括遭到警方逮捕等，他對卡爾的虛情假意感到被嚴的背叛，於是切斷了所有聯繫管道。雖然卡爾想要進行損害控制，但卻為時已晚。曾如此深愛瑞士銀行家已經失去了工作，並且打算回到沙國。卡爾也輾轉回到美國。

風險太高，但卻沒有得到應有的回報。經過這次的經驗，令我深信通訊情報優先於人員情報的順序是有意義的。

二〇〇八年夏天，這個都市正在慶祝一年一度的日內瓦節，這是盛大的嘉年華會，最後高潮是施放煙火。我還記得與特別情搜處人員坐在日內瓦湖左岸觀看煙火表演。特別情搜處是中情局與美國國安局合作的計畫，負責特別監控的裝置與操作，讓美國大使館可以監督海外訊號。這些人的工作地點也在大使館，距離我的辦公地點並不遠。不過他們的年齡普遍比我大，他們的收入不僅高出薪資水準，其能力也在我之上。他們有進入國安局的管道，我甚至不知道它們的存在。不過我們仍然是朋友，我尊敬他們，他們卻提防我。

當煙火在頭頂散開後，我正在談論這名銀行家的個案，感嘆這最後演變成一場災難，有一名成員走向我說，「下次你遇到某人，艾德，不要再去找專案人員，你只要給我們他的電郵地址，其它就由我們負責。」我沉重的點著頭，雖然我對這言論的含意一無所知。

之後的其他時間，我不再去參加派對，只是偶爾和琳賽到咖啡廳及Saint-Jean Falaise公園閒逛，或是和她到義大利、法國與西班牙度假。但仍然有些事縈繞在我心中，可能不只是銀行家事件，還有財務問題。日內瓦是昂貴與奢華的都市，但在二〇〇八年，她的光彩似乎更加耀眼，超級富豪大量湧入日內瓦，多數來自波灣地區，許多人是沙國富豪，他們在金融海嘯到達頂點之際，正享受油價暴漲帶來的福利。這些皇室貴族包下五星級飯店的大廳，並買下精品商店的所有庫存商品。他們在米其林餐廳舉行奢華宴會，並在鵝卵石街道上開著藍寶堅尼跑車呼嘯而過。任何時候都很難忽視日內瓦驚人的消費力，但它的鋪張浪費也尤其令人氣憤，特別是美國媒體不斷告訴我們，這是自從經濟大蕭條後，史上最慘的經濟災難時期。歐洲媒體也持續告訴我們，這是自內戰時期與路易十四之後，最糟糕的經濟危機。

琳賽和我的日子並沒有不好過，畢竟我們的房租是由山姆大叔支付的。相反地，每次與家鄉的親友談話，情況只是每況愈下。我們雙方的家人都知道有人工作了大半輩子，有些還為政府部門任職，但突如其來的一場大病，導致幾次無法償付貸款，房子就因此被銀行拿走。

住在日內瓦就像住在平行、或甚至是相反的世界。當世界其他地區愈來愈窮時，日內瓦卻更為繁盛。瑞士銀行雖然並無涉及會導致崩毀的高風險交易，但他們卻很樂意藏匿從別人痛苦中獲利的金錢，而且不用為此負責。二〇〇八年金融海嘯，為十年後席捲至歐洲與美國的民粹危機埋下禍根，也讓我了解到，對大眾造成損害的事通常有利於菁英。美國政府在之後幾年，一再讓我更加確認這個教訓。

第十六章　東京

網路基本上是屬於美國的，但要完全了解這件事，我必須先脫離美國本土。全球資訊網（World Wide Web）是一九八九年在瑞士日內瓦ＣＥＲＮ實驗室發明出來的，但網路取用方式卻由美國主導，正如棒球是美國國球一樣，我們擁有極大主場優勢。大多數的網路基礎建設都由美國掌控，包括電纜、衛星、伺服器與基地台等。全球逾九成網路流量依賴的是美國政府與企業研發、擁有或操作的技術，而這些企業多數位於美國境內。中國與俄羅斯等國向來擔憂美國在此領域擁有過大優勢，因此想方設法打造替代機制，像是防火長城（Great Firewall）、國家支持的審查版搜索引擎、提供選擇性ＧＰＳ的國家發射衛星等。但美國仍然獨霸全球，掌握所有人能否網路連線的總開關。

除了網路基建之外，美國主宰的領域還包括電腦軟體（微軟、谷歌與甲骨文）與硬體（惠普、蘋果與戴爾）。事實上，從晶片（英特爾與高通）、路由器、數據機（思科與瞻博網絡），一直到提供電郵、社群功能與雲端儲存的平台與服務（如谷歌、臉書與亞馬遜，其中亞馬遜在網路架構占有最重要地位，提供雲端服務給美國政府與近半網路使用者，但一般人都忽略這個事實），美國都遙遙領先其他國家。雖然其中有些公司可能在中國生產自家產品，但他們本身屬於美國企業，因此得遵守美國法律。問題在於，這些企業同樣受制於濫權的機密政策規定，換句話說，不分男女老幼，他們的客戶接電話或打電腦時都會遭到美國政府監視。

有鑒於美國掌握全球多數通訊基礎建設，因此美國政府參與這類大規模監控的機率應該不低。照理來說，我應該猜得出來，但我卻沒有，主因在於政府不斷堅稱絕沒幹過這類事情，而官員在法庭上與媒體前堅決否認的態度，讓少數指控政府說謊的人被視為瘋狂的陰謀論者。在眾人眼中，這些懷疑國安局從事祕密計畫的想法，如同「外星人在人類牙齒植入信號接收器」一樣荒謬。我們所有人都太容易被騙了。但最讓我個人覺得受傷的是，上次被騙時，我竟然支持入侵伊拉克並加入軍隊。當我進入美國情報體系工作時，我自覺不會再被騙了，因為我能接觸到不少機密資訊。畢竟政府怎可能對於幫他們保密的人隱瞞真相呢？但一直到了二〇〇九年我搬到日本為國安局工作時，我才發現我先前的想法過於天真。

這是我夢寐以求的工作，除了國安局是全球最先進的情報機構外，更因為工作地點在日本。我和琳賽都非常喜歡日本，它像是來自於未來的國家。雖然我的工作是約聘承包商性質，但這份工作的責任與地點非常吸引我。諷刺的是，我進到民營企業才了解到政府背地裡幹了什麼事。

一開始，我是ＩＴ服務商佩羅系統公司（Perot Systems）的員工。這間公司的創辦人是德州商人佩羅（Henry Ross Perot），矮小、活躍的他曾創立美國改革黨（Reform Party），並兩度參選總統。但就在我抵達日本後不久，裴洛便遭到戴爾收購，因此我就變成戴爾員工。和中情局相同的是，所謂的承包商只是表面形式，我只有在國安局機構工作過。

基本上，我都在國安局的太平洋技術中心（PTC）工作，此中心位於諾大的橫田空軍基地裡頭、占據約半棟建築。橫田基地是駐日美軍總部，四周圍繞著高牆、鐵門與崗哨，戒備相當森嚴。此地距離我與女友在福生市（Fussa）租的公寓並不遠，腳踏車騎一小段路便能抵達，福生市就位於東京都的西邊。

ＰＴＣ負責整個太平洋地區的國安局基建，並提供必要支援給該單位在鄰近國家的分支據點。ＰＴＣ主要任務是與各國維持好情報關係，讓國安局能監控環太平洋地區，交換條件是分享情資給這些區域國家，反正只要民眾沒發現就沒差。整個任務的核心在於攔截通訊。ＰＴＣ會從攔截訊號收集「片段」，之後傳到夏威夷，然後再傳到美國本地。

我的工作官方職稱是系統分析師，負責維持當地國安局系統正常運作。但我初期工作性質比較像是系統管理員，協助連結國安局與中情局兩者系統架構。因為我是局裡唯一了解中情局系統架構的人，我偶爾也會被派去美國大使館（如同我先前去過的日內瓦大使館）支援，我的工作是設法讓這些局處共享情報資訊，這在過去是不可能做到的。這是我人生第一次體會到，身為整個房間內唯一懂得這套系統的人，我擁有至高無上的權力。我不僅知道系統內部如何運作的原理，更了解多套系統間該如何配合才能一起運作（或無法運作）。後來，ＰＴＣ主管發現我擁有破解系統的技能足以解決他們的問題，因此給予我更多自由空間提出自己的計畫。

進入國安局後，有兩件事令我驚訝。第一是他們的技術遠比中情局高明，其次是他們資安做得不夠、警覺心不足，包括資訊技術分隔、資料加密等都有待改進。在日內瓦為中情局工作時，我們必須每晚從電腦取出硬碟並鎖在保險箱內，且硬碟資料都經過加密處理。但國安局沒有這些規定，他們不來加密這一套。

仔細想想，這確實挺可怕的。國安局在收集網路情資方面遙遙領先其他機構，但在資安防護領域卻遠遠落後，連最基礎的災難復原或資料備份都做不好。國安局分支據點各自收集情資並儲存於自己的伺服器上頭，而頻寬限制（資料傳輸量受限）經常導致資料副本無法回傳至總部伺服器。這代表的是，若任何資料在特定分支據點遭到毀損，那國安局辛苦收集的情資就會消失不見。

我在ＰＴＣ的主管深知檔案未備份的風險，因此希望我提出解決方案並向總部高層推銷這套計畫。我後來設計出一套備份與儲存系統，功能就像是「地下版的國安局」。這套系統能全面、自動且持續地更新該局重要檔案，即使米德堡總部遇襲全毀，這套系統也能重新開啟、運轉，裡頭檔案完好如初。

想要創造一套全球災難恢復系統，或是任何種類的復原系統（涉及到無數電腦），最困難的是如何解決資料重複的難題。簡單來說，一千萬台電腦裡全存著同一份檔案的副本，你必須確認這份檔案不會被備份一千次，因為這會動用到一千倍的頻寬與儲存空間。正因為這個原因，國安局分支據點難以將檔案備份每日傳回總部，因為頻寬都被這一千個檔案占用掉，其中九百九十九個是多餘的。

想避免此問題發生，最好方法是「刪除重複數據」，也就是創造一套系統去評估檔案的獨特性。這套系統能持續掃描國安局分支據點儲存的檔案，查驗資料裡的每一個「區塊」（block），以確認此檔案是否獨一無二。只有國安局總部缺少這個檔案副本時，檔案才會被自動排程傳輸，如此便能大大減低傳輸總量。

刪除重複數據加上儲存技術優化，使得國安局能儲存情資的時間不斷增加。在我任職期間，國安局設定儲存時間的目標，從收集情資後的數天、數週、數月，一直拉長至五年甚至更久。在這本書出版時，該局能儲存情資的時間或許已達數十年。國安局的邏輯是，收集來的情資一定得儲存起來，日後才能方便運用。但沒人能預測這些情資何時能派上用場。這樣的觀念助長國安局的終極目標，那就是將收集、製造的情資永遠儲存下來，創造出一個完美的記憶庫、一份永久的紀錄檔案。

當你想為一個專案計畫設定代號時，國安局有一套完整準則供你遵循。它有點像《易經》隨機的概念，電腦替你從表格兩個欄位隨機選取兩個字組合起來，這便成了你的專案代號，它沒有什麼含義，像是「狐狸酸」（FOXACID）與「自大長頸鹿」（EGOTISTICALGIRAFFE）等。代號的作用在於隱藏計畫目的。比方說，「狐狸酸」是國安局伺服器儲存類似網站惡意軟體版本的計畫，而「自大的長頸鹿」則負責找出支援匿名通訊軟體 Tor 的瀏覽器漏洞（因為 Tor 本身毫無破綻）。但國安局探員自視甚高、深信該局防備無懈可擊，他們通常都不按規矩行事。簡言之，他們會作弊，直到電腦選出他們要的代號組合，像是「交通賊」（TRAFFICTHIEF）這類很酷的名稱。

我向你發誓，當我為備份計畫設定代號時，我沒有作弊。我發誓，真的是電腦幫我選出「大避難所」（EPICSHELTER）的。

之後，當國安局開始採用這套系統時，我就把代號改為「儲存現代化計畫」或「儲存現代化專案」這類名稱。在大避難所推出後兩年，國安局推出另一個類似版本，代號也不一樣。

二〇一三年，我向媒體披露的文件裡便紀錄國安局犯下的種種濫權行為，這些行為透過各種技術來達成。即便是每日從事實務工作的員工，也無法得知濫權全貌，包括系統管理員在內。想發現國安局瀆職行徑，你必須主動尋找。而主動尋找的前提是：你知道這些行為存在。

因為一場平凡的研討會，讓我開始察覺事情不太對勁。我開始懷疑國安局到底做了多少違法亂紀的事。

在我從事大避難所計畫期間，ＰＴＣ主辦了一場關於中國的研討會。這場會議由國防情報局（DIA）聯合反情報訓練學院（JCITA）所資助，ＤＩＡ是國防部轄下負責收集外國軍事情報的單位。所有情報機構（國安局、中情局、聯邦調查局與軍方）都會派人參加，這些專家報告重點是中國情報組織如何鎖定美國情報體系，而美國又是如何做出反制。雖然我對於中國這個主題有些興趣，但這不是我平常會接觸到的工作，所以我也沒特別在意這場研討會。直到有一天，唯一的科技專家在最後一刻無法出席（不確定原因，可能是得到流感或其他不可抗力因素），課程負責人詢問ＰＴＣ是否有人可以幫忙，畢竟當時已無法改期。ＰＴＣ其中一位主管提到我的名字，並詢問我是否願意試試看。我立刻答應，除了我喜歡我的主管、想幫他的忙外，我也想趁機轉換心情，不要老做重複的工作。

我的主管非常開心。但他後來告知我一個壞消息：會議就在明天。

於是我打電話給女友，告知她今天無法回家。我必須熬夜準備演講，明天的主題是如何結合反情報（老生常談）與網路情資（新興領域）以阻擾、打擊對手利用網路收集情資的企圖。我開始瘋狂從國安局資料庫收集資訊（也沒漏掉中情局，我仍有密碼），試著找出一切關於中國網路作為的機密報告並詳細閱讀，特別針對「入侵集」（Intrusion Set）的部分。入侵集指的是一組數據，可從中看出特定攻擊類別、使用工具與鎖定目標。情報分析師利用這些入侵集提供的線索，能判斷發動攻擊的是哪個中國軍事情報單位或駭客組織。這就好比是，偵探總能從作案手法與特徵找出真凶。

不過，我研究如此大量、分散的資料，不只是為了做出中國如何駭入美國情報系統的報告。更重要的是，我希望提供一份簡要大綱，內容是美國情報體系如何評估中國以電子方式追蹤我國官員與資產流向的能力。

所有人都知道（或自以為知道），中國政府管制網路無所不用其極。而有些人知道（或自以為知道），美國監控能力無比巨大，這是我二〇一三年交給記者的文件披露的內容。但請注意，我們可以用科幻小說反烏托邦的口吻說，政府理論上是可以監聽、監看全民的。但政府想實施這樣的制度卻是另一回事。科幻作家筆下的監控世界，在現實中需要動用數千名技術人員與數百萬美元設備才能辦到。當我讀到中國實施監控的技術細節時，文件鉅細靡遺地描述到：政府動用無數設備與機制監控超過十億人民，每日收集、儲存與分析他們數十億通電話與網路通訊，這實在令我大開眼界。我對於這個監控系統的能力與企圖印象深刻，差點忘記這代表的是極權控制的可怕。

畢竟，中國是個反對民主、一黨獨大的國家。比起美國多數民眾，國安局探員更相信中國是獨裁政體。中國人民的自由並非我的職責，我也無能為力。我唯一可以確定的是，我為好人工作，而這代表我也是好人。

但我讀到的部分資料令我感到不安。我想起科技進展的基本道理：若可以做到某事，那代表未來可以做到，而之前也可能早就做了。美國能夠掌握如此多中國亂搞的證據，代表美國可能也在做同樣的事。我有種奇怪的直覺，當我讀著關於中國的機密資料時，我看到的是美國的倒影。換句話說，中國光明正大對人民做的監控行徑，美國可能背地裡也對其他國家這麼做。

雖然說出這件事你可能會恨我，但我必須承認，我當時壓抑內心不安，甚至賣力忽視此事。我告訴自己，中國與美國的差別是很大的，中國防火長城針對國民進行審查與壓制，隔絕人民接觸到海外資訊，而美國監控系統完全是防禦取向，一般民眾根本察覺不到。就我當時對於美國監控狀況的了解，全世界的人都能透過美國網路基礎建設上網，隨意取得他們想要的資訊，中間未經過濾、沒有限制（就算有的話，也是被他們自己國家與美國企業所隔絕，但這並非美國政府管轄範圍）。只有那些有意參與聖戰士攻擊與購買惡意軟體的人，才會遭到追蹤與監控。

用這個角度來理解，我便能欣然接受美國實施監控。事實上，美國本來就該如此做。我完全支持防禦性、針對特定目標的監控行為，這就像是設立一道有條件的隔絕「防火牆」。這樣的想法讓我的罪惡感一掃而空。

但我後來輾轉失眠，糾纏在心中的問題縈繞不去。在上台簡報過了好一陣子後，我忍不住開始追查更多資料。

二〇〇九年剛加入國安局時，我對於該局實務情況的認識，可能只比一般人多一些。我從報章雜誌得知，小布希總統在九一一事故後授權國安局展開無數監控，其中最具爭議的是「總統監控計畫」（President's Surveillance Program，PSP）。據《紐約時報》二〇〇五年報導指出，國安局在未獲得搜查令情況下執行監聽，爆料的是少數具備道德勇氣的國安局與司法部職員。

精確來說，PSP的法源依據是「行政命令」，也就是美國總統下達的指示，要求政府必須顧及法律的公平性，即使這些命令是祕密地被寫在餐巾紙上也一樣。PSP讓國安局得以收集美國與境外的電話、網路通訊情資。最引人注意的是，PSP允許國安局不必取得外國情報監控法院（FISC）搜查令便能實施監控。FISC是成立於一九七八年的祕密聯邦法院，負責審查情報單位提出的監控要求，藉此防範反越戰與民權運動期間非法監聽情事再度上演。

《紐約時報》披露此消息後引起廣大迴響，加上美國公民自由聯盟（ACLU）在公開法庭質疑ＰＳＰ違反憲法，小布希政府於是宣稱該計畫將於二〇〇七年終止。但後來證明這只是一場鬧劇。在小布希任期結束前兩年，美國國會通過立法將ＰＳＰ合法化，同時規定不得回溯起訴參與此案的電信公司與網路服務商。這些法案（包括二〇〇七年保護美國法案與二〇〇八年外國情報監視法修正案）故意使用誤導性字眼，讓人民相信他們的通訊記錄未受監控，但實情卻是政府擴大ＰＳＰ權限。國安局如今不僅能收集來自海外的通訊內容，也能在未取得搜查令情況下，監控美國境內任何對外的電話與網路通訊。

至少，這是我閱讀政府對於此事的簡報後拼湊的全貌，這份報告於二〇〇九年七月解密並對外公布，而這也是我研究中國網路能力的主要依據。這份報告有個普通的標題，名為「總統監控計畫解密報告」，由五大機構（國防部、司法部、中情局、國安局與國家情報總監）的總監察長辦公室（OIG）彙編並提供給大眾，以取代對於小布希執政時期國安局濫權的全面調查。當歐巴馬上任時，他拒絕要求國會針對此事展開調查，對我而言，這是新總統（琳賽非常支持他）不願追究到底的前兆。我與琳賽對於歐巴馬寄予厚望，但隨著他主導的政府重新更名並授權ＰＳＰ相關計畫，令我們對他的期待落空。

雖然這份解密報告沒有提供太多新資訊，但我從中發現幾個有趣的地方。首先，整份報告呈現出「大家有什麼好抗議」的論調，其中有幾處邏輯、語言不合理之處。報告列出支持各式監聽計畫（未列出名稱、也欠缺細節）的法律論點，但授權這些計畫的單位主管都不同意接受ＯＩＧ調查。從副總統錢尼（Dick Cheney）、司法部長阿什克羅夫特（John Ashcroft）到司法部律師阿丁頓（David Addington）與柳約翰（John Yoo）等，幾乎所有關鍵人士都不願配合，而ＯＩＧ也無法強迫他們，畢竟這不是正式聽證調查。這群官員無故迴避調查，令我不得不懷疑他們默認疏失。

另一個奇怪之處在於，報告不斷提及「其他情資活動」但描述含糊不清。此活動引用小布希總統戰時行政權力做為法源依據（戰爭不見落幕跡象），除此之外沒有任何「合理法律理由」或「法律基礎」。報告對於活動實質內容未多加描述，最終卻導向國內實施無證監控的結論，因為這是唯一不受ＰＳＰ相關法律框架規範的情報行動。

當我繼續讀下去，我發現報告披露內容不足以合理化這些行為，更別提當時司法副部長科米（James Comey）與聯邦調查局局長穆勒（Robert Mueller）因ＰＳＰ部分計畫可能獲得重新授權而揚言辭職。我從報告中也無法發現任何事物，足以解釋為何許多資深國安局探員與司法部職員甘冒極大風險向媒體爆料的原因，這些人顯然認為ＰＳＰ計畫違法濫權。如果這些先進願意賭上自己的工作、家庭與生命，那這背後必定存在比非法監聽更嚴重的狀況。

我的疑心病大起，開始尋找這份報告的加密版本，但怎樣都找不到，這令我十分疑惑，因為加密版本絕對是存在的。若加密版本僅是記錄過去罪行，那應該很容易取得。但事實卻相反，我懷疑自己找錯地方，在擴大搜索範圍仍徒勞無功後，我決定將這個議題拋諸腦後，畢竟我的生活忙碌、工作纏身。若你的工作職責是提供救命建議，確保第一線情報人員與設備不被中國軍方發現或殺害，那你不太可能在意上週在網路搜尋過什麼內容。

過了一陣子，就在我完全遺忘這件事後，這份加密報告自動跑來我的電腦裡。這證明一句古老格言：尋找遺失物最好的辦法，就是不要找它。當這份機密報告出現時，我終於了解為何之前遍尋不著，因為它的加密等級極高，一般人員看不到，部分主管也無權閱覽。這份報告被歸在極為少見的「嚴格控管資訊」（ECI）類別，目的在於確保機密權限較高的人也無法找到。因為職位的緣故，我對於國安局多數 ECI 相當熟悉，但沒聽過這一個。這份報告的完整分類名稱是：最高機密 //STLW//HCS/COMINT//ORCON/NOFORN，這些名稱我也不清楚含義，但大意是：全球只有極少數人才能閱覽。

而我絕對不是這群少數人之一。報告出現在我電腦裡完全是意外：國安局總監察長辦公室的某人在系統裡留下一份原稿副本，而擁有系統管理員身分的我有權讀取。我並不認得報告上頭的「STLW」警示，後來才知道這在系統裡代表「髒話」，用以標示此檔案「不准儲存於保密等級低的硬碟」之意。系統會不斷檢查這些不合格硬碟是否出現「髒話」，一旦發現時便發出警示，而我必須盡快移除檔案。但在移除前，我必須確認這些檔案未遭到錯誤標記。我通常大略看一下就放行，但這次我打開檔案、閱讀標題後就欲罷不能，無法停下來。

這份報告裡交代了解密版遺漏的一切。新聞報導未涵蓋的部分、政府法庭審理時否認的內容，在這裡通通讀得到。報告完整地記載國安局最機密的監控計畫，證實該單位下達指示與司法部制定政策已違反美國憲法與法律。在讀完報告後，我便能理解為何有人會將此事爆料給媒體，且沒有任何法官能強迫政府在公開法庭提供此報告。此報告機密等級極高，除了系統管理員外，任何試圖取得此文件的人立刻會被抓到。此報告紀錄的監控活動屬於嚴重犯罪，沒有任何政府能容許報告未經刪減而公開。

我立刻想到一件事：我先前讀過的解密版，明顯不是加密報告的刪減版本，而是完全不同的兩份報告，這違反了一般作業準則。兩相對照之下，解密版根本是精心編造的謊言。即使我過去幾個月來都在從事刪除重複數據的工作，但這兩份報告差距之大仍讓我嘖嘖稱奇。一般來說，當你看到同份報告不同版本時，兩版本差異非常細微，頂多就是修改標點符號或字詞用法。但這兩份報告唯一共同處就只有標題而已。

其中，解密版本僅提到，政府下令國安局在九一一後加強情資收集，加密版則完整揭露該計畫的內容、規模與強化程度。國安局過去報告指稱僅針對特定目標進行監控，如今卻修改為「大量收集」通訊情資，這是該單位用來形容「大規模監控」的美化說法。解密版對於這種轉變含糊處理，同時以反恐為名擴大監控，而加密版清楚揭露其中差異，同時認定這是科技進步後的必然結果。

在加密版提及總監察長辦公室的片段時，出現一種「收集落差」的說法。意思是：現存的監控法條（尤其是外國情報監視法）制訂於一九七八年，早已跟不上時代，當時通訊大多透過電波或電話線，而非現在盛行的光纖電纜與衛星。換句話說，國安局的意思是，現代通訊的資訊數量與速度突飛猛進，遠非美國法律所能企及（沒有任何法庭發出搜查令的速度比得上科技，即使是祕密法庭也一樣），而現實世界需要一個全球情報機構。依照這個邏輯推演，國安局大規模監控網路通訊有其必要。這個大規模監控計劃的代號是STLW這個「髒話」，它是「恆星風」（STELLARWIND）的縮寫。此情報計畫是PSP底下最核心的部分，在其他項目曝光後仍繼續祕密進行，後來甚至茁壯成長。

「恆星風」是這份機密報告最黑暗的祕密。事實上，它也是國安局最大祕密，而這正是報告被賦予極高機密等級的原因。此計畫的存在，顯示國安局任務已經改變，從過去「運用科技保護美國」變成「運用科技控制美國」，方法是將民眾私人網路通訊重新定義為訊號情報。

事實上，偏差定義在整份報告隨處可見，但最離譜的地方莫過於政府更改詞彙意涵。

自從PSP於二〇〇一年推動後，恆星風便開始收集通訊記錄，但司法部二〇〇四年抗拒配合，當時小布希政府便更改「取得」（acquire）與「獲得」（obtain）的詞彙定義，試圖讓此計畫過去行徑就地合法。據報告顯示，政府立場是國安局能夠收集他們想要的任何通訊紀錄而不必事先取得搜查令，因為從法律角度來看，只有在國安局從資料庫「搜尋並取得」記錄時，才算是真正的「取得」或「獲得」。

政府大玩文字遊戲，令我十分火大。因為我非常清楚，國安局希望盡可能收集更多資料並將資料留存時間拉長，最好是保存永久。若這些通訊紀錄僅有使用時才算是「取得」，而永久留存在資料庫算是「未取得」，那這些記錄未來便有被操控的空間。美國政府重新詮釋「取得」與「獲得」的定義，從原本描述情資進入資料庫的過程，扭曲成某人（或某個演算法）未來某時刻查詢並取得資料的行為，如此一來大幅擴充執法機關的權力。政府可以隨時查詢某人過去通訊記錄，尋找構陷他入罪的理由（所有人的通訊必定含有某些事的證據）。而任何新政府（未來國安局的混帳老闆）永遠可以輕鬆按幾下鍵盤，就能立刻追蹤所有人的電話或電腦，知道他們的身分、位置、現在在做什麼、旁邊有誰，以及他們過去的一切記錄。

對我而言，比起政府偏愛使用的詞彙「大量收集」，「大規模監控」的意義更精確，也讓一般大眾比較不容易誤解國安局實際任務。「大量收集」聽起來像是忙碌郵局或衛生部門從事的工作，無法凸顯政府長期試圖取用並暗中擁有所有數位通訊記錄的努力。

但即使大家對於術語的認知一致，仍可能發生許多誤解狀況。今日多數人傾向認為全民監控針對的是內容，也就是他們打電話、發電郵使用的實際詞彙。當民眾發現政府鎖定的不是內容時，他們比較容易接受遭到監控。從某個程度來說，民眾放下心頭大石有幾分道理，畢竟所有人都認定內容才是通訊重點、足以顯露個人特色，比方說，與指紋同樣獨特的聲音，或是自拍時擺出的專屬表情等。但實情是，通訊內容透露的資訊不如其他元素，像是未清楚寫明或說出的內容，因為有心人士可據此推斷事件脈絡與行為模式。

國安局將這類資訊稱為「後設資料」（metadata）。這個詞彙的字首「meta」通常指的是「以上」或「超越」，在此則是「有關」之意。而 meta-data 就是關於數據（data）的資料。更精確來說，它其實是「數據製造出的數據」（透過標籤、標記讓數據變得有用）。但最直覺理解的方式，是將它想成「活動數據」：你在裝置上從事活動與手機自行運作的記錄。舉例來說，手機後設數據可能包括：來電日期與時間、通話長短、來電與本機號碼以及通話位置。而電郵後設數據可能包括：發信者使用的電腦類型、位置與時間，電腦擁有者、寄件人與收信人是誰，何時何地收發信，以及其他能讀取此信的人時地等。透過後設數據的幫助，監視者能得知你昨晚入睡與今早起床的時間、每天逛了哪些地方、在哪裡待了多久，以及你接觸過的對象有誰、誰又與你聯繫過。

政府聲稱後設數據並未直接觸及通訊實質內涵，但上一段事實駁斥了這種說法。全球數位通訊數量龐大，想監聽所有電話、監看所有電郵是不可能的。即使有可能辦到，這些資訊也沒太大用處，而後設數據有辦法避開這樣的麻煩。我們最好不要認為後設數據只有好的用途，而該認定它是內容的精華部分，畢竟政府監控你的首要目標便是取得後設數據。

此外，還有一件事值得我們注意。你通常清楚知道自己製造出什麼樣的內容，像是在電話裡說了些什麼，或是在電郵裡寫了什麼。但你對於自己製造出的後設數據幾乎沒有任何掌控權，因為它是自動產生的。後設數據是由機器收集、儲存、分析與製造出來的，不需經過你的參與以及核准。你的裝置無時無刻都在為你溝通，不論你喜歡與否。人類依照自我意志進行溝通，但你的裝置不一樣，它們不會隱藏私人資訊，也不會為了保密使用密碼。它們只知道將手機訊號連上最近的基地台。

我們的法律通常落後科技至少一個世代，但如今對於通訊內容的保障卻高於後設數據，這真是極大的諷刺。事實上，情報單位對於取得後設數據有著更高興趣，因為這些活動記錄能讓他們見樹又見林，一方面賦予他們分析大量數據的能力、得以拼湊出事物全貌，另一方面又給予他們窺探個人私生活的機會、得以推斷這些人的行為模式。簡言之，監視者透過後設數據能得知你的所有一切，除了你的大腦在想什麼之外。

在讀完這份機密報告後，我陷入恍惚好幾個禮拜，甚至好幾個月。我非常傷心、意志消沉，試圖否認內心浮現的念頭與感受，這樣的狀態一直持續到日本工作結束。

我突然覺得離家好遠，但一舉一動卻都遭到監控。我覺得自己更像大人了，但同時對於我們所有人都曾被視為小孩感到憤怒，因為小孩總是被迫在父母無時無刻監督下度過餘生。我覺得自己像個騙子，編造心情低沉的理由欺騙琳賽。我也像個白痴，自以為擁有高超技術協助打造這個監控系統，卻完全不知道它的真正用途。我覺得自己被利用了，身為情報單位一員卻直到現在才發現，我自始自終保護的都不是國家而是政府。我覺得自己徹底被利用了。置身日本更加深這種遭到背叛的感覺。

容我解釋一下。

我在社區大學學到的日文，以及我個人對於日本漫畫與動畫的興趣，讓我能用簡單日文進行日常會話，但閱讀就比較棘手了。日文的詞語可以用一個或數個漢字來表示，而漢字有成千上萬個，根本無法一一記得。唯有當漢字附上注音假名時，我才有辦法唸得出來，而這是針對外國人與孩童的設計，因此街道號誌通常不會特別標出。這卻讓我在日本街頭變成文盲、時常搞錯左右方向，也可能走錯路、點錯菜。我是異鄉客，從我說的語言、經常迷路便看得出來。當我陪著琳賽外出鄉間拍照時，我常會突然停下腳步，意識到自己身處於村莊或森林之中，但對於周遭環境卻完全不熟悉。

但一切事物卻對我瞭若指掌。我現在清楚地知道，我在美國政府眼裡完全是透明的。我用來指引方向的手機，除了在我走錯路時更正路線、協助翻譯交通號誌、查詢巴士與火車時刻外，它也盡責地向我的老闆報告我的一切活動。即使我沒用到手機、將它放在口袋裡，它仍會告訴我的老闆我何時身處何地。

我強迫自己把這一切當成笑話看待。記得有次，我和琳賽健行時迷路，不知事情原委的琳賽突發奇想說道，「你何不發簡訊給國安局，叫他們來救我們？」她模仿我的口氣說道，「哈囉，你能幫忙找路嗎？」我努力地擠出笑容，但怎樣都笑不出來。

我後來曾住過夏威夷，就在珍珠港附近，那是美國遭到日軍偷襲而捲入可能是最後一場正義之戰的地點。而我現在身處日本，居住的地點較接近廣島與長崎，美軍在此投下原子彈結束戰爭。我與琳賽非常想去參觀廣島與長崎，但每次行程都因故取消。在我第一次放假時，我們計畫到本州與廣島一遊，但我突然接到公司電話，要我前往不同方向、位於北部、而且寒冷的三澤基地（Misawa Air Base）工作。第二次出遊計畫則因琳賽與我雙雙感冒而取消。最後一次則是在計畫前往長崎的前一天晚上，我們被人生第一場地震驚醒，記得當時我們從床墊跳起來，連忙衝下七階樓梯，整晚與鄰居在街頭過夜，身上穿著睡衣不停發抖。

很遺憾的是，我們從沒去過廣島與長崎。它們是神聖的地方，兩地紀念館緬懷二十萬原爆喪生者與無數遭到輻射毒害的人，同時提醒了我們科技有多殘酷。

我經常想起「原子電距」（atomic moment）這個詞，它在物理學指的是：原子核與圍繞在周圍的質子、中子緊密結合形成原子的時刻。但一般人的理解是，這個詞代表「核子時代的來臨」，其中同位素促進各領域的進步，包括能源生產、農業、飲用水、致命疾病的診斷與治療等，當然也包括原子彈的發明。

科技全然不受限制，不像醫生必須遵守希波克拉底誓詞。自工業革命以來，學術界、業界、軍方與政府的科技人才做出許多決定，這些決定立基於「我們能夠做什麼」，而非「我們應該做什麼」。推動科技進步的人，不太會限制它的應用與使用。

我並不是故意比較，核子武器與網路監控對於人類帶來的傷害。而是這兩者在擴散與裁減方面確有相同之處。

就我所知，過去曾實施大規模監控的國家有兩個，一個是美國敵人蘇聯，另一個則是美國盟友德國，這兩國在二戰期間是死對頭。據資料顯示，納粹德國與蘇聯皆採取表面看似無害的人口普查形式實施監控。蘇聯人口普查局一九二六年執行首次普查，除了簡單統計人口外，該局別有企圖地調查國人對於自己國籍的認定。結果發現，普羅大眾多數聲稱擁有中亞血統，像是烏茲別克族、哈薩克族、土庫曼族、喬治亞與亞美尼亞族等，而權貴階級大部分是俄羅斯人，後者儼然變成少數族群。這個發現讓蘇聯領袖史達林決定根除這些文化，對這群人進行馬克思列寧主義「再教育」。

納粹德國於一九三三年推動類似普查計畫，只不過這次多了電腦科技的幫助。當時政府試圖統計德意志國人口，目的在於方便統治與肅清異己，迫害對象以猶太人與羅姆人為主，之後甚至將屠殺範圍擴大至國外。德意志國當時與IBM德國子公司迪霍瑪（Dehomag）合作普查，該公司擁有打孔機專利，此機器能計算卡片孔洞數量，就像是類比計算機。每張卡片代表一位國民，卡片上的孔洞就是身分標記。第二十二欄是宗教分類，第一個洞是新教、第二個是天主教、第三個是猶太教。一九三三年時，納粹官方仍認定猶太並非種族而是宗教信仰。這樣的觀點幾年後遭到屏棄，但當時他們確實使用這樣的普查資訊進行分類，並將歐洲猶太人送去集中營處死。

現在隨便一台智慧型手機的運算能力，比起德意志國與蘇聯所有戰時機器加起來還強大。回顧這段歷史，不僅令我們更加確信美國情報體系在科技上頭的主導優勢，更讓我們擔憂這些技術對於民主統治帶來的巨大威脅。距離那時普查已經過一世紀的時間，科技出現驚人進展，但人類的警覺或法律規範卻仍遠遠落後。

美國當然也有自己的普查計畫。憲法規定，美國必須進行人口普查，藉此統計各州人口以決定眾議院席次分配。獨裁政府（包括統治殖民地的英國君主政體在內）通常使用普查方式評估稅收金額與確認徵兵數量。美國憲法卻聰明地將過去壓迫手段轉換成民主機制。

人口普查由參議院負責管轄，自一七九〇年以來每十年進行一次，這約略是官方處理數據所需時間。美國一八九〇年首開先例引進電腦（ＩＢＭ之後將這些電腦原型機賣給納粹德國）輔助普查，使得十年處理時間大大縮短。有了電腦科技的協助，人口普查局處理數據的時間得以砍半。

數位科技並不只是簡化普查流程，更讓此制度顯得過時。全民監控如今就像是永無止盡的調查，比起透過電郵傳送的問卷更加危險。我們擁有的手機、電腦等一切裝置，就像是放在背包、口袋裡的迷你追蹤器，記錄關於你的所有資訊，一絲一毫都不遺漏。

待在日本的這段時間令我恍然大悟。在那時，我真正了解到這些新科技可能造成的危害。若我們這個世代不介入的話，那未來的情況只會更嚴重。我並不希望看到，當我們終於決定挺身而出時，一切抵抗卻是徒勞無功，若真是如此的話，那將是一大悲劇。未來的一代可能得面對充滿監控的環境，政府違法監控行為並非偶一為之、針對特定危險目標，而是持續性、無差別地擴及全國民眾。這就像是：你說的話逃不過政府耳朵，你做的事逃不過政府法眼，而你的紀錄檔案永遠留存在政府手裡。

一旦政府擁有四處收集情報的能力，加上情資得以永久儲存的系統，那他們便能隨便找個人或團體陷害，反正資料庫一定搜尋得到證據（如同我尋找機密檔案一樣），絕對能替他們安上合適罪名。

第十七章　雲端之家

二〇一一年，我回到美國，名義上是為戴爾工作，但實際上是回到老東家中情局。在一個陽光和煦的春日，我結束第一天新工作回家，赫然發現新屋設有信箱。雖然它長相非常普通、長方形形狀，就像是一般連排別墅社區看到的那樣，但我還是忍不住微笑。我多年來沒裝過信箱，也沒仔細瞧過新家信箱。要不是垃圾郵件塞爆信箱的話，我根本不會發現它的存在。這些郵件信封上頭標明收信人是「愛德華．史諾登先生或目前住戶」，裡頭裝的是折價券與房地產廣告傳單。看來有人知道我剛入住。

我想起童年一段回憶：小時候的我總不斷查看郵件，試圖找出寄給姊姊的信。雖然我非常想拆開這些信，但總是被媽媽阻止。

我記得，我問媽媽有何不可。她回答，「因為這不是寫給你的」。她解釋說道，就算是生日卡片或連環信（chain letter），貿然拆開別人的信就是不禮貌。事實上，這根本算是犯罪。

我追問到底是犯了什麼罪。「非常嚴重的罪喔，小傢伙。」媽媽回答。「會被聯邦政府抓去關的那種。」

我站在停車場前，將信撕成一半，然後把它們全丟進垃圾桶。

我現在身上穿的是全新 Ralph Lauren 名牌西裝，口袋裡裝著最新款式的 iPhone，臉上戴的是 Burberry 新眼鏡。我還換了新髮型。我在馬里蘭州哥倫比亞的新房子寬敞無比，是我至今住過最大的地方，也很適合我。我現在有錢了，至少朋友都是這樣認為。我快要認不出自己是誰。

我決定逃避現實、乖乖賺錢，讓我心愛的人過上好日子，畢竟大家都是這麼做的，不是嗎？但說來容易做起來卻很難。逃避現實沒那麼簡單。賺錢如此輕鬆，讓我不由得感到心虛。

若把派駐日內瓦的日子算進來、排除定期回家的時間，我大約離開美國將近四年。如今的美國已是不同國家。我還不至於說自己感覺像是外國人，但我經常聽不懂別人對話。別人談論的電視節目或電影，我聽都沒聽過。別人有興趣的名人八卦，我根本不在乎、也無法回應，我不知道說些什麼好。

我腦中不斷冒出衝突的想法，就像是不斷落下的俄羅斯方塊，我無法將他們排列整齊消除掉。我心裡可憐這些無辜、貧窮的普羅大眾，他們是真正的受害者，一舉一動都遭到政府監控，而負責監視的是他們心愛的裝置。我告訴自己：閉上嘴巴！別小題大作，他們過得很開心、他們不在乎，你也不需要介意。快點長大吧，好好工作賺錢養家，這就是人生。

我和琳賽都想過正常的生活。我們準備好邁向人生下一個階段、廝守終生。我們的房子有個很棒的後院，那裡種著一棵櫻桃樹，這讓我想起在日本愉快的生活：我和她來到多摩川旁的一處景點，我們在滿是花瓣的草地上一邊翻滾嬉鬧，一邊觀賞櫻花落下的景象。

琳賽最近剛取得瑜伽教練執照，而我也開始習慣新職位，也就是擔任銷售人員的工作。

我從事大避難所計畫時共事過的外部供應商，其中一位轉職到戴爾，他成功說服我做時薪工作只是浪費時間，我應該從事銷售業務才有賺頭。只要我能發想更多類似大避難所計畫的主意，那發大財指日可待。我可以平步青雲、直上高層，他則能轉介抽取大筆佣金，可說是雙贏局面。我希望自己趕快被說服，如此一來才能暫時逃避內心不安的感受，這種感受只會為我帶來麻煩。我的官方職稱是解決方案顧問。這代表著，我必須解決我的新夥伴——業務經理克里夫（假名）所製造的問題。

克里夫是公司門面，而我是幕後主腦。當我們和中情局技術權利金及採購代表坐下來談時，他必須不擇手段銷售戴爾的設備與專業服務，這意味著他得天花亂墜吹噓我們的能耐、給予不切實際的承諾，讓對方相信這些事情別人都無法做到（其實我們自己也做不到）。我的工作則是率領專家團隊打造某些技術，既要能幫克里夫圓謊，又能讓客戶同意買單、不至於害我們被關。

哎，還是別想太多好了。

我們主要專案是協助中情局趕上最新科技（或至少達到國安局技術水平），方法是打造出當今最流行的「私有雲」（private cloud）。我們的目標是整合該機構處理與儲存資料的能力，同時讓資料不論在哪裡都能被取用。講白話就是，我們希望打造出一個系統，讓阿富汗外派人員能像中情局總部員工一樣工作。中情局經常抱怨「資料孤島」（silos）的問題，亦即：資料數量過於龐大、散落在全球各地，導致他們難以追蹤或取用（事實上，這是所有情報單位技術主管都得面對的挑戰）。因此，我率領由戴爾內部最聰明人才組成的團隊試圖解決此問題，讓任何人在任何地方都能取用一切資訊。

在概念階段期間，我們的雲端計畫名稱突然變成科學怪人「法蘭克斯坦」。這不是我搞的鬼：我們這群科技人僅稱它為「私有雲」。這完全是克里夫的點子，他向中情局展示專案時表示，他們一定會喜歡我們的小法蘭克斯坦，「因為它是真正的怪物」。

隨著克里夫做出的承諾越來越多，我也變得更加忙碌，導致我和琳賽只能趁著週末時間和親友相聚。我們嘗試為新家裝潢、添購家具與設備。我們三層樓的房屋空空如也，因此什麼都得買，或是說，只要是我們父母沒有大方贈與的東西，我們都得自行添購。這種感覺很像大人，而此事可看出我們重視的生活面向：我們買了碗盤、餐具、桌椅，但至今仍睡在地板床墊上頭。我不愛用信用卡，擔心資料遭到追蹤，因此我們買東西全用現金。當我們需要用車時，我從分類廣告上頭買了一輛九八年份的 Acura Integra，要價三千美元現金。不論錢好不好賺，我和琳賽都不愛花錢，唯一例外是電腦設備或特殊節日。情人節那天，我便買了琳賽一直想要的左輪手槍送她。

我們的新家距離十多間賣場開車只要二十分鐘，其中有一家是哥倫比亞購物中心。這間購物中心面積將近一百五十萬平方英尺，容納約兩百多家商店、擁有十四間影廳的 AMC 電影院、中式餐廳華館（P.F. Chang's）與芝樂坊餐館（Cheesecake Factory）等。當我們開著破爛的 Integra 行駛在熟悉的路上，我對於周遭環境感到有些吃驚，原來我不在期間這裡發展如此迅速。美國政府在九一一事件後對於當地建設挹注不少經費。我離開美國已有一陣子，現在回來重新發現美國富裕的一面，商品種類選擇五花八門、大型商場四處林立、時尚高級的展示間，這一切令我有些不安、難以招架。這些商店都有打折活動，每逢假日便高掛國旗、張貼海報公告最新優惠，像是美國總統日、陣亡將士紀念日、美國獨立日、勞動節、哥倫布日與退伍軍人節等。

這天下午，我們來到百思買（Best Buy）商場選購家電。我們才剛選好一台微波爐，便立刻開始比較起果汁機好壞，因為琳賽非常注重養生。她拿出手機上網搜尋，試圖從這十幾台裝置裡挑選出最獲好評的一台，而我慢慢地朝商場遙遠的另一端電腦區移動。

但我在中途停下腳步，因為我在廚具區邊緣看到一台全新冰箱，它就放在一個裝飾華麗、閃閃發光的展示平台上頭。它是一台「智慧型冰箱」，標榜具備連網功能。

這讓我驚呆了，一時不知如何反應。

銷售人員靠了過來，他以為我想買冰箱。「這很棒吧？」他開始向我介紹功能。冰箱門上頭有螢幕，螢幕旁邊放著觸控筆，讓你可以在上面留言。若不想動手寫字的話，也可以錄音或錄影。你也可將它當成一般電腦使用，因為這台冰箱可以連上無線網路。它的功能包括查看電郵或行事曆、觀看 YouTube 影片或聽音樂等，甚至還可以打電話。我一直克制自己輸入琳賽電話號碼、告訴她「我是用冰箱打給你的喔」的衝動。

銷售人員繼續說道，冰箱的電腦能追蹤內部溫度，而透過掃描條碼的方式，你可以知道食品有沒過期。它還提供營養資訊與參考食譜。這台冰箱價格九千美元以上。「包含運費喔！」銷售人員如此說道。

我記得，開車回家的路上我異常沉默。這和我們想像中的科技未來差距太大。我唯一能想到這台冰箱連網的理由，就是取得使用者與其他家庭成員數據回報給製造商，然後讓他們販賣數據賺錢。我們付錢出賣自己的隱私，真是賠了夫人又折兵。

如果我的親友、鄰居與廣大的民眾如此歡迎企業進到家中，讓他們在家的一舉一動都像上網一樣遭到嚴密監控，那我又何必對政府監控如此不滿。「智慧家庭」的變革可能還有五年才會到來，屆時亞馬遜Echo與Google Home等「虛擬助理」可望正大光明入住臥房，這些放在床頭櫃的裝置將近距離記錄並傳送你的一切活動，牢記你所有習慣與偏好（包含怪癖），之後再透過廣告運算法變現。我們日常生活產生的數據（或說容許生活被監控而產生的數據）能讓企業賺到大筆收入，卻讓我們的隱私蕩然無存。若說政府運用國家力量實施監控，將人民變成調查目標，那企業監控就是讓消費者變成商品，讓他們得以轉賣給其他企業、數據仲介商或廣告業者。

至於我為中情局創造的私有雲系統，如今幾乎所有科技大廠（包括戴爾在內）都推出自己的平民版本。事實上，戴爾曾試圖將「雲端運算」註冊為商標，但努力四年仍無法辦到。我驚訝地發現，民眾非常樂意註冊這些雲端服務，他們很高興自己的照片、影片、音樂與電子書能透過這套系統備份與取用，卻沒想過：如此精密、方便的解決方案為何以「免費」或「低價」的方式提供給他們使用。

「雲端」的概念普遍為全民所接納，這是我從沒看過的現象。頂著這個詞彙的光環，戴爾成功把私有雲賣給中情局，正如同亞馬遜、蘋果、谷歌成功把雲端服務賣給消費者一樣。我閉上眼睛就能想像克里夫是如何天花亂墜、把中情局代表唬得一愣一愣的，「有了雲端，你們全球員工的電腦都能進行安全性更新。」「雲端上線運轉後，你們想追蹤任何人讀了什麼檔案都沒問題。」雲是如此潔白、鬆軟與平和，高掛天空、與世無爭。雖然多雲帶來暴風雨，但一片雲能為你遮擋烈日。雲能保護你，這讓大家聯想到天堂。

在戴爾的眼中（或其他大型雲端私人企業，如亞馬遜、蘋果與谷歌等），雲端崛起代表運算時代的來臨。但在概念上，這其實是倒退至大型主機的早期時代：大量使用者全靠一部威力強大的主機運算資料，而這部主機控制在少數菁英手中。後來戴爾這類企業研發出價格便宜、簡單操作的「個人」電腦，導致「非個人」的大型主機遭淘汰，這不過是一個世代前所發生的事。而在桌機、筆電、平板與智慧型手機陸續出現後，這些裝置讓大家創造出大量的創意作品，唯一的問題是：這些東西要儲存在哪裡？

這就是「雲端運算」誕生的由來。現在你擁有什麼電腦並不重要，因為你真正依賴的眾多電腦位於全球各地巨大數據中心裡，這些中心由雲端公司所建造。這就像是新的大型主機，由成排伺服器組合而成，所有個別電腦共同合作打造出一個運算系統。一台伺服器或一整個數據中心壞掉不會有什麼影響，因為它們就像是全球一大片雲裡的一小顆水滴。

從一般使用者角度來看，雲端只是個儲存資料的機制，確保資料不是經由你個人裝置處理或儲存，而是交由不同伺服器負責，而這些伺服器由不同企業擁有與經營。如此一來，你的資料不再是你的，而是由這些公司所控制、任由他們使用。

雲端儲存服務協議的條文逐年增加，現在隨便一個版本都六千字起跳，大約是本書章節平均字數的兩倍。當我們選擇在線上儲存資料時，我們其實是放棄了資料的所有權。這些雲端公司可以決定為我們保留什麼樣的資料，同時任意刪除他們覺得不妥的內容。除非我們在自己的裝置或硬碟留下副本，否則他們刪除的資料就會永遠消失不見。如果資料引起爭議或違反協議的話，這些公司可以單方面刪除我們的帳號，讓我們無法取用自己的資料，但他們手中卻擁有副本，這意味著：他們能在我們未知情同意的情況下，將資料交給執法機關。總歸一句話，只有我們擁有自己的資料，才能保護它不受侵犯。沒有什麼資料是不受保護的，但沒有什麼資料是屬於私人的。

陪伴我長大、滋養我的網路消失了，我的青春歲月也跟著消逝了。上網這個行為過去像是場美好的冒險，如今卻是煎熬的苦難。想在網路上表達自我得先學會自我保護，如此一來，自由感受遞減、趣味盡失。每次溝通都得小心翼翼；每次交易都暗藏危機。

另一方面，私營企業不斷利用我們對科技的依賴，鞏固他們自家產品或服務的市占率。科技巨擘壟斷了美國民眾的網路生活，絕大多數人使用的是谷歌電郵、臉書社群媒體與亞馬遜電商平台，而美國情報體系充分利用這一點，除了直接下令要求這些公司交出登入系統權限，私底下更從未停止入侵的嘗試。我們的個資為這些企業帶來巨大獲利，但政府卻不花一毛錢竊取這些資料，這讓我感到十分無力。

我心裡還有另一種感受，覺得自己漂浮不定，同時又感到毫無隱私。這就像是我被拆成好幾個部分、散布在全球不同伺服器上頭，備受侵犯、身不由己。每天早上離家時，我發現自己會沿途對著社區攝影機點頭，我先前根本不會注意到它們的存在。但現在遇到紅燈時，我不由自主覺得這些路口監視器正鎖定我，想看我是否停下來或是闖紅燈。而即使我維持三十五英里的車速，車牌識別系統還是不會放過我。

美國基本法的存在，令執法單位更難執行工作。這並不是瑕疵，而是民主的真諦。按照美國法律規定，執法單位理應保護所有國民。當執法單位濫權時，法院應約束並糾正他們的行為，畢竟他們是社會上唯一能夠羈押、逮捕民眾並使用武力（包括致命武器）的人。而其中最重要的約束是，執法單位不得監控國民在家活動，也不能在未取得搜查令的情況下收集個資。但法律對於公眾場所的監控行為寬鬆許多，其中當然也包含多數人在街頭與人行道的活動。

執法單位在公眾場所安裝監視器，通常能嚇阻犯罪並協助調查案件。但如今隨著攝影機安裝費用下降，鏡頭變得無所不在，它們變成預防犯罪的工具，警方用這些設備追蹤並未犯罪或根本沒有嫌疑的人。更危險的是，臉部與圖形辨識等ＡＩ技術不斷進步，如今具備ＡＩ功能的監視器不僅具備錄影功能，更能扮演類似機器人警察的角色。這些鏡頭能主動追蹤「可疑」的活動，像是毒品交易（擁抱或握手）或黑幫集結（穿相同顏色或品牌的衣服）。即使當時是二〇一一年，公眾還沒注意到這個問題，但我已清楚看到科技未來發展。

對我來說，政府濫用監控特權，代表的是一個可怕的未來。所有人都遭到完全監控的世界，將變成一個全由電腦自動執法的世界。畢竟，若一個ＡＩ裝置能夠追蹤民眾違法行徑，怎可能讓他逃過法律制裁。即使技術上可行，我們也不可能設定一個縱容犯罪的監控程式。

我開始懷疑，美國當初做出的「法律之前人人平等」承諾已經扭曲變形，如今變成所有人都得一視同仁地遭到監控欺壓。我想像，未來智慧冰箱將進駐到我的廚房，監控我的行為與習性，並從我直接就口啜飲與不愛洗手的習慣，評估我未來犯下重罪的機率。

這樣一個由機器自動執法的世界，任誰都無法忍受。絕對的正義變成不公不義：一點小錯都會遭到嚴懲、法律全面貫徹到底。幾乎所有社會都存在許多不成文與成文的法律，其中有些條文早已過時，有些甚至連聽都沒聽過。舉例來說，馬里蘭州刑法第 10-501 條規定，通姦屬於輕罪行為、須支付十美元罰款。而根據北卡羅來納法律第 14-309.8 條規定，玩賓果遊戲超過五小時便算犯法。這些法律制訂於保守年代，卻不知為何從未遭到廢除。儘管我們自己沒有察覺到，但多數人生活絕不是黑白分明的，我們會任意穿越馬路、未確實做好資源分類、在人行道騎自行車，甚至連上陌生人的網路非法下載盜版等。換句話說，一旦法律貫徹到底，所有人都會變成罪犯。

我嘗試和琳賽解釋這一切。雖然她大致理解我的擔憂，但她並未打算脫離科技公司的掌控，更不可能減少使用臉書或Instagram。「如果我這麼做的話，」她說道，「我等於放棄我的生活樂趣、拋棄朋友。你以前也很愛與朋友聯繫。」

她說的沒錯，且她擔心我也是有道理的。她覺得我緊張過度、壓力太大。我確實如此，但這並不是因為工作，而是我無法告訴她事實真相。我不能告訴她，國安局前同事能針對她進行監控、偷看她傳給我的情詩。我不能告訴她，政府不斷收集她與所有人的資料。當任何人踰越分際時，政府便可利用這些把柄威脅他們。

我試圖用迂迴方式比喻給她聽。我要她想像一下：若她有天打開電腦時，發現桌面上有個試算表格。

「為什麼是試算表？」她說。「我不喜歡。」

我沒料到會得到這種回應，但我繼續說下去。「沒人喜歡，但這個是名為『結束』的試算表。」

「噢，這也太怪了。」

「你不記得做過這個試算表，但你一打開就認得裡頭的內容，因為裡面記載的一切事物可能把你毀掉。每一段資訊都能毀了你的人生。」

琳賽笑了出來。「我能幫你看看裡頭內容嗎？」

她在開玩笑，但我是認真的。這個試算表裡關於你的資料，都能將你一槍斃命。試想一下：裡頭記錄你的大小祕密，一旦公布的話會毀了你婚姻、事業，甚至傷害你與親友的感情，最終害你身無分文、眾叛親離並啷噹入獄。試算表的祕密，可能是你上週在朋友家抽大麻或在大學酒吧吸食古柯鹼，也可能是你喝醉與朋友馬子搞起一夜情，而他們現在已經結婚，你們兩人後悔莫及、不願再提起這段往事。或是你年少輕狂時曾經墮胎，你當然不敢讓父母與配偶知道。試算表上面也可能記載著，你簽署過的請願書或是參與過的抗議活動。所有人都有不為人知的祕密，它們就藏在電腦資料裡，可能是檔案存檔、電郵往來或網頁瀏覽記錄。如今這些資料全落入美國政府手中。

在我們談完話過了一段時間後，琳賽跑來找我並說道，「我知道了，我的試算表記載什麼祕密足以將我毀掉。」

「什麼祕密？」

「我才不要跟你講。」

我試圖讓自己放鬆，但身體卻出現奇怪徵兆。我的動作變得異常笨拙，不只一次摔下樓梯或撞到大門。我有時會被自己絆倒、握不住湯匙，無法衡量拿東西的距離。我會不小心把水潑在身上，或是喝水時嗆到。我和琳賽講話講到一半，我會不自主地分心，直到她問我到底有沒在聽，彷彿我被冷凍在另一個世界。

記得有一天，我在琳賽上完鋼管課後去找她，我覺得頭暈暈的，這是我至今感到最不舒服的症狀。這嚇壞了我與琳賽，特別是我逐漸失去感官能力。我替這些症狀找了很多理由，包括飲食太差、缺乏運動、睡眠不足等。我的藉口不勝枚舉，盤子太靠近桌邊、樓梯太滑等。我不知道這些症狀是生理或心理引起的，也無法確定何者比較嚴重。我決定去看醫生，但必須等上好幾個禮拜。

過了一天左右，時間大約是正午，我待在家試圖遠端完成工作。我那時正和戴爾安全部門人員通電話，突然一陣暈眩襲來。我立刻找理由掛斷電話，因為我口齒開始不清、連掛上電話的力氣都沒有，我感覺自己快死了。

對於有相同經歷的人來說，他們一定能體會死亡逼近的感覺。至於沒有類似經驗的人，解釋再多也只是浪費口舌。這種暈眩來得太突然，其他感受一掃而空，你只能無助地聽天由命。我快死了，我癱坐在 Aeron 黑色椅子上失去意識。

我醒來時仍坐著，桌上時鐘顯示快要一點。我昏迷不到一個小時卻極度疲憊，彷彿這輩子從沒睡過。

我陷入恐慌、試圖打電話求救，但我的手一直在半空中亂抓，怎樣都摸不到電話，後來經過一番努力終於握到話筒並聽到撥號音，但我不記得琳賽的電話號碼，或者我只記得個別號碼但順序錯誤。

我設法走下樓梯，每一步都走得小心謹慎，手掌緊靠著牆壁。我打開冰箱取出果汁，兩手捧著容器大口灌下，不少果汁流到下巴。之後我倒在地板上，臉頰貼在冰冷的地毯上睡去，琳賽就是在這裡發現我的。

這一切都是因為癲癇發作。

事實上，我媽也患有此病，有陣子還曾經歷「癲癇大發作」（grand mal）：她口吐白沫、四肢與身體搐動，直到失去意識、全身僵直。我不敢相信，我竟然沒聯想到這個疾病。但我媽在患病期間也曾否認長達數十年，她將經常跌倒歸咎於「笨手笨腳」、「肢體不協調」。她一直到三十五歲以後癲癇大發作時才確診得到此病，而在服用藥物一陣子後，她的症狀就消失了。她總是告訴我與姊姊，癲癇是不會遺傳的。我到今日都不確定，這到底是醫生的說法或是她一廂情願的想法，畢竟她不忍看到我們和她一樣受苦。

癲癇無法透過檢測得知，唯一臨床確診方法是發作一、兩次。我們對於該病所知甚少。醫學治療將癲癇看作是一種腦部異常放電的現象。醫生重視的不是「癲癇」，而是如何治療「發作」。他們通常將此病分成兩種：局部與全面發作。前者是由局部大腦組織放電引起，後者則是整個腦部一起放電。基本上，就是神經細胞不正常放電影響到整個腦部，導致你失去行動能力與意識。

癲癇發病的症狀極為複雜。依照不正常放電位置的不同，患者會出現不同症狀。若是大腦聽覺中心出問題，那患者會聽到嗡嗡耳鳴聲。若是視覺中心出狀況，那患者眼睛會一片黑暗或閃過亮光。若是像我一樣腦部深層核心區域出現差錯，那便會嚴重眩暈。若我能即時察覺警訊，我便能及早因應癲癇發作。在癲癇的領域裡，這些警訊稱為「先兆」（aura，亦即患者本體感覺），雖然從科學事實的角度來看，先兆其實就是發作本身。

為了治療這個疾病，我諮詢了不少癲癇專家，也做了電腦斷層掃描、MRI磁振造影等檢查（感謝戴爾提供保險）。而我的守護天使琳賽全程陪同、載送我往返醫院，並上網研究關於癲癇的一切資訊。她在谷歌網站頻繁搜尋「對抗療法」與「順勢療法」，以至於她的Gmail信箱塞爆癲癇藥物的廣告信。

我覺得自己被打倒了。我人生中最重要的兩個事物：國家與網路，如今都遭到政府背叛，而它們同時背叛了我，現在連健康也離我遠去。

我的大腦是真的短路了。

第十八章　沙發上沉思

二〇一一年五月一日深夜，我注意到手機出現一則新聞推播：藏身於巴基斯坦阿伯塔巴德市的賓拉登遭到美國海軍海豹部隊突襲擊斃。

九一一事件促使我毅然從軍，之後更進入美國情報體系服務。這個策劃九一一事件的主謀如今終於死了。當時患有腎病的他遭到近距離開槍，最後倒在多名妻妾懷裡死去，事發地點則是巴基斯坦軍校附近的一處豪宅大院。各大新聞網站爭相展示地圖標出阿伯塔巴德確切位置，同時穿插全美各地民眾在街頭慶祝的照片，他們興奮地揮舞拳頭、互撞胸部並高聲吶喊，有人甚至喝得酩酊大醉。即使是九一一事發地點紐約市也不例外，這般開心慶祝的場景在過去極為少見。

我關掉手機，我實在沒有參與其中的心情。千萬別誤會了，我對於混蛋賓拉登死亡當然很開心。但我需要一點思考的時間，畢竟整件事終於告一段落。

十年了。自從兩架飛機攻擊世貿雙子星大樓已過了十年，我們到底做了哪些事情？過去十年來我們到底完成了什麼？我坐在從媽媽公寓運來的沙發上，靜靜地望向窗外的街景，耳邊傳來停車場鄰居按鳴喇叭的聲音。我無法擺脫自己浪費過去十年時間的念頭。

過去十年來，我們看到美國製造一系列的悲劇：阿富汗戰爭永無止盡、伊拉克政權不斷更迭、關押恐怖分子的關塔那摩灣監獄人滿為患，美國政府非常規引渡、拷問並發動無人機襲擊殺害平民（包括美國民眾在內）。而在美國境內，國土安全部嚴格審查一切事物，每日發布恐攻威脅層級（紅色代表嚴重、橙色高度警戒、黃色則是威脅升高），而自《美國愛國者法案》實施後，公民自由逐漸遭到侵害，諷刺的是，這是我們過去自稱誓死捍衛的權利。這些加總的傷害（掌權者違法亂紀）無比巨大且難以逆轉，但我們卻還在按喇叭、閃車燈舉國歡騰慶祝。

美國本土發生史上最大恐攻事件，正巧遇上數位科技最發達的時代，使得美國本土安全備受重視，這是我們無法否認的事實。打擊恐怖主義是美國實施絕大多數監控計畫的官方理由，特別是在這個人心惶惶、投機主義盛行的時刻。但其實恐懼才是真正的恐怖主義，而樂於編造藉口授權使用武力的政治體制則是最大幫凶。比起恐怖主義，美國政客更害怕示弱、背叛自己的政黨，或是惹火捐款給他們的支持者（這些人對於承攬政府合約、取得中東石油利益充滿興趣）。因恐懼衍生的政治凌駕於恐懼之上，催生出各種「反恐」作為：無人能敵的美國慌了手腳，行動不受政策規範、公然違反法治精神。在九一一事件後，情報單位的指令向來是「絕不能再出差錯」，但這根本是做不到的。過了十年後，我看得更加清楚了。這群政治菁英階級反覆以恐懼作為號召，對應的並非是任何特定威脅或擔憂，而是試圖操弄情感、將恐懼化為永久性危險，藉此合理化政府長久提高警覺的作為、不容民眾質疑正當性。

在大規模監控計畫進行十年之後，證明科技殘害自由的能耐更勝於打擊恐怖主義。靠著延續這些監控計畫與謊言，美國政府能保護的事物很少，什麼都贏不了，但損失卻極為慘重，最終連我們自己都分不出九一一之後敵我的差別。

二〇一一年下半年，我在癲癇反覆發作、不斷回診中度過。我照了X光、接受檢查並服用藥物，雖然身體狀況穩定不少，但心情卻陷入憂鬱，精神萎靡不振、注意力渙散。我不確定，自己該如何與琳賽口中的「我的狀況」共處而不失去工作。身為戴爾最高階技術人員的我，工作極具彈性：有了手機我到哪裡都能工作，當然也可以在家。但開會是個大問題，公司的人總待在維吉尼亞州，而我住在馬里蘭州，後者規定癲癇患者禁止開車。若我被抓到違法駕駛，那我會失去駕照，自然也無法參加公司會議，而開會是我的工作唯一無法妥協的要求。

迫於無奈，我最終向戴爾請了短期傷殘假，之後整天窩在我媽的二手沙發上。沙發顏色和我的心情一樣藍，但坐上去極為舒服。長達數週時間，我都賴在沙發上。我在上頭睡覺、吃飯、讀書，然後再睡去。我意志消沉地癱在沙發上，任誰都看不下去。

我不記得自己念了什麼書，但可以確定的是，我撐不到一頁就闔上眼睛、再度陷入坐墊裡沉睡。我對任何事都無法專心，除了自己的缺點之外。我就這樣全身癱死在沙發上，僅動用一根手指滑手機，手機螢幕是房內唯一光源。

我會滑手機看新聞，然後小睡一會兒，醒來再滑滑手機，之後再度睡著。據新聞報導，全球各地出現抗議動亂，包括突尼西亞、利比亞、埃及、葉門、阿爾及利亞、摩洛哥、伊拉克、黎巴嫩與敘利亞等。這些地區的抗議人士遭捕入獄、受盡折磨，甚至當街遭到政府特務槍決。在這些殘暴政權當中，有許多是由美國協助扶植起來的。這場「阿拉伯之春」造成不少傷亡，使得新聞熱度持續增溫。我看到民眾被逼到無路可走，相形之下我的病痛微不足道（道德上與倫理上皆然），我顯然身在福中不知福。

在整個中東地區，無辜民眾經常生活在暴力威脅的陰影之下，他們無法上課、上班，沒有電力供應、衛生條件極差。許多地區甚至缺乏基本醫療物資。面對如此性命堪憂、生活貧乏的狀況，我不禁懷疑自己對於政府監控與侵犯隱私的憂慮是否過於誇大、甚至是無病呻吟，但我只需要多留意一下上街抗議民眾的訴求（像是在開羅、沙那、貝魯特、大馬士革、阿瓦士與庫茲斯坦等，這些都是阿拉伯之春與伊朗綠色運動席捲的城市），便可知道我自己絕非杞人憂天。群眾呼籲終結壓迫、審查與工作不穩定。他們主張，在真正富有正義的社會裡，人民才是政府的頭家。雖然不同城市的民眾各有特定動機與目標，但這群人的共同點在於，他們都拒絕獨裁主義、重申「人權與生俱來、不可剝奪」的人道原則。

在獨裁的國家，國家擁有權利授與給人民。而在自由國家，人民擁有權利授與給國家。在前者，由於政府的允許，身為國民（subject）的人民才能擁有財產、受教、工作、宗教以及言論的權利。而在後者，人民擁有公民（citizen）身分，同意在一定時間內接受統治，但能定期透過選舉等制度更換政府。我認為，獨裁統治與自由民主間的差異，才是我們這個時代最主要的意識形態衝突來源，而不是東方與西方間的分歧（這是人為捏造並且充滿偏見），或是基督教對決伊斯蘭的宗教衝突。

獨裁國家通常都不是法治政府，而是以統治者意見為主。統治者要求國民服從政府，同時對異議分子極具敵意。相反的，自由民主國家不會或很少做出這樣的要求，反而是仰賴每位公民自願擔負起保護周遭所有人自由的責任，這是不分種族、膚色、信仰、能力、性傾向或性別的。任何集體保障並非取決於血統而是共識，最終導向平等主義的結果。雖然現實的民主經常無法達到理想狀態，但我仍堅信，這是最能「讓不同背景的人共同生活、在法律之前人人平等」的統治形式之一。

這種平等不僅由權利組成，更包含自由在內。事實上，民主國家的公民所珍惜的許多權利，在法律上都是以限制的方式來保障。透過限制政府權力創造出來的自由空間，使得這些權利得以存在。舉例來說，美國民眾之所以擁有言論「自由」，這是因為禁止政府不得制定限制該自由的法律；而新聞「自由」則是禁止政府不得制定法律限縮該自由。同樣的，宗教「自由」是禁止政府不得制定確立國教的法律；而和平集會與抗議的「自由」，是禁止政府不得制定任何法律來否定此自由。

在現代生活，我們擁有一致共識，那就是「隱私權」沒有模糊空間、不容政府侵犯。政府不得將髒手伸進此領域，法律唯一允許的辦法是透過搜索令。但這種搜索令無法「擴及所有人」（像是美國政府進行全民監控所聲稱取得的那種），而僅能基於合理理由針對特定人士或用途發出。

「隱私」這個詞彙有點虛無縹緲，因為難以定義，或說每個人的定義都不一樣，所有人對於隱私都有不同的詮釋。「隱私」的重要性不言可喻，大家想必都能體會。

正因為隱私缺乏一致性定義，導致多元先進民主國家的公民認為，他們必須交代渴求隱私的理由並將其定位為權利。但他們不必如此做，反而是政府必須說明何以侵害隱私的原因。拒絕主張自己的隱私權等同放棄此權利，將隱私讓渡給違憲政府或是「私人」企業。

我們根本無法忽視隱私的重要性，因為這與公民自由是相互依存的，你放棄自己的隱私，也會犧牲掉別人的隱私。你可能因為怕麻煩而選擇放棄此權利，或者你和多數人想法一樣，認為只有做不光明的事才需要隱私保護。但是，聲稱自己不需要或不想要隱私，因為沒有什麼事好隱瞞的這種說法，是假定所有人都不該或不能隱瞞任何事情，像是他們的移民身分、失業歷程、財務狀況與健康紀錄等。你假定，所有人（包括你在內）都樂於與他人分享宗教信念、政黨傾向與性生活，就如同有些人隨意透露自己的電影、音樂品味與閱讀偏好一樣。

說到底，你聲稱自己不在乎隱私，因為沒有事情好隱瞞，這就像是在說，你不在乎言論自由，因為你沒有意見。或是，你不在乎新聞自由，因為你不愛閱讀。你不在乎宗教自由，因為你不相信神。或是，你不在乎和平集會自由，因為反社會的你天性懶散、害怕人群。以上種種自由，今日對你來說也許不重要，但這不代表明日對你不重要，或對你的鄰居不重要，或是對於世界另一端的異議分子不重要。我用手機追蹤這群抗議群眾的動態，他們希望爭取到一點點的自由，而我的國家卻對於這些自由必欲除之而後快。

我想幫助他們，但不知該如何做。我受夠了無助感。我不想再當個躺在破舊沙發上的廢物，整天吃著多力多滋、喝著健怡可樂，冷眼旁觀別人受苦受難。

這群中東年輕人的訴求，包括提高薪資、調降物價與改善退休條件等，但這些都超出我的能力之外，而且沒有人能夠給予他們自治權，唯獨他們自己才爭取得到。他們也疾呼網路自由的重要性。他們譴責伊朗最高領袖哈米尼（Ayatollah Khamenei）加強審查與封鎖網路不同意見、追蹤並駭入異議網站平台與服務，同時關閉部分外國網路服務供應商。他們抗議埃及總統穆巴拉克（Hosni Mubarak）切斷全國網路服務，此舉令所有年輕人怒不可抑（也因網路斷掉無事可做）而走上街頭。

自從我在日內瓦接觸到 Tor 匿名通訊計畫，我便使用它的瀏覽器並打造我自己的 Tor 伺服器，目的是希望在家工作內容與私人瀏覽記錄不受監控。現在，我重新振作起來、逼自己離開沙發，搖晃地走到家中辦公室開始動工。我架起一個「翻牆」的橋接器設備，足以突破伊朗網路封鎖，之後將它的加密配置傳給 Tor 主要開發人員。

這是我所能盡的一點點心力。即使伊朗只有一個年輕小夥子能突破政府層層過濾與限制，在 Tor 系統與我的伺服器保護下，先匿名連結到我這裡、再連結出去，那我的努力就算有了回報。

我想像，這位年輕人急著閱讀電郵、查看社群帳號，試圖確認親友未遭到逮捕。我無法知道，他上網會做哪些事情，或是伊朗是否真有人連上我的伺服器。這正是該系統的重點：我提供的是保密的協助。

開啟阿拉伯之春風潮的人年紀與我相仿。他是一位突尼西亞的果菜小販，為了抗議政府屢次騷擾與敲詐，他站在廣場中間引火自焚、壯烈犧牲。若他能毅然採取自焚行為對抗不正當政權，那我當然也能離開沙發、打打鍵盤貢獻一己之力。

第三部

第十九章　坑道

想像你進入一條隧道。想像這個景象：當你看著向前延伸的隧道，遠方的盡頭，牆面似乎縮窄成一個小小光點。隧道盡頭的光芒是希望的象徵，也是人們說在瀕死經驗所看到的。他們說，他們一心要走向那道光。他們受到吸引。可是，話說回來，在隧道裡，你能去哪裡？你只能穿越隧道。凡事不都是同樣的道理嗎？

我的隧道是「坑道」（Tunnel）：一座珍珠港時代的巨大地下飛機廠所改裝的國安局設施，位在夏威夷歐胡島庫尼亞（Kunia）鳳梨田底下。

這個設施是用強化混凝土建造，在山丘一側挖鑿出一條一公里長的隧道，通往三個洞穴樓層，做為伺服器保險庫及辦公室。「坑道」建造之時，山丘覆蓋大量砂石、土壤、乾掉的鳳梨葉和曬到枯萎的草皮做為偽裝，躲過日本轟炸機。六十年後，它像極了一個失落文明的巨大墳塚或是一名詭異神祇在祂的砂盒堆出來的巨大土堆。它的正式名稱是庫尼亞區域安全作戰中心。

二〇一二年初我到那裡去工作，那時仍是戴爾的合約職務，但這次是再度為國安局服務。那年夏天的某一天，實際上是我生日那天，我通過安全檢查走進隧道，突然領悟到：眼前就是我的未來。

我不是說，那個瞬間我做了任何決定。人生中最重要的決定絕對不是那樣出現的。你在潛意識裡做出那些決定，等到完整成形後才會呈現出來——也就是等你終於強大到可以跟自己承認，這是你的良知早已為你做出的選擇，這是你的信念所指引的道路。那就是我送給自己的二十九歲生日禮物：意識到我進入一條隧道，把我的人生縮窄到一項仍然模糊的行動。

如同夏威夷在歷史上向來是一個重要的中繼站，美國軍方不只將這個島鏈做為太平洋中的船隻與飛機加油站，她也成為美國通訊的重要交換點。其中包括本土四十八州和我之前工作地日本與其他亞洲外站之間交流的情報。

我所擔任的工作，是我職業生涯中的大降級，職務內容是我睡覺都能做的，無壓力、無負擔。說好聽一點，我是資訊分享辦事處的唯一員工，我擔任 SharePoint 系統管理員。SharePoint 是微軟的一項產品，一個又笨又慢的程式，抑或是程式的購物袋，目的是內部文件管理：誰可以看到什麼，誰可以編輯什麼，誰可以收發什麼等等的。國安局派我去做夏威夷 SharePoint 系統管理員，等於是派我去做文件管理經理人。事實上，我是國安局最重要設施之一的閱讀長（reader in chief）。我在每一個新技術職位的習慣是，最初幾天都用來將工作自動化，意思是編寫腳本語言來做我的工作，好讓我騰出時間去做比較有趣的事。

在接下去之前，我想要強調：我主動搜尋國安局濫權行為，但並不是一開始就複製文件，而是閱讀文件。我最初的意圖只是為了佐證我二〇〇九年在東京就產生的懷疑。三年後，我決心找出是否真的存在一個美國全民監視的系統，如果真的有，它是如何運作的。雖然我不確定如何著手調查，但我至少確定一件事：我必須確切了解這個系統是如何運作的，才能決定是否要採取行動。

這當然不是我和琳賽來到夏威夷的理由。我們不是長途旅行到這個樂園，好讓我為了原則而放棄我們的生活。

我們來此是為了重新開始。再一次重新開始。

醫師跟我說，夏威夷的氣候與較為悠閒的生活方式或許對我的癲癇有幫助，因為缺乏睡眠是發作的主要原因之一。而且這項調職消除了主要難題：從「坑道」只要騎自行車便可到達庫尼亞的一些社區，那裡是這座島嶼乾燥、紅色的內陸寧靜核心。這段二十分鐘的上班車程令人心曠神怡，在耀眼陽光下穿越甘蔗田。湛藍遠方聳立著沉靜的高山，過去幾個月的憂鬱心情像晨霧般消散。

琳賽和我在懷帕胡（Waipahu）伊琉街的皇家庫尼亞找到一棟像樣的平房，擺放我們由馬里蘭州哥倫比亞帶來的家具，而戴爾支付搬家費用。不過，家具其實沒怎麼用到，因為陽光和熱氣常常讓我們一走進門，就脫光衣服，裸體躺在工作過度的冷氣機前的地毯上。後來，琳賽把車庫改裝成健身房，放著她從哥倫比亞帶過來的瑜珈墊和鋼管。我架設了一部新的 Tor 伺服器。沒多久，全球各地的通訊便經由我們家娛樂中心的筆電連上了網路，將我自己的網路活動隱藏在嘈雜聲中。

我滿二十九歲的那個夏天夜晚，琳賽終於說服我跟她一起出門去參加一項夏威夷晚宴。她要求我去參加已經有一陣子了，因為她的一些鋼管健身朋友有在跳草裙舞，可是我一直抗拒。那看起來像是廉價的觀光活動，而且感覺有些不尊重。夏威夷有著古老的文化，但也有著活潑的傳統；我很不願意打擾別人的神聖儀式。

不過，我最後還是屈服了。我很高興我這麼做了。最令我印象深刻的不是宴會本身——雖然火舞值得一看——而是海邊一個小圓形劇場引起眾人圍觀的耆老。他是夏威夷本地人，一名博學之士，有著柔和、濃重鼻音的島嶼嗓音，他正向一群圍坐在火邊的人訴說這個島嶼原住民的起源故事。

最令我心動的故事是十二個神聖島嶼。傳說中，太平洋上有十二座美麗純淨的島嶼，而且有淡水，必須保持神祕，以免遭到人類破壞。其中三個尤其受到尊敬：Kanehunamoku、Kahiki和Pali-uli。住在這些島上的神決定將島嶼隱藏起來，因為祂們認為人們只要看到這些土地一眼必然會瘋狂愛上。祂們考慮了各種把島嶼藏起來的不高明手段，例如把它們染成大海的顏色或者把島嶼沉到海底，最後決定讓島嶼漂浮在空中。

島嶼浮到空中後，便由一個地方吹到另一個地方，不斷移動。特別是在日出及日落，你或許以為在地平線遠方看到其中一座。可是當你指給別人看的時候，它可能突然間又漂走了，或是變化成其他形狀，比如，一座浮石筏子、火山爆發時噴出的一大塊岩石，或是一朵雲彩。

我在進行搜查時，不斷思索這則傳說。我想要揭發的真相正好比這些島嶼：奇特的保存物，一堆自以為是、狂妄自大的統治者相信必須要保持祕密，不讓人類知道。我想要知道國安局究竟有多少的監視能力；他們是否及如何超越該機構的實際監視活動；誰准許他們這麼做；誰知道他們這麼做；最後也是最重要的，這些系統實際上如何運作，包括技術方面與組織方面。

我以為自己看到其中一座「島嶼」之時——一些我不知道的大寫字母代碼名稱，一份報告結尾時的附註所提到的某項計畫——我便會搜尋其他文件是否也有提到，卻一無所獲。彷彿我在搜尋的那項計畫早已漂走，消失不見。等數日或數週後，它又以不同名稱出現在不同部門的文件中。

有時，我找到一個有名稱的計畫，卻無法解釋其內容。有時，我找到一項沒有名稱的解釋，卻看不出來它形容的是一項執行中的計畫抑或想要做的計畫。我遇到一個又一個的隔間、一個又一個的說明、一個又一個的軟體、一個又一個的計畫。這就是國安局的本質，左手很少知道右手在做什麼。

我正在做的事，令我想起一部關於繪製地圖的紀錄片，尤其是在還沒有繪圖與全球衛星定位之前的時代，繪製航海圖的方法。船長寫日誌，並標記他們的座標，在陸地上的地圖製作者再設法加以解讀。經由這種資料的逐步累積，過了數百年，太平洋的全貌才被世人知道，所有島嶼才被發現。

可是，我沒有數百年或數百艘船。我獨自一人，面對一片藍色汪洋，試圖找出這一小塊陸地，這個資料點，與其他的關係。

第二十章 心跳

二〇〇九年在日本時，我奉命代打做簡報，參加了那次決定性的中國會議，我猜我結交了一些朋友，尤其是在聯合反情報訓練學院（JCITA）及其母機構國防情報局（DIA）。之後的十三年，JCITA大約六度邀請我去座談會和去DIA的設施講課。基本上，我是在教導美國情報體系如何不受中國駭客入侵，以及分析他們的入侵，再利用取得的資訊去反駭他們。

我向來喜歡教課，和做學生相比，當然更喜歡教課，在我理想幻滅的初期、駐日即將結束時以及在戴爾的時期，我都覺得如果我這輩子要繼續情報工作，最不會跟我的原則妥協、且最能挑戰我的心志的職務必然是教課。在JCITA授課是保持這種機會的一個方法。這也是讓我們不斷更新的方法，你在教課的時候，不能讓學生超越你，尤其是在技術上。

我因此養成閱讀國安局所謂布告欄的習慣。這些數位布告欄類似新聞部落格，只不過這裡的「新聞」是機密情治行動。每個主要的國安局網站都有這類布告欄，本地員工每日更新他們覺得當日最有趣及最重要的文件——員工必須閱讀才能跟上腳步。

為了替JCITA授課做準備，同時坦白說，也是因為我在夏威夷很無聊，我養成每天看一些公佈欄的習慣：夏威夷我目前工作地方的布告欄，東京先前工作的布告欄，以及米德堡的一些布告欄。這個低壓力的新職位讓我有很多時間可以看我想看的東西。我的好奇心或許在我生涯的前一個階段引起一些問題，可是現在我只是資訊分享辦事處的員工，我自己就是資訊分享辦事處，因此我的工作就是要知道有什麼可以分享的資訊。同時，「坑道」大部分同事的休息時間都在看福斯新聞。

為了將我想閱讀的布告欄文件組織起來，我整理出個人的布告欄精選清單。檔案開始快速堆積，直到管理數位儲存容量配額的女士向我抱怨檔案太大了。我明白我的個人布告欄變得不像是每日文摘，而像是敏感資訊檔案，重要性遠超過當天的立即性。我不想刪除或停止新增文件，這實在太浪費了，我決定跟別人分享。這是我為自己所做之事所能想到的最佳理由，尤其是因為這讓我可以正當地由各種來源收集資料。因此，得到長官准許後，我設計了一個自動布告欄——不需要任何人在上頭貼文，它會自行編輯。

和「大避難所」一樣，我的自動布告欄平台是設計用來不斷掃描新的、奇特的文件。不過，它使用更為全面的態度，除了國安局網路NSAnet之外，還窺探中情局與聯邦調查局的網路，以及國防部最高機密內部網路「聯合全球情報通訊系統」（JWICS）。我的想法是，布告欄所收集的文件將供每一位國安局官員閱覽，只要比對他們的數位識別證（稱為 PKI 證）與文件分類，便可根據他們的安全檢查、興趣和辦公室量身打造個人布告欄。最主要的，它將是布告欄的布告欄，客製化的動態消息聚合器，為每位官員提供他們工作相關的最新資訊，他們必須閱讀才能跟上腳步的所有文件。這個布告欄將由我一人管理的伺服器經營，而伺服器就設在大廳的另一邊。這部伺服器亦儲存它所收集的每一份文件的複本，方便我進行大多數機構最高主管只能夢想的跨機構深度搜尋。

我把這個系統稱為「心跳」（Heartbeat），因為它為國安局和整個情報體系把脈。流入的資訊量非常可觀，它會下載各個專業的內部網站的文件，由最新的加密研究計畫進展到國安委員會的會議紀錄。我仔細地設定，讓它用緩慢而定速去獲取資料，以免霸占連結夏威夷及米德堡海底光纖電纜，不過它下載的文件仍然多於任何人可以處理的數量，因而立即成為 NSAnet 最全面的布告欄。

在運作初期，我收到一封電郵，幾乎讓「心跳」永遠停止。一名遠方的管理員，顯然是整個情報體系唯一一個願意費事去看自己的存取日誌的人，他想要知道為何夏威夷有一個系統複製了他的資料庫的每一份紀錄。為求謹慎，他立即阻擋我，有效地把我封鎖在外，並要求我解釋。我告訴他，我所做的事，並向他展示如何使用這個內部網站，讓他可以自己閱讀「心跳」。他的回應令我聯想到情報界科技面的異常特性：在我讓他進入之後，他的憂慮立刻變成好奇。他或許會懷疑一個人，但從未懷疑過一部機器。他現在可以看到「心跳」只是在做它該做的事，而且做得很完美。他把我由他的資料庫解除封鎖，並主動提議要幫我把有關「心跳」的資訊轉給他的同事。

我後來揭露給新聞記者的所有文件幾乎都是我透過「心跳」而取得的。它讓我知道情報體系集體監視系統的目標以及能力。這件事是我要強調的：二〇一二年中，我只是想要了解集體監視系統是如何實際運作。後來報導這件揭密案的每一位記者都關切監視的對象，例如，監視美國公民或者美國盟國的元首。換句話說，他們比較在意監視報告的主題，而不是產生監視報告的系統。當然，我尊重這種興趣，因為我也有，可是我自己主要的好奇心還是在於其技術面。閱讀一件文件或瀏覽簡報的投影片以查明一項計畫**打算**做什麼固然不錯，但更棒的是，你可以了解一項計畫的機制，尤有甚者，你可以了解它遭到濫用的可能性。

我要說的是，我對於簡報內容不是那麼關心，例如，在我揭露的檔案中最為著名的是一份二〇一一年簡報檔中的一堆投影片，用六個面向來描述國安局新的監視立場：「無所不嗅，無所不知，無所不收集，無所不處理，無所不利用，無所不合夥」。這不過是公關講法，行銷術語。它的目的是要讓美國盟國留下印象：澳洲、加拿大、紐西蘭和英國，美國分享情報的主要國家（加上美國，即為五眼聯盟，Five Eyes）。「無所不嗅」表示找尋資料來源；「無所不知」表示查出有些什麼資料；「無所不收集」表示獲取那些資料；「無所不處理」表示分析資料以找出可用的情報；「無所不利用」表示利用那些情報以推動國安局的目的；「無所不合夥」表示與盟國分享新的資料來源。這六個面向容易記住、容易推銷，並且準確表達出國安局的野心規模以及跟外國政府共謀的程度，卻無法讓我了解究竟這項野心是如何在技術層面落實的。

讓我了解更多的是我從FISA（外國情報監控法）法院找到的一份命令，要求一家民間企業將客戶的私人資訊交給聯邦政府。這類命令通常是根據公共立法授權而在全國發出，可是，命令內文、甚至發出命令，都被列為最高機密。根據「愛國者法案」（Patriot Act）二一五條款，亦即「企業紀錄」條款，政府有權向外國情報監控法院取得命令，強制第三方提供與外國情報或反恐調查「相關的任何實體東西」。可是我所找到的這份法院命令明白表示，國安局祕密地將這項授權詮釋為一份許可，可收集所有「企業紀錄」、後設資料、經由威瑞森（Verizon）、AT&T等美國電信公司的電話通訊，「在經常性的日常基礎上」。當然，這包括美國公民之間的電話通訊紀錄，而此舉是違憲的。

此外，「外國情報監視法修正案」七〇二條款准許情報體系鎖定任何美國境外可能傳播「外國情資」的外國人，這個廣泛項目的可能對象包括新聞記者、公司員工、學術界、救援人員和無數其他沒有做錯事的無辜者。國安局把這項法案拿來做為其兩項最著名網路監視計畫的依據：稜鏡計畫（PRISM）和上游收集（Upstream Collection）。

稜鏡計畫讓國安局可以定期由微軟、雅虎、谷歌、臉書、Paltalk、YouTube、Skype、AOL及蘋果收集資料，包括電郵、照片、影音聊天、網路瀏覽內容、搜尋引擎搜尋，以及所有儲存在他們雲端的其他數據，將這些公司變成知情的共犯。不過，上游收集更具侵入性。它可以固定從私部門網路基礎設施，像是全球網路流量的轉換器與路由器，經由太空衛星和高容量海底光纖電纜，直接抓取資料。這項收集是由國安局特別資源行動小組負責，他們打造祕密監聽設備，植入全球網路服務供應商的企業設施內部。加總起來，稜鏡計畫（由網路服務供應商的伺服器強制收集）和上游收集（由網路基礎設施直接收集），確保全球資訊都可受到監視，包括儲存的與傳輸的資訊。

我的調查的下個階段是要查出這種收集是如何實際辦到的，也就是說，檢視解釋哪些工具支援這項計畫的文件，以及他們如何由拖網式收集的大量通訊中挑選值得進一步檢查的資訊。困難之處在於任何簡報都沒有提到這種資訊，不論機密程度為何，都只能有工程圖解和示意圖。這些是我想找到的最重要資料。不同於五眼推銷簡報，它們將可確切證明我所看到的監視能力不只是一個咖啡因攝取過量的計畫經理人的幻想而已。身為一個不斷被要求加快速度與提高產能的系統工程師，我十分清楚這些機構有時會在實際研發出技術之前就搶先公布，有時是因為一個懸崖型推銷人員承許過多的承諾，有時是出於純粹的野心。

可是，上游收集的技術確實存在。我後來明白，這些工具是國安局集體監視系統最具侵入性的環節，因為它們最貼近用戶，亦即最貼近被監控的對象。想像你坐在電腦前想去瀏覽一個網站，你開啟一個瀏覽器，鍵入一個網址，然後按入「Enter」。網址其實是一項請求，這項請求會去找它的目的地伺服器。在旅程的途中，在你的請求抵達伺服器之前，便會經過「亂流」（TURBULENCE），國安局最強大的武器之一。

明確來說，你的請求會經過好幾個堆疊起來的黑色伺服器，加起來大約是四層書櫃的體積。它們裝置在盟國、美國大使館和美國軍事基地大型私人電信建築物裡的特別房間，內建兩項重要工具。第一個是「混亂」（TURMOIL），負責被動式收集，亦即複製進來的數據。第二個是「渦輪」（TURBINE），負責主動式收集，亦即主動監控使用者。

你可以把「混亂」想成是站在網路流量必須通過的隱形防火牆前的警衛。看到你的請求後，它會檢查自己的後設資料，找尋被標示為值得「提高」注意的選擇器，或者「標準」。這些選擇器可能是國安局選擇或懷疑的任何對象：一個特定的電郵地址，信用卡或電話號碼；你的網路活動的來源地或目的地；或者只是一些關鍵字，例如「匿名網路代理」或「抗議」。

假如「混亂」覺得你的流量可疑，就會通知「渦輪」，後者便會將你的請求轉到國安局的伺服器。在那裡，演算法會決定要用該機構的哪個惡意程式來監控你。這個選擇係依據你瀏覽的網站種類和你的電腦軟體與網路連結。選定的惡意程式回傳到「渦輪」（經由QUANTUM套裝軟體的程式，如果你好奇的話），再由後者注入流量頻道，連同你請求的網站一同傳送給你。最終結果是：你得到你想要的內容，連同你不想要的監視，而這一切在不到六八六毫秒便發生。你完全不知情。

等惡意程式進入你的電腦，國安局不但可以存取你的後設資料，還有你自己的資料。你的整個數位人生現在都屬於他們了。

第二十一章 吹哨

如果有一位美國國家安全局職員，不曾使用過我管理的 SharePoint 軟體，卻知道關於 SharePoint 的某件事的話，那一定是因為軟體行事曆的關係。它和普通的非政府群組行事曆差不多，只不過價格更貴，為夏威夷的美國國家安全局員工提供最基礎的「我必須在什麼時候到哪裡去開會」行程安排界面。你可以想像，能管理這個軟體讓我有多興奮。這就是為什麼我嘗試要讓它變得更有趣，讓這份行事曆隨時通知所有的假日，真的就是所有假日，不只是美國假日，還有猶太新年、開齋節、宰牲節、排燈節。

我最喜歡的是九月十七日，正式名稱為憲法日及公民日，紀念一七八七年的這一天，制憲會議的代表們正式批准並簽署了憲法。說起來，憲法日並不是美國的國定假日，只是個紀念日，代表美國國會認為，我們的建國文件以及全世界最古老、還持續有在使用的國家憲法，沒有重要到可以給人民放一天有薪假。

美國情報體系一直以來都不太喜歡憲法日，在這一天他們會做的事情就只有發送一封無聊的電子郵件，由辦公室新聞部的人撰寫，由某某主管簽署。然後在員工餐廳裡沒人會注意到的角落架設一張簡陋的小桌子，上面放著印刷、裝訂好的憲法，這是由那些善良又慷慨的煽動者捐贈給政府的，可能是來自卡托研究所或傳統基金會，因為美國情報體系根本就沒有興趣自掏腰包，從數十億資金中拿出一點點來，透過一些用釘書機釘起來的紙張宣傳一下公民自由。

我懷疑員工們到底有沒有接收到訊息，或許根本沒有。我在美國情報體系度過了七個憲法日，除了我之外，應該沒有人真的從那張桌子上把憲法拿起來看過。因為我喜歡諷刺，也喜歡免費的東西，我總是會拿個幾份起來，一份我自己看，剩下的分送到我朋友們的辦公桌上。我讓我的那一份憲法靠著桌上的魔術方塊立起來，然後在吃午餐時閱讀它，小心不要讓「我們人民」被員工餐廳裡賣的難吃的小學披薩的油給滴到。

我喜歡讀憲法，有一部份是因為它的想法很好，有一部份是因為它的內文寫得很好，但真正的原因，是因為它會把我的同事們嚇死。在我們辦公室，所有列印出來的文件，使用完畢都必須丟到碎紙機，如果有文件放在桌上，任何人看到都會感到很奇怪。他們會漫步過來問我：「你放在那裡的是什麼？」

「憲法。」

他們會做出一個扭曲的表情，然後慢慢後退。

在二〇一二年的憲法日，我認真地讀了憲法。我已經有好幾年都沒有認真讀完全部了，慶幸的是，序言我還記得很熟。現在我把它從頭到尾看完了，從正文到修正案，我很驚訝地發現，權利法案（也就是憲法的前十個修正案）當中有整整一半，都是刻意要使政府執法更加困難。第四、第五、第六、第七、第八條修正案，都是刻意、小心翼翼地設計成讓政府在行使權力和進行監控時，變得更加沒效率、產生更多阻礙。

尤其是第四條修正案，它保護人民和人民的財產不受政府的監視：**人民的人身、住宅、文件和財產不受無理搜查和扣押的權利，不得侵犯。除依照合理根據，以宣誓或代誓宣言保證，並具體說明搜查地點和扣押的人或物，不得發出搜查和扣押狀**。

翻譯成白話文就是：如果執法人員想要深入窺探你的生活，就必須先向法官提出合理根據，並宣誓保證。這表示他們必須向法官解釋，他們是依據什麼理由認為你犯下某項明確的罪行，或是某個明確罪行的確切證據可能會出現在你的財產當中。接著他們必須發誓以上說的理由都是實話。除非法官同意發出搜查令，否則他們不能進行搜查，即使有了搜查令，也只能在限定的時間內執行。

憲法是在十八世紀撰寫出來的，當時的計算工具就只有算盤、機械計算機、織布機而已，且越洋訊息往來必須要花上數週或數個月。很明顯地，我們電腦中的檔案，無論內容是什麼，都屬於憲法中的「文件」。我們確實是像使用文件一樣來使用它們，尤其是文字處理文件和試算表、我們的訊息和搜尋紀錄。同時，資料就是我們的「財產」，一個概稱，用來表示我們在網路上擁有、生產、銷售、購買的所有東西。這通常包括後設資料，我們在網路上擁有、生產、銷售、購買的所有東西的紀錄——就是我們私生活的完美明細。

從當年的憲法日到現在已經超過了一個世紀，雲端、電腦、手機已經變成了我們的家，如同實際的房子一樣那麼的隱密、私人。如果你不認同這句話，那麼請回答我這個問題：你願意讓你的同事一個人待在你家一個小時，還是讓他看你已經解鎖的手機，就算只是十分鐘而已？

美國國家安全局的監視計畫，尤其是它的國內監視計畫，完全藐視第四條修正案。該機構的說法基本上是，憲法修正案的保護範圍不適用於現今社會。他們既不把你的資料當成受法律保護的個人資產，也不把他們收集資料的行為當作「搜查」或「扣押」。美國國家安全局認為，你已經將手機裡的紀錄「分享」給了「第三方」——也就是你的電信商，因此你已經失去了憲法保障的隱私權。他們堅持認為只有在分析師主動調查已經自動收集來的資料時，才算是「搜查」或「扣押」，而演算法並不算。

如果憲法的監督機制有適當運作，針對第四條修正案的這種極端解釋——也就是使用現代科技就等於放棄你的隱私權，一定會被國會和法庭拒絕的。美國開國元勛是一群很擅長政治的人，尤其了解合法範圍內的小手段以及總統想擁有君主權力所造成的危險。為了防止這種可能性，他們設計了一套系統，憲法中的前三個正文讓美國政府由三個權力相等的部門組成，三者應該互相制衡。然而若要在數位時代保護美國人民的隱私，這三個部門都各自失效了，讓整個系統停擺並失控了。

立法部門，也就是國會兩院，很樂意放棄他們的監督角色——美國情報體系的政府及承包商員工越來越多，然而能得知美國情報體系的能力範圍和行動內容的國會議員卻越來越少，到最後只有少數幾個特定的委員會成員能夠在密室會談中得知。而且即使是這樣，他們也只能知道美國情報體系的部分行動，而不是全部。偶爾會進行公開的美國情報體系聽證會，這時候美國國家安全局的立場竟然非常明確——該機構不合作、不會誠實公開，最糟的是，透過保密法規，他們會強迫美國聯邦立法機構配合他們的欺瞞。舉例來說，二〇一三年初，當時的國家情報總監詹姆斯．克拉柏（James Clapper）對美國參議院情報特別委員會發誓，說美國國家安全局並沒有收集美國市民的通訊紀錄。「美國國家安全局是否有從數百萬或數億名美國人身上收集任何形式的資料？」面對這個問題，克拉柏回答：「沒有，先生，」並補充說道：「可能在某些案例曾不經意間收集到，但不是刻意的。」這真是一句刻意又赤裸裸的謊言，當然，不只是對國會來說，對美國人民來說也是一樣。聽克拉柏做出這番誓言的國會議員當中，有少數人知道他說的並不是實話，但他們卻拒絕指責、或者是在法律上沒有權力去指責他。

意外的是，司法部門的失敗卻更令人失望。監控美國情報監視的外國情報監控法院是一個特殊的機構，祕密進行會談，且只聽命於政府。它是為了發放收集國外個人情報的搜查令而設立的，對美國國家安全局特別寬容，該機構提出的要求幾乎超過百分之九十九都會同意。這樣的數字讓人覺得，他們只不過是國家的橡皮圖章，而不是謹慎的司法過程。九一一事件過後，外國情報監控法院的權力從核准國外特定個人的監視，擴張到決定廣泛程式化監視的合法與合憲性。它以前的工作是核准監視外國恐怖分子一號或外國間諜二號，現在卻可以讓稜鏡計畫和上游收集計畫的整體架構建設合法化。依照美國公民自由聯盟的說法，關於那個架構的司法審查已經縮小成一個祕密法庭，正在籌劃一個祕密計畫，祕密地重新詮釋聯邦法律。

當美國公民自由聯盟等民間團體想要挑戰美國國家安全局的行為，召開聯邦法庭時，奇怪的事情就發生了。政府不會為自己辯解，說那些監視行為是合法或合憲的，而是宣布美國公民自由聯盟和它的委託人完全沒有出庭的權利，因為美國公民自由聯盟無法證明這個委託人實際上真的有被監視。還有，美國公民自由聯盟不能藉由訴訟來尋找受到監視的證據，因為證據的存在（或不存在）是「國家機密」，且洩漏給記者的不算。換句話說，法庭不承認因為曾經在媒體上公開而眾所周知的資訊，只承認因為政府官方證實而眾所周知的資訊。援用保密法規，導致無論是美國公民自由聯盟還是任何人，都沒有法律資格能在公開的法庭上發起挑戰。讓我覺得厭惡的是，二〇一三年二月，美國最高法院以五比四的結果接受政府的判決理由，駁回一項美國公民自由聯盟和國際特赦組織針對全民監視發起的訴訟，甚至不去考慮美國國家安全局行為的合法性。

最後就是行政部門了，他們是導致這個憲法漏洞的元凶。在九一一事件之後，總統辦公室透過司法部祕密下令准許進行全民監視。在那之後，行政越權的情況持續發生，兩黨都試圖單方面行動並發布巧妙地規避法律的政策指令——不會被挑戰的政策指令，因為保密法規確保他們不會被大眾知道。

只有三個部門獨立運作時，憲法系統才能完整地運作。這三個部門不只是失敗，而是刻意失敗並且合作，結果產生了不被懲罰的文化。我這才發現，我以為最高法院、或國會、或想要和小布希政府做出區別的歐巴馬總統，會讓美國情報體系為任何事情負責，這是多麼瘋狂的想法。是時候面對事實了，美國情報體系認為自己高於法律，而這套規則如此遭到破壞，證明他們這樣想是對的。比起創造出這套系統規則的人，美國情報體系更加了解這一套，他們利用這些知識來獲得好處。

他們鑽了憲法的漏洞。

美國的誕生始於叛變。獨立宣言完全違法英國法律，卻是開國元勛稱之為「自然法則」

的完整體現，其中包括反抗當權者，以及在你的良心之下進行有原則的叛變的權利。第一批行使這種權利的美國人，也就是美國歷史上第一批「吹哨者」（Whistleblowers），在一年後出現了，也就是一七七七年。

這些人和我家族裡的許多人一樣都是水手，他們是大陸海軍的軍官，為了保衛新家園而出海。在獨立戰爭時期，他們在美國海軍華倫號（USS Warren）上服役，它是三十二門砲巡防艦，指揮官是准將艾塞克・霍普金斯（Esek Hopkins），大陸海軍總司令。霍普金斯是一個懶惰又難對付的領導人，他拒絕加入戰鬥。也有他底下的軍官聲稱看過他毆打英國戰俘，並且不給他們飯吃。華倫號上的十位軍官摸著自己的良心，不顧自己的軍旅生涯，寫信給海洋委員會，向上級舉報這一切。

尊敬的紳士：

我們在華倫號上服役，熱切地期望報效國家。我們仍然對美國的福祉感到焦慮，現在最希望看到的就是她的和平與繁榮。為了國家的福祉，我們已準備好做出重大的犧牲，如果有必要，我們也願意犧牲生命。我們渴望積極主動地守護憲法保障的自由與權利，阻止不公正又殘酷的暴政和壓迫。然而照現在這艘巡防艦上的情況看來，我們在目前的崗位上無法發揮效用。這種情況已經持續一陣子了。我們已經非常了解指揮官——准將霍普金斯的真實個性和做法，我們沒有更好的方法，只能誠摯及謙卑地向海洋委員會提出申訴，希望能調查他的個性和做法，我們認為他的個性就是這樣，他有罪，不適任目前的公職，關於他的罪行，我們連署者可以充分提出證明。

海洋委員會收到這封信後，開始調查准將霍普金斯。他的反應是解僱軍官和船員，並在盛怒之下對海軍軍校生山繆・蕭（Samuel Shaw）及海軍中尉理查・馬文（Richard Marven）提起誹謗罪的訴訟，因為這兩位軍官承認撰寫這份申訴書。訴訟在羅德島法庭進行，當地最後一任殖民總督是史蒂芬・霍普金斯（Stephen Hopkins），是獨立宣言簽署人之一，也是那位准將的兄弟。

負責這個案件的法官是由州長霍普金斯指派的，但是在審判開始進行前，蕭和馬文就被同為海軍軍官的約翰・格蘭尼斯（John Grannis）拯救了，他越級直接將這個案件呈交給大陸會議（Continental Congress）。大陸會議警覺到竟然有這樣的先例，軍人抱怨有人怠忽職守，卻被控告誹謗，因此介入。一七七八年七月三十日，大陸會議將准將霍普金斯革職，並命令財政部支付蕭和馬文的訴訟費，且一致同意制定美國第一條舉報人保護法。這條法律宣布，「若有任何軍官或軍人做出任何失職、造假、或不法行為，每一個美國人以及所有居民都有義務於第一時間向國會或其他適當機關提出資訊」。

這條法律給了我希望——直到現在依舊如此。即使是在獨立戰爭最黑暗的時期，國家本身的存在都危在旦夕，國會不只歡迎大家做出有原則的異議行為，還將它訂為一種義務。二〇一二年下半年，我下定決心，認為自己應該履行這項義務，但是我知道我要在一個非常不一樣的時機來進行我的揭露，一個更加舒適，卻也更加諷刺的時間點。美國情報體系中沒有多少上級長官會願意像那些軍人經常為了美國的原則犧牲生命一樣，犧牲自己的職業生涯。以我來說，我不考慮向「指揮鏈」報告，美國情報體系喜歡稱它為「適當的管道」，就像那十個華倫號上的船員一樣。我的上級長官不只有注意到這個機構正在做什麼，還積極地指揮進行——他們是共犯。

像美國國家安全局這樣的機構，已經是結構性的失職了，是一種意識形態，而不是某種特別的做法。適當的管道只會變成陷阱而已，用來抓捕異端分子和對他們不利的人。我在沃倫頓已經體驗過一次這種指揮鏈的失職了，在日內瓦又體驗了一次，我在進行例行工作時，在一個重要的程式當中發現了一個安全性的漏洞。我將這個漏洞回報上去，但是沒有任何的處置，我又再度回報了。主管對我的行為感到很不高興，因為他的主管也不高興。指揮鏈是環環相扣的，下面的人只能被上面的人牽著走。

我出身自海岸警衛隊世家，我一直對於和「揭露」有關的英文單字「海洋」的由來感到很著迷。即使是在美國海軍華倫號之前，組織也和船一樣會發生洩漏。當蒸氣取代了風做為動力，哨子也被用作吸引注意和緊急時刻的信號，一聲是代表靠左舷通過，兩聲是代表靠右舷通過，五聲則是警告。

然而，在歐洲語言當中，同樣的詞彙通常根據歷史背景有著令人擔憂的政治涵義。法文在二十世紀時大多使用 dénonciateur 這個字，直到第二次世界大戰，這個詞被用來指稱替德國工作的「告發者」（denouncer）、「線民」（informant），因此改為使用 lanceur d'alerte（發出警報的人）。德文這個語言一直糾結於其文化中曾出現納粹和史塔西（Stasi，國家安全機構）的歷史，從原本的 Denunziant 和 Informant 進化到不夠令人滿意的 Hinweisgeber（給予提示的人）、Enthueller（揭發者）、Skandalaufdecker（揭露醜聞的人），甚至是明顯政治化的 ethische Dissidenten（有道德的異議者）。然而德國人在網路上不常使用這些詞彙，說到網路方面的揭露，他們就是直接使用吹哨者（Whistleblower）和動詞洩漏（leaken）。像俄羅斯和中國這樣的政權，他們的語言會採用含有貶義的「告密」（snitch）和「背叛者」（traitor）。在這樣的社會當中，必須要有強而有力的自由媒體，才能使用帶有更多正面意義的詞彙，或創造一個不將揭發形容成背叛、而是形容成光榮義務的全新詞彙。

到頭來，每一個語言，包含英文在內，都藉由如何定義「揭發」這個字，來顯現它的文化和權力的關係。即使是起源自海上的英文詞彙，看似中立無害，從認為自己被誣陷的機構的角度來看，這項舉動也會被醜化成不是為了公眾的利益。當一個機構譴責「洩密」，就是在暗指「洩密者」傷害或破壞了什麼。

現在，「洩密」（leaking）和「吹哨」（whistleblowing）這兩個字通常被認為是可以互換使用的。但是我認為「洩密」這個字的一般用途是錯的。它應該被用在洩密者不是為了公眾的利益，是為了自己的利益、或追求機構目的或政治目的而揭露時。說得更精確一點，我認為洩密應該是比較接近「植入」或是「宣傳播種」（propaganda-seeding），選擇洩漏一些受到保護的資訊，目的是操弄大眾意見，或影響決策過程。很少有「不具名」或「匿名」的高級政府官員洩密給記者，不是為了自己、自己的辦公室、自己政黨的利益。

二〇一三年發生的事件也許是最明目張膽地顯示出這種動機的例證，美國情報體系可能是希望提高恐怖主義的威脅藉以降低對全民監視的批評，於是向幾個新聞網站洩漏了蓋達組織首領艾曼．查瓦希里（Ayman al-Zawahiri）和他的全球分部進行電話會議時非常詳細的內容。據稱在這次被稱為死亡電話會議的會議當中，查瓦希里與蓋達組織葉門分部首領納瑟．烏哈希（Nasser al-Wuhayshi）、塔利班及博科聖地代表人討論了組織合作事宜。美國情報體系揭露他們有能力監聽這次電話會議（假設我們相信這個揭密，它的內容是關於電話會議的描述，而不是錄音），就是無可挽回地破壞了一個得知最高等級恐怖分子領袖的計畫和意圖的絕佳手段，只是為了在新聞聲量中獲得短暫的政治優勢。沒有人會因為這次的花招而被起訴，但是這一定是不合法的，還讓美國失去了持續竊聽蓋達組織電話的能力。

美國的政治階級一再地證明了他們願意接受，甚至是為了自己的利益刻意製造洩密。美國情報體系時常宣布他們的「成功」，不管他們的保密問題，也不管結果會如何。我近期的印象中，最明顯的就是有關美國出生的極端主義教士安瓦爾・奧拉基（Anwar al-Aulaqi）在葉門遭到法外處決的洩密了。歐巴馬政府不遺餘力地向《華盛頓郵報》及《紐約時報》宣傳他們對奧拉基進行的無人機攻擊，這樣就是默認了中情局的無人機計畫，以及他們的「處置矩陣」（disposition matrix），也就是暗殺名單的存在，這兩者都應該是最高機密。此外，政府還間接證實了他們不只會進行暗殺活動，還會暗殺美國公民。這些洩密，再加上配合媒體宣傳，驚人地證實了美國對待機密時會視情況改變做法——為了讓政府可以持續做出有罪不罰的行為，一定要保持祕密，但如果政府想要搶功勞，隨時都可以打破祕密。

只有在這種背景下才能完全理解美國政府和洩密的關係。如果有意料之外的好處，他們就會原諒「未經許可的」洩密，並且在「經過許可的」洩密造成傷害時選擇遺忘。然而同樣都是造成傷害、而且不是經過許可的洩密，它們本身就是不合法的，但市政府卻會做出不同的反應，是什麼因素造成有的揭露可以被允許？有的卻不行？

答案就是權力和控制。如果這次揭露不會威脅到一個機構的基礎權力，才有可能被接受。如果一個機構裡面的不同部門，從收發室到管理辦公室，都有相同的權力可以討論內部事務，那麼管理階層就是放棄了資訊管理的權力，然後整個組織的運作就會產生危機了。爭取發言的平等權，獨立於組織的管理或決策階級之外的，就是「吹哨」這個名詞的適當意義——這種行為尤其對美國情報體系產生威脅，它是在法律允許的神祕面紗下以嚴格區隔的方式來運作。

依照我的定義，「吹哨者」是一個人經歷了艱苦的經驗，認為他們在機構內的生活已經不符合外界廣大社會的原則，以及對這個社會的忠誠，而這個機構應該要對社會負責。這個人知道自己不能持續待在這個機構了，也知道這個機構不能或不會被廢除。然而，重組這個機構卻是有可能的，所以他吹響哨子，揭露資訊，讓機構負擔來自人眾的壓力。

針對我的情況，這是一個適當的敘述，還有一個很重要的附加條件：所有我刻意揭露的資訊都是最高機密。要揭發一個祕密計畫，就必須揭發更大的機密系統，揭發它，不是因為美國情報體系宣稱自己是國家的絕對權力，而是美國情報體系濫用這種有限的特權來顛覆民主監督。如果不揭發這整個機密系統，就不可能恢復公民和政府之間的權力均衡。這種希望能恢復的動機就是吹哨的基礎——揭露不是因為對政府有異議或是反對才做出的激進舉動，而是為了掉頭而做出的普通舉動——讓船掉頭回港，在這裡它會被拆解、整修、補起洩漏的地方，才能有重新出發的機會。

全面揭露關於全民監視的全部設備——不是由我來，而是由媒體來，媒體受到權利法案保護、是美國政府實際上的第四權，對於這種規模的犯罪，這是唯一合適的反應。畢竟光是揭露一個特定或一系列濫用職權的行為是不夠的，他們可以停止（或假裝停止）這些行為，但是原封不動地保留其他不為人知的設備。我打算揭發一個全面的事實——美國政府研發並運用了一套全球全民監視系統，但是卻沒有讓美國公民得知或同意。

吹哨者可能來自於機構內的任何階級。但是數位科技讓我們來到了史上第一次這樣的時代，最有效的吹哨者都是來自底層，最沒有誘因要維持現狀的人。在美國情報體系，就像所有依賴電腦的大型分散管理機構一樣，階級較低的人之中有許多擅長使用科技的人，就像我一樣，他們對於重要基礎設備的存取權限與他們能影響機構決策的權力不成比例。換句話說，像我這樣的人想知道的和能夠知道的事情之間，以及我們能改變組織文化的微小力量和對整體文化表達擔憂的強大力量之間，都有著很大的不平衡。雖然像這樣的技術特權一定會被拿來濫用——畢竟大多數系統階級的技術人員可以存取到任何事物，那種特權的最高運用就是在於科技方面。能力越大，責任越重。如果要讓大家理解這些發現的重要性，想要舉報系統性地濫用科技的技術人員不能只是把他們的發現公諸於世，他們還有義務要做出淺顯易懂的說明。

全世界最適合做這件事的少數幾十個人就在這裡，和我一起坐在坑道裡。和我一樣的技術人員每天都來這裡上班報到，坐在自己的電腦前繼續進行國家的工作。他們並不是沒有注意到職權濫用，只是沒有興趣，缺乏這樣的好奇心並沒有讓他們變得邪惡，而是可悲。無論他們來到美國情報體系是出於愛國主義還是機會主義，都不重要，一旦他們進入了機器，就會成為機器。

第二十二章　第四權

沒有任何事比必須守住那些不能說出口的祕密更加辛苦了。向陌生人撒謊來掩飾臥底身分，或是隱藏自己的辦公室是在全世界最機密的鳳梨田下，聽起來或許符合上述情況，但至少你是團隊的一部分。雖然這份工作可能是一個祕密，不過至少是共同的祕密、也是共同的負擔。雖然悲慘，不過也會令人覺得好笑。

然而當你有真正的祕密，卻無法與他人分享，這樣的強顏歡笑也自然成為謊言。我可以說出我的不安，但卻不能提到原因。直到我死的那一天，我都會記得向我的同事解釋，我們的工作是怎樣違反當初宣誓的誓言，然而他們毫不在乎的說，「那又能怎麼辦呢？」我討厭這個反詰，充滿無力與挫敗感，卻依然還會強迫我捫心自問，「對啊，我能怎麼辦？」

當答案不言自明時，我決定成為吹哨者，卻未透露任何隻字片語給我一生的摯愛琳賽，因為即使一個字，都可能讓我們的關係比處在保持緘默下更糟。為了不想在我可能造成的傷害之外，再給她造成更多傷害，我決定保持沉默，在沉默中我感到孤單。

我自認自己能輕鬆的與孤獨和孤立相處，至少比吹哨者界的前輩更為容易。是否我生活的每一步已經對此作出準備？這些年在電腦螢幕前的沉迷與寂靜，是否讓我習慣獨自一人？我曾是獨來獨往的駭客、夜班經理與掌管空蕩辦公室鎖鑰的負責人。但我也是平凡的人，沒有同伴令我感到辛苦。我嘗試要讓道德與法律、職責與欲望達到平衡，但最後卻又失敗。如此的循環，讓我每天備感折磨。我曾擁有我想要的任何事物——愛、家庭與超出我預期的成功，我曾住在充滿綠樹的伊甸園，但其中一棵是禁止被碰觸的樹。最簡單的事，應該就是遵守規定。

即使我已經接受這項決定可能帶來的危險，不過卻依然無法適應這個角色。畢竟，誰要來把這些資訊公布給美國大眾？誰選擇我成為情報的負責人？

我意圖揭發有關我的國家正祕密進行大規模監控的資訊，雖然相當具有爆炸性，但技術性並不高，這令我擔憂自己會被外界誤解。這也是我在選擇公諸於世之後，我的第一個決定就是帶著檔案公諸於世。揭露一項機密計畫只是單純形容它的存在，不過公布系統性的機密則是描述它的運作方式。這需要文件，機構的實際檔案——盡可能多的檔案來揭發濫權的範圍，雖然我知道只要公布一項可攜式文件格式檔（PDF），就足以讓我鋃鐺入獄。

由於害怕政府對任何我所揭露機密的實體或平台進行報復，曾暫時讓我考慮用個人身分登出這些檔案。這將是最方便與安全的方式：只要收集最令我不安的文件，把它們公布在網上，然後散布連結。不過最後我沒有採取這項方式的原因之一，是與認證有關。許多人每天在網路發布「機密文件」，當中有許多包括時間旅行的科技與外星人。我不想要那些可信度很高的檔案，淪為這些荒謬言論，並在混亂中消失無影。

在這個過程的最初期，我就很清楚必須要有一些人或組織能擔保我文件的真實性。我也需要一個合夥人評估洩漏這些機密可能導致的潛在危害，並以科技與法律觀點來對這些資訊進行解釋。我相信自己能提出國家監控引發的相關問題，甚至可以分析評估，但我也必須信任別人能解決這些難題。無論我對這些組織有多不安，我更恐懼自己單獨行動。如果與某種媒體組織聯手，就可以幫助我防禦惡棍活動的最糟指控，並修正我可能存在的偏見，無論他們是有意識或無意識，個人或專業。我不希望自己任何的政治意見而影響到揭露機密的公平性，或是外界的反應。在每個人都遭監視的國家中，監控反而成為最政治的話題。

回想起來，這部分歸功於琳賽對我日益增加的影響力。琳賽花了多年時間灌輸我，我的興趣與憂慮不一定是她會關心的事物，當然也不會是這個世界關注的話題。只因為我分享我的知識，並不意味任何人必須認同我的意見。並非每個反對隱私遭侵犯的人，可能準備好採用256位元的加密標準，或是全面停止使用網路。像是違憲等非法行為可能會令某些人不悅，但有些人卻是因為侵犯到他們或是配偶、孩子的隱私權而發怒。琳賽是我解開這項事實的鎖鑰，不同的動機與途徑只能增加實現共同目標的機率。不知情的她給了我信心，征服我的恐懼，並鼓勵我主動與別人接觸。

哪些人呢？他們是誰？這也許很難記得或想像，但我首次考慮挺身而出時，吹哨者首選的論壇就是維基解密（WikiLeaks）。儘管對國家權力充滿了高度質疑，不過在那時候，它的許多運作方式就像傳統的出版業者。維基解密經常加入主要國際刊物，像《衛報》、《紐約時報》、《明鏡》周刊（*Der Spiegel*）、《世界報》（*Le Monde*）與《國家報》（*El País*）之列，刊登有來源提供的文件。從這些新聞組織在二〇一〇到二〇一一年刊出的報導當中，若以消息來源與新聞記者的連結關係，以及作為保護來源匿名性的防火牆而言，維基解密是最有價值的媒介。

維基解密在刊登美國陸軍一等兵雀兒喜・曼寧（Chelsea Manning）的軍事機密後，運作方式出現改變。她洩漏了大量有關伊拉克與阿富汗戰爭的美國軍事日誌與美國的外交電報。由於該網站對曼寧資料的裁減，引發政府的反彈與媒體的爭議，維基解密最後決定改變刊登日後洩密的方式：就是原始檔案、不經任何刪減。轉向完全透明的政策，意味著，與維基解密合作將無法符合我的需求。對我而言，它的效力等同個人刊登，個人刊登不能達到我的要求，已經被我否決。美國國安局的檔案文件，透露它正在全球部署大規模監控系統，的確令外界難以理解，這事情的複雜性與高度技術性，也逐漸說服我，它沒有辦法在「檔案轉存」中一次呈現，只能靠記者有耐心與謹慎的工作，並在我假設的最佳情境，與來自多方獨立媒體機構的協助下進行。

雖然當我決定要直接跟記者揭露時，我暫時鬆了一口氣，不過我心中仍存有一些疑慮，主要與我的國家最知名媒體有關，特別是美國報紙《紐約時報》。每當一想到接洽《紐約時報》，我自己便開始遲疑。該報曾登出維基解密的報導，凸顯它敢觸怒政府的決心，但我還是無法停止想到它先前對記者李克特布勞（Eric Lichtblau）與賴真（James Risen）所寫，有關政府無證竊聽等重要文章的處理態度。

這兩名記者整合司法部舉報人的情報，加上他們的報導，揭露國安局在九一一事件發生後，啟動監控計畫STELLARDWIND的一部分。他們完整的報導、編輯、與事實查證的文章，原本預定在二〇〇四年刊登。當時該報紙總編輯凱勒（Bill Keller）出於禮貌，曾向政府解釋，文章的目的在於讓記者有機會評估政府的顧慮，刊出部分情報可能危及國家安全的原因何在。在這個情況下，就如同多數情況，美國政府拒絕提供明確解釋。布希政府更在沒有任何證據下，告訴凱勒與《紐約時報》發行人亞瑟．舒茲伯格（Arthur Sulzberger）說，如果《紐約時報》登出了政府無故竊聽美國民眾的事件，將會助長美國敵人勢力與孳生恐怖主義。不幸的是，報社被說服了，並捨棄了該報導。至於李克特布勞與賴真的文章，在一年後、也就是二〇〇五年十二月還是見報，當時賴真對報社施壓，表示這些資料都會寫在他即將發行的新書。如果當時這篇文章一寫完就刊出，或許可能改變二〇〇四年的美國大選。

如果《紐約時報》或任何報紙，對我做出類似的事，如果它拿走了我的資料、寫成報導，並將報導送去審查，但最後卻不刊出，那我就完蛋了。鑒於我是提供資料的來源，這等於是報導尚未公諸於世前，我就已經成為階下囚。

如果我不能相信權威的報紙，我是否應該相信任何組織？為何要如此自找煩惱？我並沒有簽約要做這件事。我只想要隨意玩電腦，並為我的國家做些貢獻。我有一間租來的房子、一個愛人，我的健康也日益改善。在我上下班路線的每個停止標誌，都好像在警告我停止這些自願性的瘋狂。我的大腦與心情處在衝突狀態，只希望其他人在其他地方，能自行解決他們的問題。畢竟，新聞不就是跟隨著麵包屑，並撿拾它們？這些記者除了上推特，一整天都還做些什麼事？

對於第四權居民，我至少知道兩件事。他們爭取獨家新聞，而且對科技所知甚少。由於缺乏專業知識或是對科技的興趣，以至於在我收集有關大規模監控資訊過程時，記者錯失兩件令我震驚的事件。

第一件是國安局宣布要在猶他州布拉夫戴爾（Bluffdale）興建龐大的新資料設備。前者將它稱為大規模數據資料庫（Massive Data Repository），直到一些擅長公關的人士認為如果成立後，可能很難對外解釋成立原因，因此重新改名為任務數據資料庫（Mission Data Repository），因為只要不改變縮寫，就不用改變所有簡報的投影片。MDR預定將興蓋四間兩萬五千平方英尺的大廳，內部將放置伺服器。它將儲存龐大的資料，基本上是整個地球的生命模式演變史，還有藉由民眾的手機、手機與電話、電話與網路，與這些網路流量的活動概要等，所展現出來的人類生活紀錄。

唯一注意到這項宣布的知名記者是詹姆士．班福德（James Bamford），他在二〇一二年三月為《連線》（*Wired*）雜誌寫過一篇相關報導。雖然之後在非科技類媒體還有幾篇後續文章，但都沒有進一步深入報導。沒人問過，至少對我而言是相當基本的問題：為何政府組織，更別說情治單位，需要如此大的空間？存放什麼資訊？以及意圖要存放於此的數量多寡？有放置時間多長？除非是早已計畫將永久在此地存放這些資訊，否則他們沒有原因建立如此規格的建築物。在我心中，這裡是犯罪事證，顯而易見的犯罪事實，在這巨大的倉庫，周遭還有鐵絲網與守衛塔，他們在猶他沙漠中建立的電網吸走了該城市的電力。不過沒有人注意到這一點。

第二個事件發生在一年後，二〇一三年的三月，克拉柏向國會作偽證，國會放過他的一週後，幾本期刊已刊登證詞，雖然他們只是照本宣科的報導克拉柏否認國安局收集美國民眾的個資。然而沒有所謂的主流刊物刊登中情局技術長古斯・韓特（Ira "Gus" Hunt）罕見的公開露面。

我在戴爾任職與中情局合作的期間，對古斯略有所知。他是我們的大客戶之一，每個業者都愛他口不擇言的魯莽個性。他總是說些不該說的話，對銷售員而言，他就像是有張大嘴巴的錢袋。現在他在紐約的公民科技論壇（GigaOM Structure Data）會議擔任特別來賓。任何人支付四十美元就可進場。古斯之流的主要演說則放在網路免費觀看。

我之所以注意他的演說，是因為我透過國安局管道，發現中情局終於決定雲端合約的合作意向。中情局已拒絕我在戴爾的團隊成員，也駁回惠普的提議，不過卻與亞馬遜簽署為期十年、六億美元的雲端發展與管理協議。我對此並無負面感覺，在此關頭，我很高興自己的工作沒有被中情局利用。我只是好奇，從專業的觀點來看，古斯是否會含糊的公布這項消息，並對亞馬遜為何雀屏中選打馬虎眼，特別是外界針對合約原本就內定給亞馬遜的傳言沸沸揚揚。

當然，我有一些內幕，不過是超乎預期的那種。我有機會目睹這位在中情局最高位階的技術長，穿著皺巴巴的西裝站在舞台上，向一群沒有通過安全檢查的普通人——還有透過網路、同樣未經安全調查的世界——說明中情局的企圖心與能力。在他進行簡報時，他偶爾會穿插冷笑話，並且拙劣地操作簡報，我則是愈來愈感到不可置信。

在中情局，他說，「基本上，我們收集任何事，再永久存放。」如果這還不夠清楚，他繼續說：「我們就快要可以運算所有人類創造的資訊了。」這條底線是古斯自己畫的。他從投影片讀出這些字眼，醜陋的字體、醜陋的格式，上面還有政府經典的四色美工圖案。

在場有幾位記者，不過看來他們幾乎都來自專門科技的政府刊物，像是《聯邦電腦週刊》（*Federal Computer Week*）等。顯然，古斯準備在他結束簡報時進行問答時間。但那不像問答，比較像是直接提供給記者的輔助說明。除了胸前繫著的小丑領結，他必然還嘗試著從胸中發出一些肺腑之言。

古斯告訴記者，中情局可能追蹤他們的智慧手機，即時他們已經關掉，該機構仍可能監聽他們通訊的每個字。記得：這些是國內記者，美國記者。古斯說的「可能」，意味著「已經」、「正在」及「以後也會」。身為中情局高階說教者的他，用一種明顯煩躁不安，令人感到心煩的方式下結論，「科技改變速度之快，政府或法律根本無法趕上。它變遷的速度遠超乎人們想像：你應該問問你們擁有什麼權利，還有誰擁有你的資訊。」我驚訝得不知所措，任何比古斯低階的人，若發表這樣的演說，到頭來一定會被關進監獄。

古斯說出真心話的報導只刊登在《哈芬登郵報》（*Huffington Post*）。但這場演說至今仍可在Youtube看到，至少六年後我在寫這本書還可看到。上次我去看時，點閱次數有三一三次，其中有十幾次來自我。

我從這裡學到一個教訓就是，如果我的揭密想要有效，我除了要把檔案交給記者，幫助他們解讀這些文件。我還必須成為他們的合夥人，提供技術訓練與工具，協助他們準確與安全的報導。採取這項行動意味我已涉入到情治工作中的最嚴重罪行之一：其他情治人員犯的是間諜、煽動叛亂與叛國罪行，我卻是協助與教唆新聞行為。但有違常情的事實是，在法律上，這些罪行都是相似的。基於公共利益而提供機密情報給媒體，以及提供甚至出售情報給敵人，美國法律並未明顯這兩者。我唯一找到與這種法律相抵觸的說法是我進入美國情報體系的第一堂培訓課。我被告知事實上出售機密給敵人比免費提供給記者來得好一些。記者會向大眾公開，而敵人不太會跟盟友分享機密。

考慮到我所冒的風險，我需要找出我能信任、大眾也可以相信的人。我需要認真、謹慎、獨立而可信賴的記者。他們必須有絕佳能力，能在區別我的懷疑與證據證明的事項之間，對我進行挑戰，當政府不當指控他們的報導將危及他人性命時，對政府提出質疑。最重要的是，我必須確保我挑選的人，在面臨前所未有的壓力時，不會屈服在權力之下。

我並沒有將網撒得太廣，以免影響這個任務，但仍廣到足以避免一個錯誤點，那就是《紐約時報》的問題。一個記者、一份刊物或一個國家的刊物都不夠，因為美國政府已經顯現扼殺此類報導的決心。理想的情況是，我同時把檔案交給每位記者，自己不會留任何一份。這可以把審查焦點轉移到他們身上，以防一旦我被逮捕，真相仍有機會公諸於世。

當我縮減這份可能合夥人名單時，我發現這個方向是錯誤的，或者是浪費時間。與其自己挑選記者，我應該讓我企圖揭密的系統為我選人。我決定，最好的合夥人應該是國家安全機構已經鎖定的記者。

蘿拉・柏翠絲（Laura Poitras）是一名紀錄片導演，主要關注的題材是九一一後美國的外交政策。她的作品《我的國家、我的國家》（*My Country, My Country*）描寫二〇〇五年伊拉克大選，在美國占據下（及干擾下）進行。她的另一個作品《計畫》（*The Program*），則是有關國安局加密專家威廉・賓尼（William Binney），透過正式管道對STELLARWIND的前身TRAILBLAZER指出質疑，卻被指控洩漏機密。他因此受到多次騷擾，甚至在家中被人用槍指頭而遭到拘捕，不過最後他並沒有被起訴。蘿拉本人也因為工作，多次被政府騷擾、拘留與出入國時遭邊界警察詰問。

格倫・格林華德（Glenn Greenwald）曾是人權律師，後來成為Salon網站的專欄作家，早在二〇〇九年，他是少數在該網站寫作有關非機密版國安局總監察長報告的作家之一，後來他為美國版《衛報》工作。我喜歡他勇於質疑，並且論述清楚，不怕與惡魔對抗，即使惡魔不在，他也會挑戰自己。儘管後來證實英國《衛報》的艾文・麥卡斯吉（Ewen MacAskill）與《華盛頓郵報》的巴特・傑爾曼（Bart Gellman）都是可靠的合夥人（並且有耐心指導我了解新聞荒野），但我最早是跟蘿拉與格倫熟識，或許是因為他們不只有意報導美國情報體系，而且了解該機構亦跟他們的切身利益相關。

唯一的問題是如何與他們接觸。

因為不能透露真實姓名，我用不同身分作為掩飾來與記者接觸，一段時間後便換另一個。我用的第一個身分是「辛辛那特」（Cincinnatus），他曾是傳奇農夫，之後成為羅馬執政官，但又自願放棄權力。其次是「第四公民」（Citizenfour），部分記者以為我使用這個名稱，意味著我自認是國安局近來歷史中，繼賓尼與他的同伴 TRAILBLAZER 舉報人柯克・魏比（J. Kirk Wiebe）與艾德・魯米斯（Ed Loomies）之後，第四個心懷不滿的員工，雖然我心目中的三人組是湯姆斯・德雷克（Thomas Drake），向記者揭露 TRAILBLAZER 的丹尼爾・艾斯柏格（Daniel Ellsberg）與安東尼・羅素（Anthony Russo），他們報導「五角大廈文件」，描寫越戰的欺騙，並協助事件落幕。我最後選擇的身分為「Verax」，拉丁文為「說真相者」，希望能對自稱「Mendax」（說謊者）的一名駭客所採取的模式提出代替方式。Mendax 是一位年輕人的化名，就是後來維基解密的朱利安・亞桑傑（Julian Assange）。

直到你拼了命去做，彷彿這攸關你的生死，否則你很難體會要在網路上維持匿名是多麼辛苦。美國情報體系建立的通訊系統，多數都有單一目標：觀察一項通訊的人員一定不能辨別出涉入者的身分，或者用任何方式將他們歸屬到某個組織。這也是美國情報體系為何將這些情報交換稱為「無法歸屬」。網路世代前的間諜匿名行為是很有名的，多數來自電視或電影。舉例來說，藏身處的地址用浴室隔間的塗鴉做為密碼，或是隱藏在分類廣告的縮寫當中。想想冷戰時期的情報交換術，寫在信箱上的粉筆記號，暗示祕密包裹正藏在公園一棵內部已被挖空的樹。現代版本可能是虛構的人物在某個約會網站進行虛構的對話，或是更常見的是，一個表面上無害的程式，在由中情局控制的亞馬遜伺服器上，留下表面上看來無害的訊息。然而我想要的方式是比那個更好，不需要暴露，也不用任何預算。

我決定利用別人的網路。我希望這只是像去麥當勞或星巴克登錄連網那麼簡單就好了。不過這些地方有閉路電視、收據與其他人，他們是長腳的記憶體。另外，每個無線裝置，從手機到筆電，都有全球性的獨特辨別標示，稱為 MAC（機器存取位址），它會在連接的每個存取點留下紀錄，可視為使用者行動的鑑定標誌。

所以我沒去麥當勞或星巴克，而是開車。我進行沿街掃描（war-driving），將車子變成移動的 Wi-fi 感應器。你需要一台筆電、高速天線與有磁性的衛星導航感應器，可以裝置在車頂。電力可由汽車、可攜式電池或筆電本身提供。這些東西都能放在背包內。

我帶著可執行 TAILS 的低價筆電，這是 Linux 開發的「健忘」作業系統，意味一旦關機，所有資料都會消失，一旦再次啟動，一切又重新開始，沒有任何登錄或記憶的痕跡。TAILS 讓我輕易「欺瞞」或偽裝筆電的 MAC：無論何時連接到網路，它都會留下其他機器的紀錄，與我無關。更好用的是，TAILS 也有內建支援，連結到匿名的 Tor 網路。

在夜晚與週末，我在歐胡島四處開車，讓天線接收每個 Wi-Fi 網路。我的衛星感應器可偵測到附近地區的每個存取點，這多虧我使用的 Kismet 繪製地圖程式。結果這份地圖顯示出在我們每天經過的地方，在我們不注意下，有著隱形的網路，其中有絕大部分是沒有安全裝置，或是我可以輕鬆繞過。有些網路需要更複雜的破解才能進入，我會阻擋網路，讓合法使用者想藉由離線啟動，重新連上網路，在此過程中，他們會自動傳送「認證包」，我可以攔截，有效破解密碼，以方便我像其他授權使用者一樣登錄。

手上有了這份網路地圖，我在歐胡島開著車，就像狂人一般，企圖查看電郵信箱是否有記者已經回覆我。在跟柏翠絲聯絡上之後，我晚上大多時間都在跟她寫信，我把車停在海灘邊，再連接到附近度假村的 Wi-Fi。我必須說服一些我選上的記者使用加密郵件，這在二〇一二年時是一件痛苦的事。在某些情況下，我必須告訴他們方法，所以我上傳教學資料。我通常把車停在停車場，坐在車內，利用圖書館、學校、加油站或幾乎沒有保護措施的銀行等網路來完成這個工作。重點是不要形成任何既定模式。

在一個商場的停車場，確知當我關上筆電，便可保守我的祕密之後，我擬定一份宣言，解釋我為何將這些機密資料對外公開，但之後又把它們刪掉。接著我試著寫電郵給琳賽，最後也被我刪除。我想不出來該說些什麼。

第二十三章 讀取、寫入、執行

在電腦運算中，將讀取、寫入、執行這三項功能稱為權限，它們決定你在一部電腦或電腦網絡的權限範圍。有了**讀取**一個檔案的權利，你便能存取其內容；有了**寫入**的權利，你便能修改它。**執行**則是指你能夠驅動一個檔案或程式，使它依照你所下達的指令行動。

讀取、寫入、執行：這是我的簡單三步驟計畫。我想要直搗這世界守衛最為森嚴的網絡核心，以查明真相，加以複製，然後公諸於世。但我在進行這一切的時候不能被抓到，也就是我自己不能被讀取、寫入及執行。

你在電腦上或任何裝置上所做的任何事，幾乎都會留下紀錄。在國安局尤其如此。每次登入及登出都會編成一個日誌紀錄。我所使用的每項權限都會留下痕跡。每次我打開一個檔案，複製一個檔案，下載、移動或刪除一個檔案，這些行動都會被記錄下來，以更新安全日誌、顯示這些網路足跡。還有網絡流動紀錄、公共重要基建紀錄等——人們甚至開玩笑說攝影機隱藏在廁所、還有廁所隔間裡。國安局有大量的反情報機制，監視正在監視別人的人，如果有人逮到我在做不該做的事，那也不會是我正在刪除某個檔案。

幸好，這些系統的優點也正是它們的弱點：它們的複雜性意味著，甚至連執行計畫的人都未必知道它們是如何運作的。唯獨系統管理員之外，沒有人確實了解它們在哪裡重疊，在哪裡有缺口。畢竟，那些你所知道的複雜性、被取了恐怖名稱的系統，比如「午夜騎士」，一開始總得有人去裝設才行。國安局或許為這個網絡花了不少錢，但是，像我這樣的系統管理員才是真正的擁有者。

「讀取」階段，是系統在連接國安局與國內外其他情報機構的路徑間所鋪設的數位絆網游走。這些情報機構包括國安局的合作夥伴，英國政府通訊總部（GCHQ），該機構設立了「光纖神經」（OPTIC-NERVE）之類的拖網，以人們在雅虎即時通等平台視訊聊天鏡頭為標的，每五分鐘儲存快照；還有「PHOTONTORPEDO」，這個計畫會抓取 MSN 即時通使用者的 IP 地址。利用「心跳」收集我要的文件之後，我可以把「大量收集」拿來對付那些與全民為敵、將情報體系妖魔化的那些人。國安局的安全工具會記錄讀取的人，但這不要緊；願意花功夫檢查工作日誌的人，如今早已習慣看到「心跳」了，它不會引發警報，它將成為完美的偽裝。

「心跳」的功能雖然是收集檔案，但由於太多檔案了，它只會把檔案放在夏威夷的伺服器。我需要一個方法來處理檔案，從中搜尋，再丟掉不相干及不有趣的，以及那些含有我不能洩漏給新聞記者的合法機密的檔案。在這裡，雖然仍處於「讀取」階段，卻有多方面的危險，主要是因為我面對的通訊協定不單是為了監視，更是為了預防。如果我在心跳伺服器進行搜尋，它就會亮起一個大型電子信號，閃著：「**逮捕我**」。

我思考了一陣子，我不能直接由心跳伺服器複製檔案到個人儲存裝置，從容離開「坑道」而不被抓到。不過，我可以讓檔案離我近一點，把它們導引到一個中途站。

我不能把檔案傳送到我們的一般電腦，因為在二〇一二年前，「坑道」已全面升級為新的「精簡型電腦」（thin client）機器：硬碟及處理器都很弱的精簡型電腦，無法自行儲存或處理數據、所有的儲存與處理都在雲端進行。然而，在辦公室被遺忘的角落，有一堆廢棄不用的桌上型電腦——國安局早已清空不用的老舊陳年機器。雖然我說老舊，但是對於那些沒有國安局規模預算的人而言，算是新的了。它們是二〇〇九年或二〇一〇年的戴爾電腦，大型灰色的沉重機器，可以自行儲存及處理數據，無需連上雲端。我喜歡它們的地方是雖然它們仍屬於國安局系統，但無法被密切追蹤，只要我讓它們避開中央網絡就好了。

我可以隨便找到理由來使用這些笨重可靠的機器，例如宣稱我想要確定「心跳」能在舊版作業系統使用。畢竟，不是國安局網站的每個人都有一部新的「精簡型電腦」。如果想要戴爾執行民間版的「心跳」呢？或者說，假如中情局或聯邦調查局，或者一些同樣落後的機構想要使用它呢？在測試相容性的偽裝下，我可以把檔案轉移到這些舊電腦，我想要怎樣進行搜尋、過濾和組織都可以，只要我小心一點就好了。我要把其中一部笨重電腦搬回我的辦公桌時，經過一名大力主張不要使用那些電腦的ＩＴ主管，他把我攔下來，問我要用它做什麼——「竊取機密。」我回答，我們兩人都笑了。

我將需要的檔案都整齊地歸到檔案夾之後，「讀取」階段便結束了。可是，檔案還是在不屬於我的電腦裡，還是在地下「坑道」。接下來是「寫入」階段，就我的最終目的而言，這是又緩慢又乏味但依然驚人的程序——把這些檔案從舊戴爾電腦複製到我可以帶出去的裝置上。

想要從情報體系工作站複製檔案，最容易又最安全、同時也是最古老的方法：照相機。智慧手機當然不准攜入國安局的建築裡，可是員工們不小心一直帶在身上，誰都沒有注意到。他們把手機放在運動背包或是風衣口袋裡。如果他們在抽查時被查到，裝出羞愧不安的樣子，而不是表現得驚慌失措，他們通常只會被口頭告誡，尤其是如果是初犯的話。可是，把裝滿國安局機密的手機帶出「坑道」是一項冒險的舉動。如果我拿著手機走出去，有可能沒人注意及在意，對某個只是想要複製一份刑求報告的員工來說，它是很夠用的工具，可是我並不想要在一個最高機密機構的核心之處，對我的電腦螢幕拍攝數千張照片。況且，我還必須將手機設定成即使被世上最頂尖的法庭專家沒收並且搜尋，也找不出任何不應存在的東西。

我不打算公開我如何進行寫入，也就是複製及加密的方法，以確保國安局明天仍將安然無恙。不過，我會提到我複製檔案所用的儲存技術。別管隨身碟了，以它們相對少量的儲存空間而言，檔案體積太大了。我用的是SD記憶卡——SD是Secure Digital安全數位的縮寫，事實上，我用的是迷你與微型SD卡。

假如你曾經使用過數位相機或錄影機，或是你的平板電腦需要更多記憶容量，你就會知道SD卡。它們是很小的東西，神奇的非揮發性快閃記憶體，迷你SD卡僅20×21.5毫米、微型SD卡15×11毫米，基本上跟小指甲差不多，很容易隱藏。你可撬開魔術方塊的一個方塊，把它插入，再把那個方塊放回去，就沒人會注意到。其中幾次，我把記憶卡放在我的襪子裡，在我認為風險最大一次，我放在嘴巴裡，必要時就把它吞下去。最後，等我有了信心，而且確信我的加密方法之後，我就把記憶卡放在我的口袋裡。它們不會觸動金屬探測器，就算被抓到，我只要說我根本不記得自己帶了這麼小的東西，又有誰會起疑心呢？

可是，記憶卡也有一個缺點：它們的寫入速度超慢。複製大量資料的時間總要很久，超乎你的想像，而且複製到包覆於塑膠的迷你矽晶圓的時間，往往比複製到硬碟來得更久。而且，我不只是複製，我要複寫、壓縮、加密，這些程序無法同時完成，因此我把在工作時所學會的技能全部用上。我在國安局的主要工作就是儲存，將情報體系濫權的證據製作異地（off-site）備份。

要執行全部的程序，要花八小時以上才能填滿一張記憶卡。因此我換到夜班工作，但那些時段實在嚇人。舊電腦軋軋作響、終端機關閉，為了在下班時間節省能源，除了一塊天花板螢光燈之外，其他都是暗的。光是獨自待在那裡，每隔一段時間就把螢幕打開檢查進度，就會覺得膽怯。你知道我的心情吧——看著進度尺顯示已完成八十四%，已完成八十五%，仍需 1:58:53 的那種糟透了的感覺。當進度尺終於邁向令人心安的百分之百，我已滿頭大汗。

執行——那是最後一個步驟。每填滿一張記憶卡，我就必須進行偷運的例行程序。我必須把重要檔案帶出大樓，經過主管與穿制服的軍人，走下樓梯，走出空曠的大廳，通過徽章掃描和武裝警衛與捕人陷阱（mantraps）這些兩道門的安全區域，你必須在前一道門關上、通過徽章掃描後，下一道門才會開啟，若不照做，或是被看出有什麼苗頭不對，警衛就會拔出武器、門會鎖上，你會說：「哇，這下子糗大了？」在我研讀過的所有報告，以及我做過的所有惡夢之中，這裡是我會被他們逮到的地方，我很確信。因此每次我要通過時，我都呆若木雞。我必須強迫自己不要去想記憶卡，因為只要你一想到，就會行跡可疑、舉止怪異。

了解國安局的監控系統之後，我得到一個意外收穫，就是我更加了解自己會遇到的危險。換句話說，了解這個機構的體系也讓我學會怎樣才不會被他們捉到。在這方面，我參考政府指控背叛機構幹員的起訴書——他們大多是真正的歹徒，用情報體系的術語來說，將機密資訊「滲漏」（exfiltrate）出去以牟利。我儘可能收集及研究這些起訴書，畢竟負責調查情報體系所有犯罪的聯邦調查局，都會很自豪地清楚說明他們是如何逮到嫌犯，相信我，我不介意從他們的經驗中學習。看起來，幾乎在所有案例中，聯邦調查局會等到嫌犯完成工作、快要回家時才動手逮捕。有時，他們甚至會讓嫌犯把資料帶出敏感分隔資訊設施（SCIF）——帶進公開場合、不會被監控的建築或房間，這種行為本身即構成聯邦犯罪。我一直想像有一組聯邦調查局探員埋伏著等我走到公開場合，他們就在坑道的彼端。

我通常會試著跟警衛閒聊，這是我的魔術方塊最能派上用處的地方。警衛們及坑道裡的人都知道我是那個「轉魔術方塊的傢伙」，因為我總是一邊轉著方塊一邊走過大廳。我超厲害的，甚至可以用一隻手轉好。它成為我的象徵，我的靈魂動章，以及我自己與同事的消遣玩具。他們大多認為這是一種裝模作樣，或者書呆子用來社交的開場白——它確實是，不過最主要的是，它能緩解我的焦慮、讓我平靜下來。

我買了一些魔術方塊送給別人。我還會給予有在玩的人提示、教授他們技巧。越多人習慣魔術方塊的存在，就越不會想到要檢查我的方塊。

我跟警衛混得很熟——至少我是這麼認為，主要是因為我知道他們的心思總是放在哪裡：工作以外的地方。以前在語言高級研究中心，我也做過他們的工作。我知道整晚站著、假裝警戒，會讓人腦袋一片空白。你的腳痠死了，而且再過一陣子，你將全身痠痛，你孤單一人，甚至會對著牆壁講話。

我試過發展出比對著牆壁講話更具娛樂性的方式，就是跟每一個警衛發展出獨特的打屁方式。我跟一名警衛聊失眠與白天睡覺的困難之處（記得我在上夜班嗎？所以這大約是在凌晨二點的時間）。另一名警衛，我跟他聊政治。他罵民主黨是「惡魔鼠輩」，所以我會看布萊巴特新聞網（Breitbart News）來準備話題。他們對我的魔術方塊都有一個共同反應：他們會心一笑。我在坑道工作的期間，幾乎所有警衛都曾說：「喔，我小時候也玩過。」接著會說：「我把貼紙撕下來才能拼好。」我也是，老兄，我也是。

只有等到回家，我才能夠有些微的放鬆。我依然害怕屋子被竊聽，這是聯邦調查局用來對付他們懷疑不夠忠誠的人的另外一招。我認為琳賽擔憂我的失眠是不必要的，直到她討厭我，我也討厭自己。她睡床上，我睡沙發，像個孩子一樣把我的筆電藏在毯子裡，只因為棉布可以阻擋攝影機。在立即遭到逮捕的威脅消失後，我便專心將檔案用筆電轉移到較大的外部儲存裝置——只有不懂科技的人才會以為我會把檔案永久儲存在筆電裡，接著再用不同的方法，層層加密將它們鎖住，即便一層被破解，其他幾層加密也能保護檔案。

我小心地不在工作時留下蛛絲馬跡，同時注意我的加密不會透露出我放在家裡的文件。不過，我知道一旦我把文件交給記者，並且被解密，我遲早會曝光。調查員只要查一下哪個機構的員工可以存取或者可能存取全部這些資料，最後列出來的清單可能只會有一個名字：我的名字。當然我可以不必提供那麼多資料給記者，但是這將導致他們無法盡全力做好他們的工作。最後我必須認清事實，即便只有一張簡報投影片或者PDF，都會讓我置身險地，因為所有數位檔案都有後設資料，這種隱形標籤可用來辨識其來源。

我想盡辦法要解決後設資料的問題。我擔心萬一我沒有去除文件的辨識資訊，記者解密及開啟文件的瞬間，我就會被扯出來。但是我也擔心，若徹底清除後設資料，我便有可能更改了資料，無論何種形式的更改，都會被懷疑其正確性。個人安全，抑或公共利益，何者更為重要？這或許聽起來像是簡單的選擇，但我花了很長一段時間才鼓起勇氣決定冒險，讓後設資料原封不動。

我決定這麼做的部分原因是，我擔心即使去除我已知的後設資料，還是會有其他我不知道及無法掃描的數位浮水印。另一部分的原因是，單使用者（single-user）文件的痕跡很難清除。單使用者文件是程式碼設定單使用者模式，所以如果有任何的新聞編輯決定告知政府，政府便會知道其來源。有時獨特的標識是隱藏在日期和時間戳（time-stamp）的程式碼，有時則是圖表或標誌的微點（microdot）。不過，技術上的困難，迫使我首次放棄一直以來匿名的習慣，它也可以用某種方法植入在我想都沒想過的東西上。這種情況理應讓我畏怯，但反而讓我壯起膽子。決定站出來說出我就是消息來源。我要在文件上簽名、讓自己受到譴責，這樣才能實踐我的原則。

我挑選的文件全部加起來，正好存滿一部磁碟機，就放在我家裡的辦公桌上。我知道這些資料跟在辦公室裡一樣安全。事實上，更加安全，因為層層加密。那正是加密技術的美妙之處。一丁點數學便可以保守祕密，這是槍枝與帶刺鐵絲網所做不到的。

第二十四章 加密

大部分使用電腦的人，都認為在讀取、寫入和執行之外，還有第四種權限，亦即「刪除」。

對於電腦使用者來說，刪除無所不在。在硬體上，鍵盤上有這個按鍵，軟體的下拉式選單裡也有這個選項。選擇「刪除」讓人有一種大事抵定的感覺，一種責任感。有時螢幕上甚至會跳出一個視窗，詢問你：「是否確定刪除？」如果電腦要求你確認、請你點選「確定」——這就代表「刪除」是一個重大、甚或是最終的決定。

毫無疑問地，在電腦外頭的世界確實是如此，刪除的權力向來很廣大。即便如此，如同無數專制者一再被提醒，想要真正消除一份文件，你不只是要銷毀每一份複本。你還必須銷毀每一次記憶，曾提到它的其他文件的所有複本，以及所有記得那些其他文件的人。那麼，那份文件或許才會消失，只是或許而已。

數位運算一開始，便出現刪除功能，似乎是工程師明瞭，在這個有著幾乎無限選項的世界，某些選擇必然會成為錯誤。使用者無論是否真的掌控技術層面，都必須**感覺**自己有在掌控，尤其是有關他們自己創造的東西。如果他們製作了一份檔案，應該要能夠隨意消滅它。能夠消除自己所做的東西、再從頭來過，儘管他們依賴那些無法維修的特殊硬體以及他們無法修改的軟體，並且受到第三方平台的規則限制也無妨，因為這是讓使用者獲得控制感的主要功能。

想想你按下刪除鍵的理由吧。在自己的個人電腦上，或許想要消除一些你搞砸的文件，或是曾下載但不再需要的檔案。在個人電子郵件中，你或許刪除以前的戀人寫來、但你不想再記得或者不希望配偶知道的電子郵件，或甚是你參加的抗議活動邀請函。在手機上，你或許想要刪除手機的瀏覽紀錄，或者一些自動上傳到雲端的照片、影片和私人紀錄。在上述每個案例，你刪除後，那些東西，亦即檔案，都似乎消失了。

但事實上，我們以為的刪除技術從來不曾存在過。刪除不過是一種詭計、一種臆想、一種謊言，是一個電腦為了讓你安心而跟你說的不高明謊言。雖然刪除的檔案在你眼前不見了，卻沒有真正消失。就技術而言，刪除其實只是一個過渡的形式，一種寫入的形式。一般來說，當你按下刪除一個檔案，它的數據仍安然無恙，深埋在磁碟的某處。有效的現代作業系統，並不會單純為了刪除而設計用來在磁碟裡深入搜尋。相反的，只有電腦的檔案表，也就是記錄每個檔案儲存所在的地圖，被改寫為：「我不再使用這個檔案，且此檔案已經失去重要性。」意思是說，就像在一座廣大圖書館裡被忽略的一本書，原本應該消失的檔案，只要你努力的找，還是可以找到。如果你只是消除書目，書本本身是仍然存在的。

這實際上可以利用實驗來證明。下回你複製一份檔案時，不妨想想為什麼複製檔案要花那麼久的時間，但是刪除檔案只需要一下子。答案是，刪除僅僅是把一個檔案隱藏起來而已。電腦不是設計來矯正錯誤的，而是用來掩藏錯誤，而且是只對不知道去哪裡尋找的人士掩藏。

二〇一二年剩下沒幾天時，壞消息出現：能夠禁止五眼聯盟一些最知名成員進行全民監視的法律屏障，原本就已經所剩無幾，現在更是徹底瓦解了。澳洲與英國政府提出法案，強制紀錄電話與網路後設資料。這是名義上的民主政府首度公開宣誓他們的野心，要設立某種監控時光機，好讓他們在技術上可以將任何人生活裡過去數個月、甚至數年期間的事情倒帶。至少在我看來，這些行徑標示著所謂的西方世界由自由網路的創造者與守護者，轉變為網路的敵人與可能的毀滅者。這些法律以公眾安全措施做為藉口，大膽侵入無辜者的日常生活，以致於驚嚇到其他國家的公民，而國民們或許沒想到自己所選擇的政府，也會祕密監視他們，讓他們也受到牽連。

這些公部門的全民監視計畫徹底證明，科技與政府之間無法自然並存。我身邊的兩個奇妙相關社群——美國情報體系與技術人員的全球線上部落，兩者之間的裂痕已變得極為明顯。早年在情報體系時，我還能調和這兩種文化，在我的間諜工作與我和網路隱私人士關係之間順利轉移，後者包括無政府主義駭客及較為嚴肅的 Tor 型學術人士，他們讓我跟上運算研究的潮流，並在政治上啟發我。多年來，我一直欺騙自己說我們畢竟都是站在歷史的同一邊：我們都是為了保護網路，保護網路的言論自由與免於恐懼。但是，我已無法再維持這種錯覺。現在我的僱主，政府，已確定成為敵人。我的技術人員同僚一直以來懷疑的一切，我現在終於能夠確定了，可是我不能告訴他們。或者說，我還不能告訴他們。

然而，我可以做的是有限度的幫忙他們，只要不危及我的計畫即可。這是我在檀香山所做的事，我對這個美麗城市的最大興趣莫過於擔任加密派對（CryptoParty）的主辦人與講師。這是一項國際草根性加密技術運動所發起的一種新型聚會，技術人員志願撥出時間教導免費課程，在數位自我防衛等主題上教導民眾，特別是指導有興趣的人如何保護他們通訊的安全。在許多方面，這也是我在聯合反情報訓練學院的授課主題，於是我欣然加入這項活動。

雖然你可能認為，就當時我正在進行的其他活動而言，我所做的是一件危險的事，不過它反而證明我對自己教導的加密方法充滿信心。這些加密方法是用來保護放在我家裡那部存滿情報體系濫權行徑的磁碟機，即使國安局也無法解鎖。我知道再多的文件、再多的新聞報導，都無法解決這個世界所面對的威脅。人們需要工具來保護他們自己，且他們需要知道如何使用那些工具。我同時試著提供這些工具給新聞記者，但我擔心自己的方法太過技術性，於是在給同僚上了許多堂課之後，我用這些經驗，簡化我的課程，讓我能夠向一般聽眾說明這個主題，同時我自己也獲益匪淺。此外，我很懷念教課：我站在課堂上已經是一年前的事，我重新回到那個位置的當下，我才明白一直以來我都是把對的事教給了錯的人。

我所說的課堂，不是指在像情報體系的學校或是簡報室上課。加密派對是在一間家具店與共享辦公空間後頭的一間藝廊舉行。我架設投影機，播放投影片說明如何很容易地操作一部 Tor 伺服器來協助伊朗人民，或是澳洲、英國和美國人民，這個時候學生們已陸續進來，他們是一群形形色色的陌生人和一些我在網路上認識的新朋友。那個十二月的晚上，總共大約二十人來出席，聽我及另一名講師露娜．山德維克（Runa Sandvik）講課，露娜是一位來自 Tor 計畫、聰明的年輕挪威女性。她後來擔任《紐約時報》資訊安全資深主管，而她的公司也支持她日後主辦的加密派對。我們聽眾的共同點不在於對 Tor 感興趣，或是擔心被監視，而是希望重新建立他們生活中隱私空間的控制權。有些是從街上閒晃進來的老爺爺，一名報導夏威夷「占領」（Occupy!）運動的當地記者，和一名受到報復性色情內容殘害的女性。我也邀請了一些國安局的同事來參加，希望激發他們對這項運動的興趣，雖然最後只有一名同事來參加，坐在後面，岔開雙腿、雙臂環抱、從頭到尾都在傻笑，但在我授課的同時，就證明了我沒有隱藏我跟國安局的關係。

我的簡報一開始便說明刪除的假象，想要完全消除是絕對做不到的，聽眾立即了解。於是我接著解釋，充其量，若是他們無法消除不希望被人看到的資料，可以讓檔案被覆寫，意思是被隨機或偽隨機的資料胡亂塗上，直到原始資料無法讀取。但是，我警告他們，即使是這種方法也有缺點。他們的作業系統有可能暗地裡把一份他們想要刪除的檔案複本，隱藏在某個他們不知道的暫時儲存角落。

此時，我轉到加密的主題。

刪除是監視者的美夢、被監視者的噩夢，加密則是、或者說應該是所有人的現實。這是對抗監視的唯一真正屏障。如果你的儲存磁碟一開始就加密，你的敵人就無法在裡頭翻尋你已刪除的檔案或是任何東西，除非他們有加密金鑰。如果你的收件匣所有電子郵件都有加密，谷歌便無法透過讀取來收集你的個資，除非他們有加密金鑰。如果你將經過澳洲、英國、美國、中國或俄羅斯的不友善網絡的相關通訊全部加密，間諜便無法讀取，除非他們有加密金鑰。這是加密的基礎原則：金鑰持有者掌握一切權力。

加密是利用演算法。加密演算法聽起來很嚇人，寫起來也很嚇人，但其實它的概念很基本。這種數學方法是將資訊，例如你的電子郵件、電話、照片、影片和檔案，可逆地轉變，讓沒有持有加密金鑰的人無法讀取。不妨將現代加密演算法想成是一根魔杖，你可以對著一份文件揮動魔杖，把每個字變成只有你及你信任的人才能閱讀，而加密金鑰是完成轉變的特別咒語，讓魔杖發揮作用。多少人知道你使用魔杖並不重要，只要你不讓你不信任的人知道你的咒語即可。

加密演算法基本上是好幾組設計得很困難的數學問題，連電腦都很難解答。加密金鑰是一個線索，讓電腦可以解答一組數學問題。你將尚可讀取的數據，稱為明文（plaintext），放進加密演算法的一端，另一端就會出來無法理解的東西，稱為密文（ciphertext），也就是加密後的資料。有人想要讀取密文時，就要把它和正確的金鑰一起放進演算法，這樣明文就會再度出現。不同的演算法提供程度不等的保護，加密金鑰的安全程度通常是取自於其長度，因為這代表著需要解決一個演算法背後的那個數學問題的困難程度。在涉及較為安全、較長金鑰的演算法，困難度便相當之高。我們假設一名攻擊者花一天的時間破解一組六十四位元的金鑰——以二的六十四次方種可能方法之一來攪亂你的數據（18,446,744,073,709,551,616種不同排列），那麼他就要花加倍的時間，也就是兩天，才能破解一組六十五位元的金鑰，四天才能破解六十六位元的金鑰。破解一組一百二十八位元的金鑰要花上比一天多出二的六十四次方倍的時間，亦即五億年。到那個時候，我可能都會獲得特赦了。

在我和新聞記者通訊時，我使用四〇九六及八一九二位元金鑰。這表示，除非電腦技術出現重大創新或是把數字分解成因子的原則出現根本改變，否則即便是國安局所有的加密分析師使用全世界的運算能力，都無法駭入我的磁碟機。基於這項理由，加密是對抗各種監控的最佳希望所在。如果我們所有的資料，包括通訊，由端到端（由發送者端到接收者端），都用這種方式編碼加密，那麼政府，甚至是已知物理範疇內的任何實體，都無從得知我們的資料。政府還是可以攔截及收集訊號，但那僅不過是雜訊而已。將我們的通訊加密後，基本上便可以將它們由我們往來任何實體的記憶中加以刪除——它實際上是把那些從未取得許可的實體撤銷許可。

政府想要取得加密通訊的話，只有兩個選項：追捕金鑰持有者或者取得金鑰。前者的話，政府可以壓迫設備製造商，讓他們刻意銷售會執行錯誤加密的產品。或者他們可以誤導國際標準組織，接受設有「後門」——即祕密存取點的錯誤加密演算法。至於後者，政府可以鎖定攻擊那些通訊的端點，也就是執行加密程序的硬體和軟體。通常，這是所謂的漏洞攻擊。或者他們可以利用碰巧發現的弱點，用它來駭入及竊取你的金鑰，這種技術是罪犯率先使用的，但今日卻被主要國家的公權力所接受——即使這代表國家在重要國際基建的網路安全保留了嚴重漏洞。

我們保持金鑰安全的最佳方法叫做「零知識」（zero knowledge），這個方法可以確保你想要儲存在外部的資料，例如一家公司的雲端平台，在你上傳前經由你的裝置執行的演算法加密，而且金鑰絕對不會外洩。使用零知識方法，使用者握有金鑰，而且只有使用者知道。沒有公司、機構或敵人可以取得。

我用來保護國家安全局機密的金鑰遠超過零知識：它是由多把零知識金鑰所組成的零知識金鑰。

你不妨想像：我在加密派對授課結束時，站在門口看著二十名學員魚貫走出。並在他們每個人走過門口、融入檀香山的夜晚時，我在他們耳邊低聲說了一個字，別人都聽不到的一個字，只有在他們全部再度集合在這個房間時，才可以說出這個字——唯有將這二十個人全部叫回來，讓他們按照我原先跟他們說的順序複誦那些字，你才能完整重組這二十個字的加密。萬一有一個人忘記他的字，或者複誦的順序跟先前順序有任何不同，咒語便不正確，魔法便無法施展。

我的磁碟機金鑰包括類似這種安排，但有些變化：我在說出大多數的咒語時，自己保留了一個。我的魔法咒語隱藏在各處，若是我毀滅自己所保留的那一個，就永遠毀滅取得國安局機密的途徑。

第二十五章　男孩

只有在事後回想時，才能領悟到自己有多麼飛黃騰達。我從在課堂上無法開口講話的學生，變成新時代語言的講師；由樸實、中等階級、父母在華府工作的孩子，變成在島嶼生活，賺錢多到失去意義的男人。在短短七年的職業生涯裡，我由維護地方上的伺服器晉升為擘畫與實施部署全球的系統——好比由墓園值班警衛晉級到謎宮的鑰匙主人。

即便是最具理想的人，在他們沒有充分時間變得市儈、放棄理想之前，讓他們的職位升得太高、太快，都是會有危險的。我占據了情報體系最意想不到、卻也無所不知的職位之一，雖是管理職的最底層，以存取資料而言卻是高高在上。雖然這給了我巨大能力去觀察情報體系的黑暗全貌，但老實說我沒有做好，而且我仍然對覺得難以捉摸的一項事實產生了無比好奇：國安局可以監視任何人的絕對限制何在？這個限制不是由政策或法律設定，而是由現在我所知的那些遍布全球的機器，它們冷酷、強硬的能力。有沒有人是這個機器不能監控的？有沒有地方是這個機器不能去的？

發掘這個答案的唯一方法是往下降，離開我俯瞰全景的高處，轉換成操作員角色的狹隘視野。最能隨意取得情報原始形式的國安局員工，是那些坐在操作員椅子上，在電腦輸入受到懷疑的外國人或美國公民姓名的人。基於某種理由，或者沒有理由，這些人成為國安局監控最為嚴密的對象，國安局想要知道他們的每件事和所有通訊。我知道我的終極目的地便是這個介面——國家注視著人類，而人類卻渾然不察之處。

執行這項途徑的計畫名為 XKEYSCORE，不妨將它理解為一個搜尋引擎，讓分析師可以搜尋你整個人生的紀錄。想像有一種谷歌，它顯示的搜尋結果不是公共網路的頁面，而是你的私人電郵、私人聊天、你的私人檔案等等。儘管我已熟讀這項計畫，了解它是如何運作的，但我尚未使用過，而且我明白我應該要多知道一些才行。鎖定 XKEYSCORE 是因為我個人希望確認國安局監控侵入的深度——你無法由文件得到這類確認，而必須藉由直接的體驗。

夏威夷少數真正可以不受約束地使用 XKEYSCORE 的辦公室是國家威脅行動中心（NTOC）。國家威脅行動中心在嶄新但沉悶的新開放辦公室運作，國安局將其正式命名羅徹福特大樓，這是紀念二戰時期破解日本密碼的傳奇性海軍——加密分析師約瑟夫．羅徹福特（Joseph Rochefort）。大部分員工稱之為羅奇堡，或者簡稱羅奇。我申請該中心職缺的時候，羅奇有一部分仍在興建中，我立刻回想起我第一份通過安全調查的工作，在語言高級研究中心：我在情報體系的職業生涯註定開始與結束時，都是在尚未完工的建築裡。

除了國安局派駐在夏威夷的翻譯員與分析師都在那裡工作以外，「特定入侵行動」（TAO）部門的當地分部亦設在羅奇。這個國安局部門負責遠端入侵分析師挑選為目標的人們的電腦——類似於該機構以前潛入敵人家中裝設竊聽器及找尋不體面資料的古老竊盜小組。相反的，國家威脅行動中心的主要工作是監視與破壞「特定入侵行動」外國目標的活動。幸運的是，國家威脅行動中心透過博思艾倫（Booz Allen Hamilton）開出一個承包商職缺，他們委婉地稱為「基礎設施分析師」。這份工作要使用國安局全面的監控工具，包括XKEYSCORE，以監控所謂基礎設施的活動，也就是網路。

雖然我在博思的薪水稍微多一點，大約一年十二萬美元，我認為這是降職——這是開始我的計畫、我人生最後落點的第一次降職，放棄我取得機密的途徑、安全調查和在國安局的特權。我從工程師成為一名分析師，最終將成為流亡者、成為我曾經控制過的各項技術的目標。由那個觀點看來，這種特權削減似乎無關緊要，因為我的人生弧線向地面落下，不論我的職業生涯、戀愛關係、自由、甚至我的人生的衝擊點，都將加速奔向終結。

我決定帶著我的檔案夾離開美國前，把它們交給我聯絡的記者，但我得在開始規畫這項行動的後勤作業之前，先去見一些人。我必須飛去華府，花幾個星期會晤與歡迎我的新長官與同事，他們對於我如何運用線上匿名的深入了解來揭開狡猾目標的身分，抱著很大的期望。這是我最後一次回到大華府地區，回到我初次接觸這個已經失控的機構的地方：米德堡。這次，我是以局內人的姿態回來的。

正好在波瀾萬丈的十年前，那一天就像是我的成年禮，同時徹底改變在國安局總部工作的人員，還有那個地方本身。我第一次注意到這項事實，是我開著租來的車子想要進入國安局的停車場，在康乃路上被攔了下來時。我對這裡的記憶仍充滿驚慌、電話鈴聲、汽車喇叭和警鈴大作。自從九一一恐攻以來，所有通往國安局總部的道路一律禁止通行，除非持有特別的情報體系徽章，像我脖子上現在掛的這個。

我不需要跟總部的國家威脅行動中心長官們裝熟的時候，我會把所有時間用來儘可能學習，跟負責不同計畫與不同目標種類的分析師「共享辦公桌」，這樣才能指導夏威夷的小組成員學習國安局工具的最新使用方式。至少這是為我的好奇心所準備的官方解釋，而我的好奇心總是超過必要的程度，並且博得技術人員的感激。他們一如既往，熱切地想要證明他們開發的機器的力量，對於那種力量被如何運用沒有一絲的疑慮。在總部時，我也接受如何妥善使用系統的一系列測試，這比較像是法遵考試或程序性防護，而不像是重要的指示。別的分析師跟我說，反正我必須接受很多次測試，所以不必麻煩去學習規則：「只要不斷打勾，直到你通過為止。」

在我日後交給新聞記者的文件裡，國安局形容 XKEYSCORE 是「最為全面性」的工具，用以搜尋「使用者在網路上所做的幾乎每一件事。」我研究的技術規格則更為詳盡地說明這是如何辦到的，藉由「封包」與「切分」，亦可以將使用者的線上對話切割成可以管理的封包以進行分析。雖然我已經可以說明，但我仍然最想看到它的實際運作。

簡單來說，這是我在科學事實中所見過最接近科幻小說的東西：你在這個介面可以輸入幾乎所有的地址、電話號碼或 IP 網址，然後搜尋近期的線上活動。在某些個案，你甚至可以重新播放他們線上對話的紀錄，你可以看到他們桌機螢幕畫面。你可以閱讀他們的電郵、瀏覽紀錄、搜尋紀錄、社群媒體貼文，所有的一切。你可以設定通知，每當你關注的人員或裝置上線時就會跳出通知。你可以搜尋網路數據封包，看到一個人的搜尋逐字跳出，因為許多網站在每個字母鍵入時便會傳輸出去。這就像看著一份「自動完成」（autocomplete），螢幕上閃過字母與單字。但是，輸入動作的不是電腦而是人類：這是「人工完成」（humancomplete）。

我在米德堡的那幾個星期，以及我在夏威夷博思艾倫的短暫任職，讓我親眼目睹以前只在內部文件上所讀過的濫權行為實際發生。看到這些，我才明白我在體系層級的地位跟構成立即傷害的原爆點差多遠。我只能想像我和國安局局長或美國總統之間地位的懸殊。

我並沒有在 XKEYSCORE 輸入國安局局長或美國總統的名字，但在足夠時間熟悉這個系統之後，我才知道我其實可以。所有人的通訊都在系統裡——所有人。剛開始我擔心我如果搜尋國家高層，我會被逮到並被革職，或者更糟。可是，要偽裝一項搜尋其實很簡單，即使是最知名人物，只要用一種電腦格式將我的搜尋條件編碼即可，那種格式在人類看起來像是塗鴉，但 XKEYSCORE 卻能完美理解。如果有哪位負責審查搜尋的督察人員費事去深入檢查，他們只會看到片段的亂碼，但我卻能夠搜尋最高法院法官或國會議員最私密的活動。

就我所知，我的新同事都不打算如此大規模地濫用他們的權力，雖然他們如果真的這麼做了，也沒有提起過。無論如何，當分析師想到濫用系統時，他們在意的不是專業上的目的，而是個人目的。這導致一種稱為 LOVEINT（愛人情報）的行徑，這是對於 HUMINT（人員情報）及 SIGINT（訊號情報）的下流笑話，對情報的嘲弄。分析師會利用國安局的系統去監視他們現任及前任情人以及關心的對象，閱讀他們的電郵，竊聽他們的電話，在線上追蹤他們。國安局員工知道，只有最愚蠢的分析師才會被當場逮到，雖然法律明文指出為個人用途從事任何種類的監控將至少被關上十年，國安局歷史上沒有一個人曾因為這種罪名而被關上一天。分析師知道政府絕對不會公開起訴他們，因為在你不願承認有這種系統存在的前提之下，你無法讓一個人為了濫用全民監視的祕密系統而被定罪。

當我和兩名高明的基礎設施分析師坐在國安局總部 V22 保險庫的牆壁前，我才明白這種政策的代價。他們的工作空間裝飾著一幀《星際大戰》電影知名角色丘巴卡（Chewbacca）的七英尺高照片。其中一人向我仔細說明他的目標的安全例行公事時，我才明白攔截的裸照是一種非正式的辦公室貨幣，因為他的同事不停坐在椅子上轉動，用一個笑容來打斷我們說：「瞧瞧她。」我的指導者千篇一律回答：「中獎了！」或「好極了！」彷彿有一條不成文的交易規定，假如你找到一張漂亮目標的裸照或影片，或是跟監控目標通訊的人的裸照或影片，至少在沒有女性在場的時候，你就必須秀給其他人看。這樣才能知道你可以信任彼此：你參與了其他人的犯罪。

使用XKEYSCORE之後，你很快便會知道，幾乎全世界每個上網的人都至少有兩個共同點：他們都曾經看過色情內容、他們都儲存了家人的照片和影片。不論性別、種族和年齡，幾乎每個人都一樣，包括最邪惡的恐怖分子和最善良的老年人，他們或許是最邪惡恐怖分子的祖父母、父母或表親。最令我感慨良多的是家人的內容。我尤其記得一名男孩，一個印尼的小男生。技術上來說，我不應該注意這個小男孩，但我關心他，因為我的老闆在注意他的父親。我閱讀一名「人物誌」分析師的目標共享檔案，這些分析師大多時間用來翻閱聊天紀錄、Gmail收件匣和臉書訊息等人為產物，而不是基礎設施分析師提供的隱諱、艱難、通常是駭入時所產生的情報。

這個男孩的父親，和我的父親一樣是一名工程師，但和我的父親不一樣的是，這個人並不是為政府或軍方工作。他只是一個普通的學術人士，因為寄出一份求職信給伊朗的一所研究性大學，而被監控拖網給撈到了。我甚至不記得他是如何或為何引起國安局的注意，因為懷疑的理由通常很牽強，或是關聯性很薄弱，「據悉可能與○○相關」，而那可能是某個國際組織的名稱，或許是電信標準機構，或許是聯合國兒童基金會，或許是你也確實認為具威脅性的組織。

那個男人的通訊由網路流量中被篩選出來，放進檔案裡：他寄去可疑大學的履歷複本，也就是造成他被監控的文件；他的簡訊；他的網路瀏覽器紀錄；上一週他的收發通訊；瀏覽器書籤上的ＩＰ網址。檔案中還有分析師在他身上設置的「地理圍欄」坐標，以追蹤他是否離家很遠，或者去到哪所大學面試。

裡頭還有他的照片和影片。他坐在電腦前，就像我坐在電腦前一樣，只不過他的膝上抱著一個嬰兒，一個包尿片的男孩。

這個父親想要讀些東西，可是小孩扭來扭去、敲打鍵盤並咯咯地笑。電腦麥克風錄到他的笑聲，而我在耳機裡聽到了。這個父親把小孩抱緊，小孩掙扎著坐正，黑色眼睛直直地看向電腦鏡頭——我不由得覺得他在看著我。忽然間，我意識到我不敢喘氣。我關掉這個檔案，由電腦前起身，離開辦公室走向大廳的洗手間，頭垂得低低的，耳機還掛著，電線晃來晃去。

有關那個小孩的一切，他父親的一切，都讓我想到自己的父親，我在米德堡工作的期間，有一個晚上跟他一起吃飯。我已經一陣子沒見過他了，可是在那次的晚餐，嚼著凱撒沙拉、喝著粉紅檸檬汁的時候，我心裡想到：我再也不會看到我的家人了。我沒有流淚，我盡最大努力控制自己，但在內心我很崩潰。我知道如果我告訴他我要做的事，他會叫警察來，或者他會罵我瘋了，把我送進精神病院。他會做任何他認為該做的事，來阻止我犯下最嚴重的過錯。

我只希望，終有一日，他會為我感到驕傲，而撫平他的傷痛。

二〇一三年三月至五月在夏威夷時，我做的每件事幾乎都瀰漫著事已成定局的感覺，雖然這種感覺似乎微不足道，卻讓我好過許多。想到這是我最後一次去吃米里拉尼的咖哩店，或者經過檀香山那個駭客聚會的藝廊，或是坐在車頂上找尋夜空的流星，雖然有些痛苦，可是最痛苦的是想到我只剩下一個月和琳賽在一起，或者只剩一星期在她身邊入睡及醒來，然而我卻刻意和她保持距離，以免自己崩潰。

我所做的準備就像一個人臨終前所做的事。我清空銀行帳戶，把現金放在一個舊的金屬彈藥箱，讓琳賽可以找得到，而不致於被政府沒收。我把家裡四處巡過一遍，把拖著沒做的雜務都做好，像是修窗戶和換燈泡。我將舊電腦刪除及加密，成為無聲的外殼。簡言之，我整理個人事務，讓琳賽好過一些，或者讓我的良心好過一些。我的良知在效忠這個世界與效忠琳賽及家人之間不斷擺盪。

每件事都充滿這種終結感，然而有些時候又像是沒完沒了，我所擬定的計畫好像要失敗了。我很難讓新聞記者同意會面，主要是因為我無法告訴他們要跟誰會面，甚至有一段時間我都無法告訴他們要在何時何地會面。我必須面對他們可能不會出現，或者出現後卻決定退出計畫。最後我決定，如果這其中一種情況發生，我便放棄計畫，回去工作，回到琳賽身邊，假裝一切都很正常，等待下一次機會。

在我往返庫尼亞沿街掃描時——原本二十分鐘的車程可能變成兩小時的無線網路掃描——我都在搜尋不同國家，想要找尋跟記者碰面的地點。感覺上我是在挑選自己的監獄，甚至是墓園。五眼聯盟的國家顯然都不在考慮之列。事實上，所有歐洲國家也都剔除，因為你不能指望這些國家在面臨美國強大壓力之下，還能堅守拒絕引渡政治犯的國際法。非洲與拉丁美洲也去不得，美國在當地向來有犯罪也不會被處罰的紀錄。俄羅斯也被排除，因為那是俄羅斯，而中國是中國：這兩國完全無法無天。美國政府不必做什麼事，只要指著地圖，便可以抹黑我。中東的情況更糟糕。有時看起來，我人生最艱鉅的駭客任務不是搜索國安局，而是找尋一個獨立到足以抵抗美國、且自由到不會干涉我的行動的會面地點。

經過一番消去法，只剩下香港。就地緣政治而言，那裡是我所能找到最接近無人區（no-man's-land）的地方（在雙方發生戰鬥之前，無人敢進入的地帶），但有著蓬勃的媒體和抗議文化，更別說網路大致上不設限。那裡是一個奇異的地方，一個開明的世界城市，表面上的匿名可以隔絕我與中國，至少限制北京在當下公然對我或記者採取行動的能力。雖然香港實際上屬於北京勢力範圍，但可以減少美國片面干預的可能性。但在無法保證安全的情況下，這已足夠讓我有緩衝時間。反正，我不會有什麼好下場：我所能期望的最佳情況是在我被逮捕前，把真相公諸於世。

我在琳賽身邊醒來的最後一個早晨，她要出門去可愛島露營，我鼓勵她和朋友短暫出遊。我們躺在床上，我死命地摟住她，她睡眼惺忪地問說我為何突然間那麼熱情，我趕緊道歉。我跟她說我很抱歉這麼忙碌，還說我會想念她，她是我生命中最美好的人。她笑一笑，在我臉頰上輕輕吻一下，就下床去打包行李。

她一走出家門，我便哭了出來，這是多年來我第一次哭泣。我對一切感到自責，除了政府將對我提出的指控之外，對於自己流淚尤其感到罪過，因為我知道，跟我對這個我深愛的女人造成的痛苦，或是對家人造成的傷害與困惑比較之下，我的痛苦根本不算什麼。

至少我知道即將發生的事。琳賽露營回家後將會發現我已經不見了，表面上是出公差去了，而母親基本上已經等在我家門口了。我邀請母親來做客，這種意外之舉使得她必然預期另一種驚喜，比如說我宣布琳賽和我訂婚了。我對於這種錯誤的藉口感到糟透了，一想到她的失望便心生畏怯，可是我不斷告訴自己，我有正當理由。母親會照顧琳賽，而琳賽會照顧她。她們需要彼此的力量才能撐過即將降臨的風暴。

那一天，在琳賽出門後，我請了緊急病假，說自己癲癇發作，收拾了簡單的行李和四部筆電：一部做為保密通訊，一部做為正常通訊，一部是假目標，和一部「網閘」（airgap）（今後到未來都不會連上網路的電腦）。我把手機留在廚房流理台上，旁邊放了一本便條箋，我用筆寫下：**被叫去出差。我愛你**。署名寫著我的業餘電台呼號，「回聲」（Echo）。然後出發去機場，用現金買了下一班飛往東京的機票。在東京，我用現金又買了一張機票，於五月二十日抵達香港，在這個都市，全世界的人首度認識了我。

第二十六章 香港

遊戲其實只是一系列難度逐漸提高的關卡，它之所以深深吸引人，是因為我們相信可以破關。對我而言，最好的證明就是魔術方塊。它滿足了大家內心的盼望：只要我夠努力、不斷嘗試各種可能性，那凌亂失序的一切終能重回正軌、恢復原樣。人類的機智足以將最破碎混亂的系統，改造成合乎邏輯秩序的事物，如同魔術方塊每一面都閃耀著相同顏色。

我想出一套計畫（或多套計畫），其中一點小差錯都可能害我被關起來，但至今進行順利。我逃離國安局、逃出美國，我在遊戲中獲勝了。不論從任何標準來看，這都意味著：最困難的部分已經結束了。但事情沒那麼容易，因為我聯絡的記者尚未現身。他們不斷延後會面、解釋理由並再三道歉。

據我所知，紀錄片導演蘿拉・柏翠絲立刻就會從紐約市飛來，但她並非單身一人赴約。我已寄給她部分文件，並承諾會給予更多。她忙著說服《衛報》記者格倫・格林華德加入她的行列，同時要求他買部新筆電。這部電腦不能用來上網，也必須安裝加密程式，如此一來我們才能不受監控地溝通。我一人待在香港，看著時鐘滴答滴答地走，日子一天天地過，內心苦苦哀求：**拜託，一定要在國安局察覺異狀前來見我**。我經歷了這麼多事，如今卻在香港孤立無援，這令我有些無奈。我試圖為這些記者著想，他們可能太忙或疑神疑鬼難以排定行程，但我更害怕，萬一警察比他們先到的話，那我的一切犧牲全都白費了，我還有好多資料沒公布。我想起我的家人與琳賽，我真是笨死了，把自己的命運賭在這群人身上，而他們連我的名字都不知道。

我把自己關在美麗華酒店，足不出戶，選擇在這入住，是因為它位於熱鬧的購物與商業區中心。我將「請勿打擾」牌子掛在門把上，不讓清潔人員隨便進入。整整十天，我沒離開過房間一步，因為我擔心外國間諜會趁機潛入安裝竊聽器。此事如此重大，我唯一能做的只有等待。我將房間改成簡陋的運作中心，透過加密過的網路通道，寄信懇求自由媒體工作者盡快前來。我會站在窗前等待回應，癡癡望著外頭無緣涉足的美麗公園。當蘿拉與格倫最後抵達時，我已將旅館菜單吃過一輪。

但在那個禮拜，我不只是空等或寫些奉承的信。我還試著整理最終報告，像是爆料包括哪些內容、如何在有限時間內解釋一切。這是個有趣的挑戰：如何用最精準的表達方式，讓這些沒有技術背景的人聽得懂。他們絕對會懷疑我說的話，畢竟我指控的是美國政府非法監控全世界。我整理好「後設資料」與「通訊承載」等辭彙定義，還備妥各式縮寫與簡寫說明，像是CCE、CSS、DNI、NOFORN等。我最後決定別從技術或系統的角度切入，而是從監控計畫說起（用說故事的方式），我要使用他們聽得懂的語言。但我無法決定先說哪個故事才好，因此不斷重組次序，試圖以最棒的順序講述史上最嚴重的犯罪。

我必須設法讓他們在短短幾天內了解此事的嚴重性，而這是我花費數年才拼湊出的真相。另一方面，我也得讓他們認識我，理解我為何如此做的原因。

等了好久，格倫與蘿拉終於在六月二日抵達香港。與我在酒店見面時，他們對我的樣子有些意外。格倫甚至說，他以為會遇到年紀更大的人，像是菸酒不離手、罹患癌症末期，內心備受折磨的老人家。他不解的是，像我這樣的年輕人（他不斷確認我的年紀）怎可能接觸到如此敏感的資料，又怎會願意賭上自己的人生。我猜不透他們何以會有與老人會面的預期，畢竟我的會面指示不算老派。我要他們去旅館餐廳旁邊一個安靜的角落，擺了一張鱷魚皮紋路的人造皮沙發的地方，等待一個拿著魔術方塊的人。好笑的是，我一開始不太想動用「以物認人」的情報技術，但我隨身攜帶唯一特殊事物就只有魔術方塊，用這個物品能讓他們遠遠就認出我。它能遮掩我的緊繃壓力，我害怕警察突然現身把我銬上手銬。

這種壓力在十幾分鐘後達到高峰，那時我將他們帶到我的房間，也就是十樓1014號房。在我的要求下，格倫將他的智慧手機塞到小冰箱，但他都還來不及放進去，蘿拉就忙著重新布置、調整房內燈光，之後取出攝影機。雖然我在加密信件裡同意她拍下會面過程，但我發現自己還沒做好心理準備。

過去十天來，我沒離開過這個房間。此房間狹小而凌亂，蘿拉開始將鏡頭對準癱坐在久未整理的床上的我，而我此時只能硬著頭皮上場。我想大家都有這種經驗：越在意有人拍你，你就越注意自己的一舉一動。光是察覺到有人按下手機錄影鍵或將鏡頭對準你，便足以讓你的行為開始不自然起來，即使那個人是朋友也一樣。雖然我今日與他人的互動大多透過鏡頭，但我還是不確定，究竟是看到自己在影片裡比較奇怪，或是被拍比較奇怪。我試著避開前面那種狀況，但現在大家不太可能逃得掉後面那種狀況。

在這種高壓的情況下，我全身僵硬、無法動彈。蘿拉的攝影機紅燈就像是狙擊手的瞄準鏡，不斷提醒著我，房門可能隨時會被撞開，可憐的我會被拖走。當我擺脫這種想法時，我又立刻被另一種想法纏上。我不時地想像，這些錄影片段之後如何在法庭上呈現。我發覺自己應該做更多事前準備，像是穿件像樣的衣服、刮掉凌亂鬍子等。整個房間堆了不少送餐托盤與垃圾，麵碗與吃一半的漢堡丟在一旁，地板上還有成堆髒衣服與濕毛巾。

這真是個超現實的狀況。我在被拍攝前沒遇過任何影片工作者，在充當消息來源前也未曾與記者有過接觸。我第一次和別人大聲談論美國大規模監控系統，竟是透過網路放送在全世界所有人面前。不論我的樣子有多邋遢、聲音有多生硬，這都無法否認蘿拉拍攝影片的重要性，因為它忠實呈現這個房間發生的一切事物，這是平面媒體做不到的。她這幾天在香港拍攝的片段，裡頭呈現的事實不容任何人扭曲，這不僅展示出她身為紀錄片工作者的專業，更代表她擁有先見之明。

在六月三日至九日期間，我與格倫以及他的同事艾文・麥卡斯吉都待在旅館房間內做訪問。艾文是會面首日後才加入我們的。我們聊了許多內容、仔細剖析國安局監控計畫，而蘿拉在旁忙著攝影。相較於白天的忙碌，晚上顯得空虛孤獨。格倫與艾文會回到他們的旅館W酒店，那裡距離美麗華不遠，他們會將每天的訪問寫成報導。蘿拉人也會消失，她忙著剪輯拍攝片段，《華盛頓郵報》的同事巴特・傑爾曼幫忙將這些片段做成報導。巴特後來沒來成香港，但他在遠端接收影像，與蘿拉分工合作。

我晚上會睡覺或嘗試入睡，不然就是打開電視轉到ＢＢＣ、ＣＮＮ這類英語頻道，觀看國際社會對此有何反應。六月五日，《衛報》登出格倫第一篇報導，內容寫的是外國情報監控法法庭授權國安局得以從美國電信巨頭威瑞森（Verizon）蒐集用戶電話資料。六月六日，他寫的稜鏡計畫文章登場，裡頭內容與《華郵》同日刊出蘿拉與巴特的報導大致雷同。我深知，隨著暴露內容越來越多，我越可能被指認出來，這是大家都懂得的道理，尤其是我的單位開始寄電郵要我回報近況，而我卻遲遲沒有回應。雖然格倫與艾文同情我處境艱難，但他們從不讓此事妨礙他們報導真相，而我也試著仿效他們的作法。

新聞報導與紀錄片一樣，能透露的東西有限。由於既定慣例與科技限制，媒體不得不被迫刪節部分內容，觀察這個部分非常有趣。格倫的文章（尤其是刊登在《衛報》的內容）鎖定事實陳述，與他堅決追求真相的熱情形成強烈對比。而艾文人如其文：真誠親切、耐心持平。蘿拉則默默在旁綜觀全局，時而內斂矜持、時而機智諷刺，擁有融合高超間諜與完美藝術家的特質。

當所有電視頻道與線上網站爭相報導此事，可想見美國政府必定想盡辦法要找出消息來源。當他們發現是我爆料時，他們可以把我的面孔當成擋箭牌逃避責任，而非回應爆料內容。他們勢必會攻擊「洩密者」的可信度與背後動機。有鑑於此，我必須搶回主導權。若我不交代動機與目的，政府便能趁機轉移焦點。

唯有先在媒體前現身，向大家介紹我自己，我才有機會反擊。我可以給予媒體一些個人資訊，以滿足他們高漲的好奇心。也許再附上一份聲明：重要的不是我個人，而是美國民主機制遭到破壞。之後我立刻消失無蹤、人間蒸發，這就是我的計畫。

艾文和我討論後決定，由他寫一篇關於我情報背景的文章，而蘿拉則建議我拍攝一段影片聲明，連同《衛報》文章一起刊出。在裡頭，我將承認我是唯一消息來源並承擔責任。雖然蘿拉整個禮拜都在拍我（其中許多片段出現在她的紀錄片《第四公民》），但她根本沒空整理並找出適合片段，畢竟我必須條理分明地對著鏡頭說話。於是她提議，不妨就在旅館錄下自介說明。這段影片的開頭是：「呃，我的名字是史諾登，我，嗯，今年二十九歲。」

「你好，世界！」（Hello, world 學習程式語言時，第一個練習是輸出「Hello World」這個字串。）

雖然我從未後悔表明正身，但我確實希望我能說得更好，以及知道自己下一步該做什麼。事實上，我根本毫無規劃。當別人問及整件事落幕後有何打算，我並沒有仔細思考，主因是我成功機率極小。我在乎的是將事實呈現在世人面前，我深知，將這些檔案公諸於世，意味著我必須接受全民檢驗。沒有退路就是最好的策略。若是我事先設想好每一步，那可能會傷害曝光內容的可信度。

舉例來說，若我先安排好飛到某國或尋求庇護，那我可能會被稱為外國間諜。而若是我返回美國的話，我能想到最好的情況是：我一下飛機就遭到逮捕，然後美國政府以間諜法的罪名起訴我。他們會做個樣子舉辦公審，但是不給我答辯的機會，因為任何重要事實的討論都會遭到禁止。

政府刻意創造有瑕疵的法律，大大地阻礙正義的實現。像我這樣處境的人，根本不被允許在法庭上抗辯，無法主張我洩露給媒體的資料涉及公共利益。即使是多年後的現在，我仍然無法援引這些爆料所帶來的好處，像是促使國會修改監控法律或讓法庭裁定某些監控計畫非法，或是逼迫司法部長與美國總統承認大規模監控的討論有其必要，而這能讓美國變得更強大。若我回國的話，以上這些公共利益在法庭上會被認定為無關緊要、不予受理。政府唯一需要證明的是：我洩露機密資訊給記者，但我從頭到尾沒有否認過這一點。這就是為何我會認為，任何人呼籲我回國受審，等於是要我回國受刑，且刑罰肯定不輕。洩露高級機密文件，不管對象是外國間諜或國內記者，每份文件罰則最高十年。

自從《衛報》網站六月九日釋出我的影片後，我便被鎖定了，就像我背後有個標靶。我深知，這些蒙受羞辱的機構絕不會善罷甘休，一直到我落入他們手中為止。過些時候，他們也可能轉移目標、騷擾我心愛的人，同時貶低我的人格，他們會四處打探我私人生活與工作情況，尋找任何可以抹黑我的資訊，或是把握每次造謠的機會。我對於這整個過程並不陌生，畢竟我待在情報單位時讀了不少機密資料，加上我也研究過吹哨者與洩密者的下場。我查過這些英雄的故事，包括過去的丹尼爾．艾斯柏格與安東尼．羅素，以及較近期的托馬斯．塔姆（Thomas Tamm）。塔姆曾在美國司法部情報政策與審查辦公室擔任律師，他爆料政府於二〇〇〇年中期非法竊聽民眾。另外還包括德雷克、賓尼、魏比與魯米斯。魯米斯就像是數位時代的佩里．弗爾沃克（Perry Fellwock），後者早在一九七一年時便揭露當時尚不為人知的國安局機構存在，此舉促使參議院丘奇委員會（情報特別委員會前身）要求國安局僅能收集外國情報，不得監控國內民眾。當然還有舉世聞名的美國陸軍一等兵雀兒喜・曼寧，她因洩露美國戰爭罪行而遭軍事法庭判刑三十五年。她服刑七年後便獲得特赦，原因是她在關禁閉時受到不公平對待，因此引發國際社會抗議。

不管這些人是否入獄，他們多少都得面對反彈力量，其中多數是非常殘忍的人格摧毀，而背後依據則是政府通過濫權獲得的情報。若這些人私下通訊時曾表現憤怒情緒，那他們會被說是「挾怨報復」。若他們看過心理或精神科醫生，或是在圖書館借過類似書籍，那他們會被認定成「精神錯亂」。若他們曾喝醉酒，那他們必定是酒鬼。若他們有過外遇，那就是生性淫亂。其中不少爆料者因此傾家蕩產。情報單位根本不必與這些異議人士交手，直接破壞他們的名聲還比較快，反正只要動手調出檔案，再放大不利情報或憑空捏造證據即可。

我很確定政府對我爆料的行徑極為憤怒，但我也對於家人與女友的支持深信不移。琳賽必定能理解（或許不能原諒）我為何如此做的原因。回憶他們的愛讓我獲得安慰，得以面對眼前事實：我已做了我該做的事，接下來只能順其自然。我只能將我對家人、女友的信心擴及美國所有公民，雖然這樣的想法過於理想化，但我希望，一旦他們理解到美國大規模監控的全貌，那他們便會動員起來追求正義。他們將為自己爭取正義，而這將決定我未來的命運。我抱著這樣的信念孤注一擲：我難以相信任何人，只好相信所有人。

我在《衛報》的影片播出後，過了幾個小時，格倫在香港的一名忠實讀者聯繫了他，並希望透過他介紹兩個當地律師羅伯特・蒂伯（Robert Tibbo）與文浩正（Jonathan Man）給我。他們兩人自願承接我的案件。當媒體查到我的住處並堵在門口時，他們幫助我逃離美麗華酒店。為了轉移媒體的注意力，格倫直接走出大廳門口，無數攝影機與麥克風立刻湧向他。而我在兩位律師護送下，從另一個出口離開，穿過一座天橋逃到附近購物中心。

我非常喜歡羅伯特，他充滿理想、不畏辛苦，明知不可為而為之，成為他的客戶與摯友是我的榮幸。除了他專業的律師執業能力外，更讓我印象深刻的是他尋找住處的創意。當所有記者找遍全香港五星級飯店時，他帶我來到最貧窮的社區並介紹客戶給我。他們是將近一千兩百位遭香港遺忘的難民中的其中幾位。在中國的施壓下，香港接納難民成為永久居民的比例僅有百分之一。我通常不願透露他們的姓名，但既然他們勇敢地在媒體前曝光，我也就不客氣了。他們是來自菲律賓的羅德爾（Vanessa Mae Bondaliam Rodel），與來自於斯里蘭卡的三位難民：普什帕庫馬拉（Ajith Pushpakumara）、凱爾拉帕塔（Supun Thilina Kellapatha）與諾尼斯（Nadeeka Dilrukshi Nonis）。

這些和善、大方的朋友展現出人道精神。他們團結一致地幫助我，不是出於政治目的，而是人性的表現。這份恩情我永生難忘。他們不在乎我是誰，也不在意協助我可能會帶來危險，他們只知道我需要幫忙。他們非常了解為了活命被迫逃難的辛苦，他們經歷的磨難更勝於我，像是軍方拷打、強暴與性虐待等。他們讓一個疲憊的陌生人住到家中，而當他們在電視上看到我的面孔時，他們沒有退縮，反而對我微笑，並抓緊機會展現他們的待客之道。

雖然他們的資源有限，但他們卻不吝於分享一切，即使凱爾拉帕塔、諾尼斯、羅德爾與兩位女兒的住處擁擠狹小、搖搖欲墜，比我在美麗華的房間還小，他們仍慷慨大方、拒絕收下回報，以至於我必須偷偷把錢塞在他們家中。他們提供我三餐、讓我洗澡、供我睡覺，他們保護了我。很難想像，他們擁有這麼少，卻給予這麼多。他們全然接納我，不帶任何批判眼光，尤其是當我像隻流浪貓坐在角落，拿出特別天線偷用遠方旅館的網路，惹來屋裡孩童笑鬧的時刻。

他們的好客與友誼是天賜的禮物，這個世界擁有他們是幸福的。因此，當多年時間過去，普什帕庫馬拉、凱爾拉帕塔、諾尼斯與她的女兒的庇護申請仍未通過時，我為此感到痛心。我感激這群人，同時也不滿香港官僚政府持續拒絕庇護，畢竟這傷害了他們最基本的尊嚴。像這麼正直、無私的人都無法獲得國家保護，那絕對是這個國家的損失。幸好，在這本書出版前，羅德爾與她的女兒獲得加拿大庇護，這給了我些許希望。我期盼有一天能到這群香港老友的新家拜訪，不論他們是在哪個國家，我們可以自由地創造更快樂的回憶。

六月十四日，美國政府以間諜法罪名起訴我，起訴書不對外公開。六月二十一日，他們正式要求引渡我回美國。我知道，這是我該離開的時候，而這天恰好也是我的生日。

正當美國國務院提出引渡要求之際，我的律師收到聯合國難民署的回應，他們表明無法協助我取得庇護。而香港政府（不論是否受到中國施壓）抗拒聯合國呼籲，不願在他們的領土上提供我國際保護，並宣稱他們必須顧及美方要求。換句話說，香港要我回到美國並在牢中向聯合國求助。我不只是孤單一人，且在各國都不受歡迎。如果我想自由地離開香港的話，我必須現在就走。我清空手中四部筆電資料並銷毀加密金鑰，這代表我再也無法取用機密文件，即便美國政府強迫我也無法做到。我將僅有的幾件衣服打包好便起身離開。「芳香的海港」根本沒有我容身之處。

第二十七章 莫斯科

厄瓜多位於南美洲西北部，距離香港約半個地球遠。對於這樣一個海島國家而言，一切事物都介於中間，正如赤道橫貫該國一樣。事實上，它的國名在西班牙語就是「赤道共和國」的意思。許多北美民眾認為厄瓜多是個蕞爾小國，這當然是事實，而熟悉該國歷史的人甚至會說它壓迫人民。但若要說厄瓜多故步自封的話，那可是大錯特錯。在一九〇〇年代晚期、二〇〇〇年代初期時，民主社會主義領袖順勢崛起，像是玻利維亞、阿根廷、巴西、巴拉圭與委內瑞拉等國，而拉斐爾・柯利亞（Rafael Correa）也靠著這股浪潮於二〇〇七年當上厄瓜多總統。他上任後推動一連串的政策，試圖抵抗與逆轉美帝主義在該區的影響。其中一項措施反映出他身為經濟學家的背景：他宣布該國考慮停止償還不合理外債。精確來說，這些外債被歸類成「惡債」，也就是獨裁政權或專制帝國貿易政策所造成的債務，而惡債不須償還。靠著這項主張，柯利亞讓該國人民脫離數十年來的經濟枷鎖，但這也為他製造不少資本家敵人，而這些資本家影響了美國多數外交政策。

厄瓜多願意提供政治庇護（至少在二〇一三年如此），這是相當難得的。其中最有名的事蹟是，在柯利亞的主政下，該國駐倫敦大使館已成為政治犯避風港與維基解密創辦人亞桑傑的藏身處。我先前曾在一個大使館工作過，所以我不太想住在那裡。但我的香港律師考量現在的情況，認為厄瓜多是最有可能提供我政治庇護的國家，且該國比較不怕觸怒美國這個老大哥。我的支援團隊人數越來越多，包含律師、記者、技術專家與社會人士等，他們一致同意厄瓜多是最好的選擇。我只希望事情真的能夠順利。

美國政府決定以間諜法起訴我，我被控犯下政治罪，意思是受害者是政府而非個人。按照國際人道法規定，遭控犯下此罪的人通常不會遭到引渡，因為起訴政治犯經常是獨裁國家打壓異議的手段。理論上，這代表吹哨者在全球各地都應獲得同等保障。但實際上卻不是這麼一回事，特別是當你的對手是自認正義的美國政府時。表面上聲稱扶植海外民主國家的美國政府，私底下卻成立由私人承包的祕密機隊，專門用於「非常規引渡」，也就是部分人口中說的「綁架」。

我的團隊聯繫全球各地官員，從冰島到印度等，詢問他們是否遵守「政治犯不引渡」的原則，以及是否承諾不會試圖干涉我的航空行程。事實證明，多數的先進國家畏於美國龐大勢力。他們私底下對我深表同情，但卻連非官方承諾都不願提供。我最常聽到的建言是，我只能踏入不引渡政治犯的國家，同時避免經過與美國友好或畏於美軍勢力的國家領空。其中一位官員（應該是來自法國）建議，若我能取得聯合國通行證的話，那我成功闖關機率便會大增。這是聯合國頒發的單程通行證，通常用於幫助難民過境時安全通關，但想獲得此證絕非易事。

莎拉・哈里森（Sarah Harrison）是一名記者兼維基解密網站編輯。當她獲知有位美國民眾揭露政府監控全球的消息，她二話不說立刻飛來香港。憑藉著她過去經手網站事務的豐富經驗（特別是協助處理亞桑傑引發的風波），她有意提供給我全球最棒的庇護建議。而她在香港法律界擁有家庭人脈，必要時可能派上用場。

人們經常認為，亞桑傑提供我協助是基於自私的動機，但我相信，他只是單純想幫我逃避緝捕。此舉可能讓美國政府顏面無光，而這對他來說算是額外收穫而非主要目標。亞桑傑有時確實自私自利、喜怒無常，甚至會欺凌他人（我們一個月前首次簡訊往來就不歡而散，後來再也沒聯絡），但他挺身而出、捍衛大眾知的權利，甚至不惜付出任何代價也要打贏這場戰爭。因此我認為，認定他的幫助只是別有企圖或自抬身價，未免過於簡化他的動機。我相信，對他來說，更重要的是這個機會足以作為曼寧反例。曼寧將美國機密外洩給維基解密而遭判入獄三十五年。這樣的刑期史無前例，更對全球各地吹哨者帶來寒蟬效應。雖然我不曾也無意成為亞桑傑的消息來源，但我的情況給了他彌補缺失的機會。他再也沒有機會拯救曼寧，但他決心透過莎拉全力支援我。

話雖如此，我一開始對於莎拉涉入此事仍抱有戒心。但蘿拉告訴我，莎拉對於此事相當看重，並且能力優秀，最重要的是，她不受亞桑傑控制：她是維基解密裡少數膽敢公開反對他的人。儘管我半信半疑，但我處境艱難，也沒有別的選擇，套用美國作家海明威的名言：讓別人可信的方法是相信他們。

距離蘿拉通知我莎拉來到香港的消息，過了一、兩天，莎拉才透過加密管道與我聯繫；再過了一、兩天，我便與她當場見面。如果我記錯日期的話，請務必體諒我，因為我每天生活都很忙亂。自莎拉來到香港後，她總是來去匆匆。雖然莎拉不具律師身分，但她非常了解如何做才能避免遭到引渡，這其中涉及到許多人際往來與半官方領域的細節。她與香港當地人權律師會面，詢問他們客觀獨立的意見。她做事迅速、謹慎小心，這令我印象深刻。她透過維基解密的廣泛人脈與厄國駐倫敦領事費德爾．納爾瓦茲（Fidel Narvaez）的勇敢幫助下，成功以我的名義申請到聯合國通行證，而這意味著：我能順利前往厄瓜多。此證件由納爾瓦茲緊急發出，因為我們沒有多餘時間等待該國政府正式批准。通行證一拿到手，莎拉馬上僱用一台廂型車載我們去機場。

這就是我所認識的莎拉，她總是處於行動當中。雖然我很不想承認，我們變熟是因為我向她致謝，但我開口第一句話卻是：「妳上次睡覺是何時？」莎拉蓬頭垢面、邋遢程度和我有得比。她望向窗外，試著回想答案，最後她搖頭說道：「我不知道。」

我們都罹患感冒，因此兩人對話夾雜著噴嚏與咳嗽聲。按照她的說法，她願意幫助我是出於良知，不只是因為她老闆如此要求。確實，她對於政治的想法與亞桑傑不太相同，亞桑傑極力反對中央權力過大，而她認為現代媒體大多迎合政府利益，而非挑戰政府當局。當我們趕至機場、完成報到手續、通過護照查驗時，我不斷等著她問我問題，任何問題都可以，甚至是要我以亞桑傑或維基解密的角度發表看法也可以。但她從不開口，倒是她有次笑我是笨蛋，竟然相信媒體集團能公平地為大眾守護真相。這些坦率的對話，令我相當欣賞她的直言不諱。

我們的目的地是厄瓜多首都基多，中間會轉機三次，分別是俄羅斯莫斯科、古巴哈瓦那與委內瑞拉加拉加斯。這是唯一安全的路線，因為從香港無法直飛基多，而其他路線都會經過美國領空。雖然我有些擔心在俄羅斯等待轉機時間過長（我們必須等待近二十個小時，前往哈瓦那的班機才會起飛），但真正可怕的是接下來的航程，因為從俄羅斯飛到古巴一定得經過北約國家領空。其中最令我擔心的是波蘭，該國在我有生之年期間想盡辦法討美國歡心，包括允許中情局在該國成立祕密機構，任由我的前同事「加強偵訊」犯人，加強偵訊是小布希時代用來美化「嚴刑拷打」的說法。

我壓低帽緣、遮住眼睛，以防遭到旁人認出。莎拉則拉著我的手臂，帶我走到登機門口，我們就在那邊等待登機。這是她退出的最後機會。我和她說：「你不必這麼做。」

「做什麼？」

「像這樣保護我。」

此時正值登機之際，莎拉正色說道：「讓我們說清楚，我不是在保護你。沒人保護得了你。我在這裡是為了不讓其他人干預此事，我得確保所有人相安無事。」

「所以你是我的證人。」我說道。

她給了我一個苦笑。「總要有最後一個人看你還活著，這個人也有可能是我。」

雖然我們已成功通過三道艱難關卡（報到、護照查驗、登機），我在飛機上仍感到不安。我並不想要得意忘形，我選擇靠窗位置坐下，莎拉坐我旁邊，為我擋住其他乘客的視線。等了好久，機艙門終於關上、空橋撤離，飛機開始移動。但飛機還沒從柏油路面開到跑道時突然停下，這令我非常緊張。我將帽緣湊近玻璃，試圖想探聽是否傳出警報聲或出現藍色閃光。這段等待時間彷彿沒有終點，每分每秒都是無盡折磨。突然間，飛機開始移動，然後轉個彎，後來我才意識到飛機已經起飛。

隨著飛機升空，我心情開始雀躍起來，但仍無法說服自己已脫離險境。當我們在空中時，我鬆開緊抓大腿的雙手，突然想從袋子裡拿出魔術方塊把玩。但我知道不能這麼做，因為這太引人注意。於是我往後坐好、再次拉低帽子，疲憊的眼睛盯著座位前方螢幕，看著航程路徑顯示，從中國、蒙古到俄羅斯，這三國都不太可能與美國國務院合作。但我們無法預知飛機降落後的情況，俄國政府除了把我們拉去檢驗區、搜索我的電腦與包包裡裝了什麼之外，不曉得還會做出什麼事來。我只希望，在全球高度關注、維基解密與我的律師掌握我們行程的情況下，俄國不會對我們動用殘忍手段。

等到飛機進入中國領空範圍時，我才意識到自己無法安心入睡，除非我直截了當地問莎拉這個問題：「你為什麼要幫我？」

她壓低音調，似乎不想讓情緒過於激動。她說，她希望我能有更好的下場。她沒有說清楚，比什麼結果或是比誰的下場好。但我認為這是她考慮周詳、顧及情面的回應。

我放下心中大石，終於好好地睡了一覺。

我們於六月二十三日抵達莫斯科謝列梅捷沃國際機場，預計在此短暫停留二十個小時等待轉機。

不料這一等就是超過六年，所謂的流亡就是無止盡停留。

在情報單位（尤其是中情局），你會獲得許多快速通關的訓練。你必須注意穿著、行為舉止，清楚知道袋子裡裝什麼，並牢記他們為你編造的背景。你的目標是成為隊伍裡最平凡無聊的人，最好讓人記不起來你的長相。但若是你護照上的名字已成為新聞各節重點，那以上這些招數就沒太大作用。

我把小本藍色護照交給護照查驗區的壯漢，他快速地掃瞄、翻閱裡頭內容。可靠的莎拉就站在我身後。我事先記下前方民眾通關所需時間，相比之下輪到我們時卻拖了很久。之後有個男子接起電話，用俄文咕噥說了幾句，兩名穿著制服的保安官立即出現並朝我們走來。他們想必等待已久。走在前頭的保安官從壯漢手中取走護照，之後來到我前面。「你的護照有問題。」他說：「請跟我來。」

莎拉立刻走到我身旁，連珠炮似地說了一串英文。「我是他的法律顧問，按照法律規定……」

但她還來不及引用聯合國公約與日內瓦條款，保安官便舉手打斷並朝隊伍看了一下。他說：「沒問題。你可以一起來。」

我不知道他是否聽得懂莎拉的話。但他顯然不想把事情鬧大。

兩位保安官拽著我們快步行走，我原本以為目的地是第二查驗區的小房間，但後來卻抵達機場內的豪華商務貴賓室。這裡只允許商務艙或頭等艙客人進入，我看到有些人慵懶地躺在豪華沙發上頭。我與莎拉按照指示經過這群人、穿過走廊，來到一間像會議室的地方，裡面有一群穿著灰衣的男子圍著桌子而坐。他們大概有六人，全都留著軍人髮型。其中一人與他們分開坐，手中拿著一支筆，我猜想，他可能擔任書記員或祕書的角色。在他前方放著一個卷宗，裡面夾著筆記本。卷宗外頭印著一個單色徽章標誌，我一眼便認出這是俄國最高情報機構聯邦安全局（FSB）的象徵。與美國聯邦調查局相同的是，聯邦安全局不僅能收集情報、執行調查，同時也能逮捕犯人

桌子正中間坐了一個年紀稍長的人，他穿的西裝比其他人高檔，滿頭白髮閃耀著權威光芒。他示意我與莎拉坐在對面，從他充滿權威性的揮手與微笑，可想見他應該地位較高，相當於美國案件承辦專員（Case officer）的職務。全球情報圈充斥他這樣的人，像個演員賣力演繹各種情緒，直到取得他們想要的回應。

他清一清喉嚨，接著以一口不錯的英文對我進行招攬，也就是中情局所說的「陌生提案」。簡言之，這些外國情報機構邀請你加入他們。如果你配合的話，他們會給予你好處，像是整疊現金或幫助你逃脫罪名（從詐騙到謀殺都有可能）。但作為交換，你必須提供同等或更高價值的情報。這般直截了當的赤裸交易，一開始總是不明白地說清楚，更好笑的是，雖然這被稱為「陌生」提案，但發起者總是以溫暖笑容、極富同理心的閒聊作為開頭。

我心裡清楚，我一定得打斷他。若你沒有立刻阻止的話，他們日後可公布你在思考此事的錄音檔，即便你最終拒絕招攬，也足以摧毀你的名聲。因此，當他因為麻煩我們而道歉時，我想像他們正在偷偷錄音，於是小心地選擇措辭。

「請你聽好，我知道你是誰，以及你們在幹嘛，」我說道。「但我必須表明清楚，我無意與你們合作，我不會與任何情報組織配合。我沒有冒犯之意，但我參與這場會面不是

為了這個目的。我的包包就在這，隨便你們搜。」我指著椅子下方的包包。「但我向你保證，裡面沒有你們想要的東西。」

在我說話的當下，這名男子表情出現變化，他裝出一副受傷的樣子。「沒有，我們不可能做這樣的事，」他說。「請相信我，我們只是想幫忙而已。」

莎拉清了清喉嚨，開始加入我們對話。「你們人真好，但我希望你們了解，我們只是想繼續接下來的旅程。」

在那一瞬間，他虛假的受傷表情一度轉為惱怒。「你是他的律師嗎？」

「我是他的法律顧問。」莎拉回答。

他向我提問，「所以你飛來俄國不是為了待在這裡？」

「不是。」

「我能問你打算做什麼嗎？你的目的地是哪裡？」

「我要去厄瓜多首都基多。」想必他是明知故問，畢竟我們在香港搭的是俄羅斯航空，他絕對有從這家國家航空公司取得我們的行程副本。

我和他一直上演著諜對諜的情報戲碼，直到他說出以下這句話，令整個對話方向出現一百八十度轉變。「你還沒聽說嗎？」他站起來看著我，一副要宣布我家人過世的樣子。「我得通知你，你的護照失效了。」

我驚訝到開始口吃。「不好意思，但是我……我才不相信。」

他傾身靠在桌子上說道，「是真的，我沒騙你。這是你們的國務卿約翰・凱瑞（John Kerry）做的決定。你的護照被美國政府取消，航空公司被通知不准你飛行。」

這絕對是他的伎倆，但我搞不清楚目的何在。我說道，「稍等一下。」但我還沒開口要求，莎拉立刻從包包裡取出筆電，並連上機場無線網路。

「當然，你可以上網查一下。」這名男子說完這句話後，便轉身和他的同事用俄語聊天，彷彿他時間很多的樣子。

莎拉向我回報她查到的一切新聞資訊。在我離開香港的消息傳出後，美國國務院隨即取消我的護照。當我還在空中時，我的旅行證件便遭到撤銷。

我真是不敢相信，我自己國家的政府竟然把我困在俄國。雖然國務院此舉可能是照著官僚程序走，當想追捕通緝犯時，通知國際刑警組織並取消他的護照是標準程序，但從結局來看，這根本是丟美國自己的臉，因為這給足俄羅斯宣傳曝光的機會。

「是真的。」莎拉邊搖頭邊說。

「那你接下來打算怎麼做？」這名男子問道，他走到我們桌子這一側。

在我還來不及拿出聯合國通行證時，莎拉便開口：「不好意思，但我必須建議史諾登先生不再回答任何問題。」

這名男子指著我說：「請跟我來。」

他示意我跟著他走到會議室另一端，那裡有個窗戶。我照著指示站在他身旁，隨後往窗戶一看。距離三、四樓的下方擠滿大批媒體，這是我畢生見過最大的陣仗，記者一看到我便高舉攝影機與麥克風。

這是一場表演秀，或許由聯邦安全局精心策劃，也可能不是，最可能的機率是一半一半。俄羅斯幾乎所有事物都是一半一半。但至少我現在知道為何我和莎拉會被帶來這個會議室。

我回到原來座位，但沒有坐下。

他從窗戶那頭轉身面向我並說道：「像你遭遇到這種狀況，沒有朋友幫助的話，日子會很難過……」他將話懸在嘴邊。

我心想，他終於要直接表達招攬的企圖了。

他說：「你是否掌握到一些資訊，或許只是一些小事，可以和我們分享的？」

「不勞您費心，我們自己會處理好。」我回答。莎拉就站在我旁邊。

他嘆了口氣，轉身含糊地說了幾句俄文，他的同伴一一起身、魚貫走出會議室。他對我說：「希望你做這個決定不會後悔。」他欠身離開，此時兩個機場管理人員走進來。

我要求前往飛往哈瓦那航班的登機門，但遭到他們忽視。我最後從口袋裡掏出通行證揮舞，但他們根本不理我。

我們在莫斯科機場受困長達四十天四十夜。在這段期間，我總共向二十七國申請政治庇護。沒有任何一個國家膽敢起身對抗美國，有些國家一口回絕，部分國家則表示，除非我抵達他們境內，否則無法考慮這項請求，而這根本是不可能的事。最後，唯一同情我的國家元首只有一個，那就是「漢堡王」，它從未否決我大啖華堡（內含番茄與洋蔥）的請求。

過了不久，我滯留機場的消息傳遍全球，俄國當局最後也覺得有些麻煩。七月一日，玻利維亞總統埃沃・莫拉萊斯（Evo Morales）結束天然氣輸出國論壇年度大會後，他搭乘專機從莫斯科伏努科沃機場離開。由於莫拉萊斯曾對我的處境表達同情，美方懷疑我藏匿在專機裡，於是施壓義大利、法國、西班牙與葡萄牙不准飛機進入他們國家領空，最終導致專機迫降於奧地利首都維也納。此專機遭到停飛、搜索，直到確認沒有我的蹤跡才放行。這嚴重侵害玻利維亞國家主權，聯合國也予以譴責。此事令俄國顏面無光，因為他們無法確保來訪的國家元首順利回家。而這也讓俄國政府與我都確信一點：任何美國懷疑我用來偷渡的飛機，恐怕都難逃迫降與停飛的命運。

俄國政府決定盡快擺平此事，並還給莫斯科機場一個清淨，別老是被大批媒體包圍。八月一日，俄國決定給予我暫時庇護。莎拉和我得以離開謝列梅捷沃機場，但莎拉能回到美國老家。我們一起共患難的時光，讓我和莎拉變成終生摯友。我永遠感激，她這幾個禮拜以來的陪伴，她是如此地正直坦率、堅韌勇敢。

第二十八章　琳賽·米爾斯的日記

遠離家鄉之後，我一直思念著琳賽。我一直不敢說出琳賽的故事——在我離開之後發生在她身上的事，聯邦調查局的審問、監視、媒體的關注、網路上的騷擾、疑惑和傷痛、憤怒和悲傷。最後，我領悟到只有琳賽本人才有資格敘述那段時期。沒有人體驗過這段經歷，但更重要的是，沒有任何人有這個權利來講述。幸運的是，琳賽從青春期開始就有寫日記的習慣，用來記錄生活以及繪畫的草稿。她很大方地同意讓我節錄一些內容。接下來所節錄的日記，時間點是從我離開夏威夷後開始，日記當中的所有人名都已經過修改（除了親戚以外），並修正一些拼字錯誤，以及一些校訂，除此之外都保持原樣。

二〇一三年五月二十二日

我到 Kmart 去買個花圈，試著要用正確的阿囉哈精神來迎接溫蒂。但我很生氣，愛德一直打算邀請他媽媽來待個幾週，是他找她來的，因此今天早上醒來的時候我很希望他在。

從機場開車回懷帕胡的途中，溫蒂很擔心，她不習慣他這樣馬上就離開。我試著告訴她這是正常的，但是在我們住在海外時這很正常，住在夏威夷時則不是，我不記得有任何一次愛德離開後沒有繼續保持聯絡。我們去吃了一頓很棒的晚餐，以轉移注意力。溫蒂跟我說，她認為愛德請病假時還要被叫回去工作，實在是太沒道理了。我們回家後溫蒂馬上就去睡了。我看了看我的手機，發現有三通未接來電是來自未知號碼，還有一通未接來電是來自一串很長的海外號碼，沒有語音留言。我上網搜尋那串很長的海外號碼。愛德一定是在香港。

二〇一三年五月二十四日

溫蒂一整天都一個人待在家，她的腦中不停地飛竄著各種想法。我對她感到很抱歉，只能想一想如果是愛德的話他會怎麼讓我媽媽感到開心，藉此安慰我自己。吃完晚餐後，溫蒂一直問我愛德的身體如何，我認為這是可以理解的，因為她自己也有癲癇病史。她說她很擔心他會癲癇發作，然後就開始哭，我也開始哭。我這才發現，原來我也很擔心。但是比起癲癇，我在想他會不會有外遇？外遇對象會是誰？最後只能好好享受溫蒂來拜訪的時光，照著原定計畫，帶著臂圈型救生衣到大島，到基拉韋亞火山。等溫蒂回去之後再重新評估。

二〇一三年六月三日

帶溫蒂到機場，她要飛回馬里蘭州。她不想回去，但她還有工作。我陪她走到最遠的地方，並擁抱了她。我不想放開。接著她開始排隊進行安檢。回到家後發現愛德的 Skype 狀態改成了：「很抱歉，但我一定要完成這件事。」我不知道他是什麼時候改的，有可能是今天，也有可能是上個月。我只是剛好看了看 Skype，注意到這件事，我居然認為他可能會傳訊息給我，真是太瘋狂了。

二〇一三年六月七日

美國國家安全局特別探員梅根・史密斯（Megan Smith）打電話來，把我吵醒，她要我回電給她，討論愛德的事。我還是覺得身體很不舒服，有發燒。我必須把我的車放在 Auto Body（譯註：汽車維修廠），陶德騎他的杜卡迪機車載我回家。我們停在路邊後，我見到一輛白色的政府車輛停在我們家車道上，政府探員在跟我們的鄰居說話。我從來沒見過鄰居。我不知道為什麼，但我憑直覺告訴陶德繼續騎下去。我把頭低下去，假裝在包包裡找東西。我們到了星巴克，陶德指著報紙，上面寫著關於美國國家安全局的事。我試著去閱讀新聞標題，但我的疑心病開始發作了。這就是為什麼我們車道上會有那台白色休旅車嗎？

它和星巴克外面停車場上那台休旅車是同一台嗎？我是不是不應該把這些事情寫下來？我再度回到家，休旅車不見了。吃了藥後才發現我都還沒吃飯。吃午飯吃到一半時，警察們出現在廚房窗戶前。透過窗戶，我聽見他們用無線電說有人在這棟房子裡，那個人指的就是我。我打開前門，有兩個探員和一個檀香山警察局的警員。他們好可怕。檀香山警察局警員搜索了這棟房子，史密斯探員問我關於愛德的事，他五月三十一日就應該要回去工作了。檀香山警察局警員說，工作場所報警表示某人失蹤了，但妻子或女朋友卻沒有先報警，這是很可疑的事。他看著我的樣子就好像我殺了愛德。他在整棟房子裡尋找愛德的屍體。史密斯探員問我能不能檢查這棟房子裡所有的電腦，這讓我很生氣。我告訴她說必須先取得搜索令。他們離開了房子，但還是駐守在街角。

二〇一三年六月八日，聖地牙哥

我有點害怕美國運輸安全管理局會不允許我離開這座島。機場裡的電視全部都在報導關於美國國家安全局的新聞。登機之後，我發送電子郵件給史密斯探員以及檀香山警察局失蹤人口調查員，說我祖母要進行心臟手術，我必須離開這座島幾個禮拜。其實手術要到月底才會確定日期，而且手術是在佛羅里達州，不是在聖地牙哥，但這是我唯一想到能讓我可以前往美國本土的理由。總比說我一定要去陪伴我最好的朋友珊卓、而且她的生日要到了這種藉口好吧。飛機的輪子離開地面後，我因為安心而陷入了暫時的昏迷。降落後，我高燒得很嚴重。珊卓來接我，我並沒有告訴她任何事，因為我的疑心病又犯了，但是她看得出來發生了某些事，我並不只是為了她的生日才來這裡的。她問我說是不是和愛德分手了，我說可能吧。

二〇一三年六月九日

蒂芬妮打電話給我。她問我過得怎麼樣，說很擔心我。我不太明白她的意思，她沉默了一陣子，然後問我有沒有看新聞。她說愛德拍了一支影片，在《哈芬頓郵報》的網站上可以看到。珊卓把她的筆電接到螢幕上，我冷靜地等待十二分鐘的 YouTube 影片下載完成。接著愛德出現了。真實的他，活生生的。我很驚訝，他看起來很瘦，但聽起來就像以前的他。以前的愛德，自信而堅強。是在經歷過去這艱辛的一年以前的他。這才是我愛的那個男人，而不是前陣子和我一起生活的那個冷漠、有距離感的幽靈。珊卓擁抱了我，我不知道該說什麼。我們沉默了一陣子。之後我們開車去珊卓的生日烤肉派對，是在她表親家，在城市南部的一個漂亮小山丘，就在墨西哥邊境。這是一個很漂亮的地方，但我沒有辦法欣賞。我完全進入放空狀態，不知道該如何去分析現況。這些友善的人們不知道我內心正在經歷什麼。愛德，你到底做了什麼？現在弄成這樣你要怎麼回來？我幾乎沒辦法參與派對上的閒聊。我的手機一直響一直響，不斷地湧入來電和簡訊，來自爸爸、媽媽、溫蒂。從烤肉派對回到聖地牙哥的途中，我開著珊卓表親的杜蘭哥休旅車，珊卓這週要用這台車。我們開車時，一輛黑色的政府休旅車跟在我們後面，一輛警車把珊卓的車攔下來，我本來應該也在那輛車裡。我繼續開著杜蘭哥，希望我知道自己現在正開往哪裡，因為這麼多電話打來，我的手機早就沒電了。

二〇一三年六月十日

我知道艾琳（珊卓的媽媽）在當地政界是重要人物，但我不知道她的作風像個凶狠的黑幫。她安排好一切。我們等她找人推薦律師時，我接到了聯邦調查局的電話。一名叫做查克．藍道斯基（Chuck Landowski）的探員問我在聖地牙哥做什麼。艾琳叫我掛掉，他又再打來，我又接起來，雖然艾琳說我不應該接的。查克探員說他不想未經通知就直接來這裡，所以他只是「出於禮貌」地打來通知我說探員們要過去了。這讓艾琳非常生氣。她強硬的要命，這真的很棒。她讓我把手機放在家裡，然後她開車載我們出去外頭思考一下。艾琳收到了朋友的簡訊，推薦她一位律師，名叫傑瑞．法柏（Jerry Farber）。她把她的手機交給我，讓我打給那位律師。一位祕書接起電話，我告訴她我叫琳賽．米爾斯，我是愛德華．史諾登的女友，我需要律師。祕書說：「喔，我馬上幫你轉接。」從她的聲音中可以聽出她知道我是誰，感覺有點奇怪。傑瑞接起電話，問說該如何幫助我，我告訴他聯邦調查局打電話來，他問我探員的姓名，這樣他才能跟聯邦調查局談。在我們等待傑瑞的回應時，艾琳建議我應該要去準備兩支拋棄式手機，一支用來連絡親戚朋友，另一支用來連絡傑瑞。接著艾琳問我是把錢存在哪個銀行，我們開到最近的分行，她讓我立刻把所有存款都提領出來，以防聯邦調查局凍結我的帳戶。我提領出所有的存款，分成銀行本票和現金。艾琳叫我一定要這樣做，所以我就照她說的做。銀行經理問我要那麼多錢做什麼，我回答：「過生活。」我真的很想叫他閉嘴，但我認為如果我表現得很有禮貌，會比較不容易被記住。我很擔心人們會認出我，因為他們在新聞上展示愛德的照片時旁邊也有我。離開銀行後，我問艾琳是如何變成這樣的專家，知道自己遭遇麻煩時應該怎麼做，她非常輕鬆地告訴我：「身為一個女人，你必須了解這些事情。比如說，在你要離婚時一定要把所有的錢都從銀行裡取出來。」我們從越南餐廳買了外帶，回到艾琳家，我們在樓上走道的地板上吃。艾琳和珊卓打開吹風機，讓它們不斷地吹，以製造噪音，我們用氣音交談，以免有人在監聽。

傑瑞律師打電話來，他說我們今天必須和聯邦調查局見面。艾琳開車載我到他的辦公室，路上她注意到我們被跟蹤了。這毫無道理，我們要去和聯邦調查局面談，但同時聯邦調查局也在跟蹤我們，兩輛休旅車、一輛本田雅哥，沒有車牌。艾琳認為也許他們不是聯邦調查局，他們可能是其他機構，或甚至是外國政府，想要綁架我。她開始開快車而且蛇行，試著擺脫他們，但每次我們一靠近路口，就會遇到紅燈。我說她這樣太瘋狂了，必須要慢下來。有一個便服探員站在傑瑞的大樓門口，他滿臉都寫著「我是政府的人」。我們搭上電梯，出了門後有三個人在等著——兩個探員以及傑瑞，傑瑞是唯一跟我握手的人。傑瑞告訴艾琳說她不能跟我們一起進會議室，我們結束後他會打電話給她。艾琳堅持一定要在這裡等，她坐在大廳，臉上的表情看起來像是準備好要等一百萬年。走向會議室的途中，傑瑞把我拉到一旁，說他會交涉「有限豁免」，我說這沒什麼意義，他並沒有反駁。他叫我千萬不要說謊，如果我不知道該說什麼，就說我不知道，並且讓他來回答。麥克探員露出一個過於友善的微笑，利蘭探員則是盯著我看，好像我是一個實驗受試者，而他在觀察我的反應。他們兩個都讓我覺得很可怕。他們開始問一些關於我的問題，非常基本的問題，看起來就像是想要讓我覺得他們早就知道關於我的一切了。他們當然知道。這就是愛德在意的。政府永遠都知道一切。他們要我敘述過去兩個月的事，講了兩遍，然後我講完了「時間軸」，麥克探員要我從頭開始整個重新說一遍。我問：「從頭是指哪裡？」他說：「告訴我你們是怎麼認識的。」

二〇一三年六月十一日

結束審訊後我非常疲累，已經很晚了，接下來還有好幾天的審訊。他們不會具體告訴我到底還有多少次。艾琳載我到某間餐廳找珊卓吃晚餐。離開市中心時，我們發現還是有人在跟蹤。艾琳又開始加速並違規迴轉，試圖擺脫他們，我求她不要這樣做。我覺得她那樣開車只會讓事情變得更糟，會讓我看起來很可疑，但是艾琳是個頑固的虎媽。在餐廳的停車場，艾琳拍打那些監視車輛的窗戶，並大喊著我已經在配合了，沒有必要跟蹤。這有點讓人尷尬，很像媽媽在學校裡保護你，但我主要還是覺得很驚訝，她居然有勇氣敢這樣指責聯邦探員。珊卓坐在後面的桌子，我們點餐後開始討論「媒體曝光」，我出現在各種新聞裡。

晚餐吃到一半時，兩個男人走向我們這邊，其中一個很高的男人戴著棒球帽，另一個穿得像是要去夜店的樣子。個子很高的人說他是查克探員，就是之前打給我的那個。他說等我們吃完晚飯後，要跟我談談「開車方式」。他一說完，我們立刻就決定不再吃了。他們站在餐廳外。查克探員給我看他的警徽，說他的主要目的是為了保護我。他說可能會有人要危害我的性命安全。他拍拍自己的外套，說如果有任何危險，他一定會去解決的，因為他是「武裝小組」。他可能是要裝出很強悍的樣子，或者是讓我顯得很脆弱，好讓我信任他。他接著說，在可預見的未來，聯邦調查局會無時無刻地監視我、跟蹤我，而艾琳這種粗魯的開車方式是不被允許的。他說一般情況下探員不應該和任務對象交談，但是他認為現在情況是這樣，他必須「為了大家的安全著想」。他遞給我一張名片，上面是他的聯絡方式，他說他會整晚都把車停在艾琳家外面，我有任何需要時應該打電話給他。他說我可以去任何地方（我心想這不是廢話嗎），但是無論我打算去哪裡，都應該先傳訊息告訴他。他說：「開放地溝通會讓一切都變得更容易。」還說：「如果你能先通知我們，你會更加安全的，我保證。」

二〇一三年六月十六日—六月十八日

好幾天沒有寫日記了。我實在是太生氣了，必須做個深呼吸，才能好好想清楚我到底是在對什麼事情生氣，因為一切都亂成一團。他媽的聯邦調查局！審訊讓我很累，他們用罪犯的方式對待我，然後無論我到哪裡都要跟蹤我，但是最糟的是他們破壞了我的習慣。通常我會到樹林裡拍照或寫作，但現在無論我走到哪裡都會有人監視我。他們消耗我的精力、時間和寫日記的欲望，藉此奪走我的最後一點隱私。我必須記得任何一件發生的事。首先他們要我把筆電帶過去，複製了我的硬碟，可能也放了很多間諜程式在裡面。接著他們把我所有的電子郵件和對話紀錄複本影印出來，然後讀出我寫給愛德的東西和愛德寫給我的東西，並要我解釋那些內容。聯邦調查局覺得每個字都是密碼，廢話！任何人私底下聊天的內容看起來都會很奇怪，但這就是交往八年的人溝通的方式啊！他們表現得就好像從來沒和任何人交往過一樣！他們問一些問題，試圖讓我情緒疲勞，希望之後再回到「時間軸」時我的答案會改變。他們不肯接受我什麼都不知道，還是一直回到「時間軸」，現在多了影印出來的我所有的電子郵件、對話紀錄和我的線上行事曆。

我以為政府的人會理解愛德對於工作一直都很保密，我要和他在一起就必須接受這件事，但是他們不接受。他們不肯。過了一陣子，我開始哭泣，所以審訊提早結束了。麥克探員和利蘭探員說要送我回艾琳家，在我離開前傑瑞把我拉到一旁，他說他覺得聯邦調查局看起來很親切，「他們看起來很喜歡你，尤其是麥克。」但是他說還是要小心，讓他們載回家時不要太過放鬆。「不要回答任何問題。」我們車一開走，麥克就開口說：「傑瑞一定有叫你不要回答任何問題對吧？但我只有一、兩個問題而已。」他說聯邦調查局聖地牙哥辦公室有在打賭，探員之間有在打賭媒體要過多久才會找到我的位置。賭贏的人會得到一杯免費的馬丁尼。之後，珊卓說她很懷疑，「男人都是這個德行，他們一定是在賭別的東西。」

二〇一三年六月十九日—六月二十日

整個國家現在才剛要開始理解他們的隱私正在被侵犯，但是我的隱私已經被侵犯到一種全新的境界了。這全都要感謝愛德。我討厭發「出門通知」簡訊給查克探員，但我也討厭自己沒有勇氣不要發簡訊。最糟的一次是有一天晚上我發「出門通知」說我要去和珊卓見面，但我迷路了，我不想要停下來向那些探員尋求幫助，於是我就這樣帶著他們繞圈圈。我在想他們可能有竊聽艾琳的車，所以我開始大聲地在車子裡說話，心想他們也許可以聽見我的聲音。我不是在說話，我是在咒罵他們。我必須付錢給傑瑞，在我付完錢之後我所能想到的就是那些浪費在探員身上的稅金，他們就只是跟著我到律師辦公室或健身房。前兩天的會議結束後，我已經穿完了所有合適的衣服，所以我到梅西百貨去。探員們跟著我到女性賣場，我在想他們會不會也進到試衣間來，告訴我這件好看，這件不好看，綠色不適合你。在試衣間的入口有一台電視在播新聞，在主播說到「愛德華·史諾登的女友」時我僵住了。我跑出隔間，站在螢幕前，看到我的照片一閃而過。我迅速拿出手機，犯了一個大錯——搜尋我的名字。有許多留言都在給我貼標籤，說我是妓女或婊子。我根本不是這樣。就像聯邦調查局一樣，他們早已決定了我是怎樣的人。

二〇一三年六月二十二日—六月二十四日

審訊暫時結束了，但還是有人跟蹤我。我離開家，很高興又能回去當地的一家綢吊教室上課了。到達教室後我在路邊找不到停車位，但跟蹤我的人有位子。如果我開出某個範圍之外，他就必須離開這個停車位，所以我又繞回來搶了他的停車位。和溫蒂通了電話，我們都認為雖然愛德傷害了我們，但他做對了一件事，就是在他走的時候，確保我和溫蒂待在一起。這就是為什麼他要叫溫蒂來夏威夷，堅持一定要她過來。他希望在他的事情公開之後，我和溫蒂能一起待在夏威夷，這樣我們就可以彼此陪伴，給予彼此力量和安慰。真的很難對一個你愛的人生氣，尤其是你愛他，並且尊敬他做對的事。我和溫蒂都哭了，然後都安靜下來。我們應該是同時想到同一件事，我們怎麼可以像正常人這樣講話？有人在竊聽我們的電話。

二〇一三年六月二十五日

從洛杉磯飛到檀香山。戴著一頂紅褐色假髮到機場，通過整個安檢，還有整趟飛機。珊卓陪我一起來。我們在美食區隨便吃了點上飛機前的午餐。更多電視撥放CNN，都還在播愛德的新聞，而且依舊很荒誕不經，但我想也許這對大家來說就是全新的事實吧。收到來自麥克探員的簡訊，他叫我和珊卓到七十三號登機門去找他。真的假的？他從聖地牙哥跑到洛杉磯？七十三號登機門被用繩索隔離起來，沒有人。麥克坐在一排椅子上等我們。他翹著腳，給我們看他腳踝上戴著一把槍。又在假裝強悍恐嚇我了。他要我簽署一份文件，這樣到了夏威夷，聯邦調查局才能把愛德的車鑰匙還給我。他說有兩個探員會在檀香山帶著鑰匙等我們，還有別的探員會跟我們搭上飛機。他道歉說他不是私下來找我的。這真令人作嘔。

二〇一三年六月二十九日

已經收拾房子很多天了，中間偶爾會受到聯邦調查局的打擾，有更多表格要我簽署。經歷這一切就像是酷刑。每一樣小東西都會讓我想起他。我就像一個瘋女人，一邊收東西，一邊盯著床上他睡的那一側。但我更常發現有東西不見了，是聯邦調查局拿走的。科技產品是當然的，但還有書。他們留下來的只有腳印、牆上的磨損痕跡、還有灰塵。

二〇一三年六月三十日

懷帕胡庭院大拍賣。有三個男人回應了珊卓在分類廣告網站 Craigslist 上面發的「超優惠價格，全部帶走」。他們出現了，來翻找愛德的生活，他的鋼琴、他的吉他以及啞鈴組，任何我無法忍受出現在生活之中，或運費太貴了無法運送回美國本土的東西。這些男人盡量裝滿他們的皮卡車，然後又來了第二趟。我並不介意他們貪小便宜，對此我很訝異，我想珊卓應該也很訝異。但是當他們運走了第二趟之後，我很難過。

二〇一三年七月二日

所有東西都被送走了，除了我正在丟棄的沙發床。在聯邦調查局搜刮這棟房子之後，所剩下的屬於愛德的東西都裝在一個小小的紙箱裡了。有一些照片和他的衣服，許多無法湊對的襪子。這些東西在法庭上都不能作為證據，只能用來證明我們曾經一起生活。珊卓回到拉奈島，帶來一些打火機油和一個金屬垃圾桶。我把愛德所有的東西都倒到裡面，他的照片和衣服，然後點燃一把火柴丟下去。珊卓和我坐在旁邊看著它燃燒，煙霧冒向天空。火光和煙霧讓我想起我和溫蒂到基拉韋亞的那次旅程，在大島上的火山。那只不過是一個多月以前，但感覺就像是過了好幾年。我們怎麼能想得到我們的生活即將一發不可收拾？愛德火山即將摧毀一切？但是我記得基拉韋亞的導遊說，短期看來火山是毀滅性的，長期看來火山會推動這個世界，它創造出島嶼、讓地球冷卻下來，讓土壤變得豐饒。它的岩漿無可控制地流動，最終冷卻、變硬。火山灰發射到天空、灑落下來，變成礦物質，這會給土壤帶來營養，創造出新生命。

第二十九章 愛與流亡

如果你在閱讀本書時有任何時刻因為一個名詞而停了下來，你想要釐清或進一步調查，於是在搜尋引擎鍵入該名詞，而且如果那個名詞碰巧有些可疑，像是XKEYSCORE，那麼我要恭喜你：你已落入系統了，淪為自己好奇心的受害者。

但是，即便你沒有在線上搜尋任何東西，心懷不軌的政府仍然不費力氣便可查出你有閱讀本書。最起碼，它不費什麼力氣便可查出你有這本書，不論你是否非法下載或者在線上購買精裝本，或者在實體商店用信用卡購買。

你只不過想要閱讀而已——參與這項最親密的人類行為，透過語言進行思想交流。但這已經太過足夠了。想要與世界聯繫的自然慾望，便足以讓你的生活跟這個世界連接起來，將你自己帶進一系列全球獨特的識別碼，例如你的電郵、電話和個人電腦ＩＰ網址。藉由創造一個遍及世界的系統，經由每一種可能的電子通訊管道來追蹤這些識別碼，美國情報體系讓自己掌握權力，得以記錄與永久儲存你人生的資料。

而這只是開始而已。因為一旦美國諜報機構發現他們可以被動收集你所有的通訊，他們便會開始主動惡搞。他們在發給你的訊息中植入攻擊程式碼，亦即「漏洞利用」（exploit），藉此取得你的文字以外的資訊。現在他們有能力全面控制你的整體裝置，包括照相鏡頭和麥克風。這意味著，如果你在手機、平板電腦，或是任何現代機器上閱讀一本書，不論讀到哪裡，他們都可以追蹤及**讀取你**。他們可以分辨你翻頁的速度是快是慢，你有沒有一章接一章看下去或者是跳著看。他們會樂意忍受看著你的鼻孔，看著你邊讀邊扭動嘴唇，只要他們可以獲得想要的資料，確定辨識你這個人就好了。

這是二十年來無節制發展科技的下場，政治與專業階級夢想著成為全民主宰的最終產物。無論何地、何時及何事，你的生活如今已成為一本翻開的書，能夠隨時被讀取。

如果就定義而言，全民監控在生活中是一個經常性的存在，那麼我想，它所構成的危險以及業已造成的傷害也必定是經常性的存在。經由我跟媒體揭密，我想要將這套系統公諸於世，這是我的國家和全世界所無法忽視的事實。自二〇一三年以來，就範疇與敏銳度而言，大家的資安意識已有提升。但在這個社群媒體的時代，我們必須一直提醒自己：單是注意還不足夠。

在美國，最初媒體對於我的爆料報導開啟了一項「全國對談」，如同歐巴馬總統本人也承認。雖然我能理解他的情緒，但我希望他有注意到，之所以造成「全國」，之所以造成「對談」，是因為美國公眾第一次獲得足夠資訊而能針對此事發表意見。

二〇一三年的揭密尤其驚動了國會，參眾兩院都對國安局濫權發起數項調查。那些調查結果指出，國安局一再對全民監控計畫的性質與效用撒謊，甚至也對安全調查擁有最高權限的情報委員會委員撒謊。

二〇一五年，聯邦上訴法院就「美國公民自由聯盟控告克拉柏」一案做出判決，該案旨在於挑戰國安局收集電話紀錄計畫的合法性。法院判決指出，國安局的計畫甚至違反了愛國者法案的寬鬆標準，更別說極可能違憲。這項判決的重點在於國安局對於愛國者法案二百一十五條款的詮釋，該條款允許政府向第三方索取與外國情資及恐怖調查可能「相關」的「任何實體東西」。庭上認為，政府對於「相關」的定義太過廣泛，幾乎已失去意義。僅是因為這資料可能在未來的某個時間點變成有關聯，便將一些收集的資料稱為「相關」，這完全是「史無前例而且毫無必要」的！法院拒絕接受政府的定義，引起一些法律學者詮釋這項判決，進而質疑所有依據這種未來相關性的說法而進行大量收集的政府計畫是否合法。由於輿論興起，國會通過「美國自由法案」（USA Freedom Act），修改二百一十五條款，明確禁止大量收集美國電話紀錄。未來，這些紀錄將留在原本的地方，由民間電信業者掌控，而政府如果想要取得特定的幾通紀錄，必須有外國情報監控法院搜查令才能正式索取。

無可否認，「美國公民自由聯盟控告克拉柏」案是一項重大勝利，奠定一項重大的判例。法院宣布美國公眾具有法律地位：美國公民有權利站在法庭上，挑戰政府官方的全民監控祕密系統。隨著我的揭密所引發的無數其他案件正在緩慢而蜿蜒地進入法院審理的程序當中，在我看來，唯一越來越明朗的是，美國對於全民監控的法律反抗不過是一場國際反對運動的測試階段，正如火如荼地在政府與私部門展開。

科技資本主義者對揭密的反應是立即而強烈的，再次證明極端的危險會引來不太可靠的盟友。據我掌握的資訊，國安局如此堅決地對其認為是刻意隱瞞的資訊進行追查，已破壞網路的基本加密協定，使得公民的金融及醫療紀錄更不安全，並在此同時，對於那些需要倚靠客戶交付敏感個資的企業，造成和客戶間信賴關係的破壞以及傷害。對於此事，蘋果公司的回應是在 iPhone 及 iPad 預設強力的加密；谷歌亦跟進，對其安卓（Android）產品和 Chromebooks 筆電採取相同措施。不過，私部門最重要的改變，或許是全球各地的企業開始將他們的網路平台由 http（超文本傳輸協定），換成加密的 https（超文本傳輸安全協定），有助於預防第三方攔截網路流量。二〇一六年是科技史上一個里程碑，成為網際網路發明以來，加密的網路流量多過沒有加密的第一年。

網路現在確實比二〇一三年更加安全，尤其是在全球突然認知到加密工具與應用程式的必需性後。我個人現在也透過身為新聞自由基金會（Freedom of the Press Foundation）負責人的工作，參與設計及開發其中一些項目。這是一個非營利組織，設立宗旨是保障及賦權給新時代的公共利益新聞。該組織簡介的一個重要部分是，藉由開發加密技術，俾以維護及增強第一與第四修正案的權利。為了這個目的，新聞自由基金會在財務上支援 Signal，Open Whisper 系統所開發的加密簡訊與通話平台，並且開發 SecureDrop（最初是由已故的亞倫・史瓦茲〔Aaron Swartz〕撰寫程式碼），這是一個開放原始碼的遞件系統，讓媒體機構可以安全地接收匿名吹哨者及其他來源的文件。今日，SecureDrop 已有十種語言的版本，獲全球七十餘家媒體組織採用，包括《紐約時報》、《華盛頓郵報》、《衛報》和《紐約客》。

或許在完美的世界，也就是並不存在的烏托邦裡，單憑法律就可以讓這些工具失去作用。但在我們現在所在的世界，它們變得極有必要。修改法律絕對比修改技術標準來得更加難以達成，只要法律創新落後科技創新的一日，就一定會有機構試圖濫用這種科技和資訊的不對等來助長他們自己的利益。這時便需要依賴獨立、開放原始碼的硬體和軟體開發者來填補這種差距，提供法律無法或者不願意確保的重要公民自由保障。

以我目前的狀況，我一直被提醒著一項事實：法律因國家而異，科技則否。每個國家都有自己的法典，但電腦程式碼卻是相同的。科技跨越邊境，持有幾乎所有國家的護照。隨著時間流逝，我越來越明白，在立法上改革我出生國的監控機制，或許無法幫忙我流亡國的記者或異議人士，但加密手機就幫得上忙。

在國際間，我的揭密在具有長期濫權歷史的地方掀起對於監控的爭論。人民最為反對美國大規模監控的國家，正是那些政府合作最為緊密的國家，包括五眼聯盟（尤其是英國，其政府通訊總部仍是國安局主要合作夥伴）和歐盟國家。努力因應納粹與共產主義過去的德國，正是這種脫節的主要案例。德國人民與國會驚恐地獲悉國安局在監控德國通訊，甚至鎖定梅克爾總理的手機。但在同時，德國聯邦情報局卻與國安局在無數行動中合作，甚至代為執行某些國安局無法或不願單獨進行的監控計畫。

幾乎全球每個國家都面臨類似的窘境：人民群情激憤，將監控視為民主的詛咒，其政府卻同流合污、依賴監控來掌控人民，這樣的民選政府實際上已不再是民主國家。這種認知失調遍布全球，使得個人隱私憂慮重新成為國際間對於人權的討論範疇。

自從二次大戰結束以來，全世界的自由民主政府首度討論到隱私是男女老少的天生權利。如此一來，他們重新提起一九四八年聯合國《世界人權宣言》，第十二條載明：「任何人的私生活、家庭、住所或通訊不容無理侵犯，其榮譽及信用亦不容侵害。人人有權受法律保護，以免受這種干涉或攻擊。」與所有的聯合國宣言一樣，這種宏大的理想永遠無法實施，它的目的是要在這個甫經歷核子暴行與種族滅絕，正面臨著空前大量的難民與無國家狀態的世界，建立起跨國公民自由的新基礎。

依然沉浸在戰後普世理想主義的歐盟，如今成為第一個將這些原則付諸實行的跨國集團，頒布新指示將會員國的吹哨者保護標準化，同時設立隱私保護的標準法律框架。二〇一六年，歐洲議會通過「一般資料保護規範」（GDPR），成為迄今防範科技霸權侵犯的最重大措施，歐盟往往認為科技霸權是美國霸權的延伸，這也不無道理。

GDPR將歐盟公民，規範為「自然人」，視為「資料主體」（data subject），亦即產生可識別個人資料的人。在美國，資料通常被視為所有收集者的財產。但是，歐盟認定資料是其代表之個人的財產，因而得以使個資加入應該受到公民自由保護的行列。

GDPR無疑是一大法律進步，但是，即便它是一項跨國法規，仍嫌範圍過於狹隘：網路是全球通行的。我們的自然人格絕對不會成為我們資料主體的法律同義字，尤其是因為前者受到時空限制，而後者可以同時存在於許多地方。

現在，不論你是何人，身在何處，都可以透過多重分身沿著信號通道漫遊國外，沒有你自己的國家，但卻遵守你通過的各個國家的法律。日內瓦的生活紀錄存放在大華府地區；攜帶東京婚禮的照片檔案去雪梨度蜜月；將瓦拉納西葬禮的影片上傳到蘋果iCloud。我的個人照片、資訊、影片等，其中一部分位於我的家鄉北卡羅萊納州，一部分散布在亞馬遜、谷歌、微軟和甲骨文等合作伺服器，遍及歐盟、英國、南韓、新加坡、台灣和中國。

我們的資料雲遊四海，無邊無際。

早在出生前，當科技偵測到我們在子宮裡，我們便開始創造這份資料，即使在我們死後，我們的資料仍不斷增加。當然，我們有意識地製造的記憶、選擇保存的紀錄，不過是我們人生被企業與政府的監控所擰出來的資訊的其中一個小碎片，而大多是無意識地，或是未經我們同意。我們是地球歷史上首度遭遇這種情況的人，是首度背負著永久檔案的人，也就是說我們被收集的紀錄將永久存在。正因為如此，我們才有特殊責任。我們必須確保自己過去的紀錄不會被用來對付我們，或者對付我們的子孫。

現在，我們稱為隱私的自由已獲得新世代擁護。他們在九一一事件時尚未出生，一輩子都活在這種無所不在的監控幽靈之下。這些未曾見識過其他世界的年輕人決心去想像一個那樣的世界，而他們的政治創造力與科技獨創性給了我希望。

假如現在不採取行動要回我們的資料，我們的子女或許就要不回來了。那麼，他們和他們的子女也會被困住，世世代代被迫要活在前一代的資料幽靈之下，成為資訊大量累積的目標。那些資料可能被用於社會控制與人類操弄，不僅踰越法律限制，甚至超乎想像。

我們當中誰能預期未來？誰膽敢這麼做？第一個問題的答案是：沒有人。第二個問題的答案則是：每個人，尤其是地球上的每個政府與企業，而這正是我們的資料的用途。演算法用以分析資料，找尋既定行為模式以推斷未來行為，這種數位預言只是比看手相的類比方法稍微準確一些而已。一旦你深入挖掘用以預測的實際技術機制，你便會了解這種科學實際上是反科學，而且名稱大錯特錯：預測其實是操弄。一個網站告訴你說，由於你喜歡這本書，所以你或許也喜歡國家情報總監克拉柏或前國家安全局局長海登的書，這並不是什麼有根據的猜測，而是一種「微妙的強制」機制。

我們不能放任自己受到這樣的利用，被利用來對抗未來。我們不能允許自己的資料被用來向我們推銷絕對不可以出賣的東西，例如新聞。如果袖手不管，所看到的新聞將只是我們想要的新聞，或是當權者希望全民看到的新聞，而不是必要的坦白共同對話。不能放任我們所受到的全面監控，以之來「計算」我們的公民分數，或是「預測」我們的犯罪行為；我們會受什麼教育，會找到什麼工作，或是能否受教育或找工作；依據金融、法律和醫療紀錄來歧視我們，更別說還有族群或種族，這些都是我們的資料的構成因素。至於個人最私密的資料，我們的基因資訊：如果坐視這種資訊被用來辨識我們，那麼它也會被用來加害我們，甚至修改我們，按照試圖控制全民的科技概念，重新塑造我們的人性本質。

當然，以上種種全部都已經發生了。

流亡：自從二〇一三年八月一日以來，我每天都回想到「流亡」這個字眼是我青少年時用來形容沒辦法連線的情況。Wi-Fi 斷線了？流亡。我離開信號範圍了？流亡。那時總是那麼說的我，看起來如此年輕，也如此遙遠。

當人們問我現在生活過得怎麼樣，我總是回答跟他們的生活很相似，我花很多時間在電腦前，閱讀、寫作及互動，在媒體喜歡說的「沒有揭露的地點」——其實就是我在莫斯科碰巧租到的任何一間雙房公寓，我用網路躍上世界各地的舞台，向學生、學者、議員及技術人員等聽眾講述在數位時代保護公民自由。

有些日子，我和新聞自由基金會的董事會成員舉行虛擬會議，或是跟歐洲憲法和人權中心的歐洲法律團隊討論，其負責人是沃夫岡．卡萊克（Wolfgang Kaleck）。其他日子，我外帶一些漢堡王，我對這個品牌保持忠誠；玩一些盜版遊戲，因為我不再使用信用卡。我的例行公事是每天跟我的美國律師兼密友聯繫，以及美國公民自由聯盟的全能顧問班．魏茲納（Ben Wizner），他一直是我在這個現實世界的嚮導，並且忍受我對理想世界的冥想。

這就是我的人生。但在二〇一四年的冰冷冬季，我的人生變得明亮了，因為琳賽來看我，這是我們自夏威夷以來第一次相見。我努力不要有太多期待，因為我知道自己不值得擁有這種機會；我唯一值得的是被甩個大耳光。但是，當我一打開門，她用手撫摸我的臉頰，我告訴她，我愛她。

「噓，」她說，「我知道。」

我們無聲地擁抱彼此，每次呼吸都像是承諾要彌補失去的時光。

那刻起，我的世界就變成她的了。我一直很宅，其實在我來俄羅斯之前，我的習慣就是這樣。可是琳賽很堅持：她從沒來過俄羅斯，現在，我們要一起去當觀光客。

我的俄羅斯律師阿納托利・庫奇瑞納（Anatoly Kucherena）幫我取得政治庇護，他是唯一有遠見、懂得要帶著傳譯員一同出現在機場的律師。他是有文化素養及足智多謀的人，他不只擅於處理我的法律問題，亦擅長在最後一刻弄到歌劇門票。他幫我們安排莫斯科大劇院兩個包廂座位，於是琳賽和我盛裝前往，不過我不得不承認我很擔心。那裡有好多人，全都擠在一個大廳。琳賽感受到我逐漸不安。當燈光暗下，布幕拉起，她傾身過來戳我的肋骨，低聲說：「這裡沒有人是來看你的。他們是來看戲的。」

琳賽和我也花了一些時間去逛莫斯科的博物館。特烈季亞科夫美術館（Tretyakov Gallery）有著世上最豐富的俄羅斯東正教畫作的收藏。我想，為教會作畫的藝術家主要是承包商，因此不能在他們的作品上簽名，或者他們寧可不簽。促成這些作品的時期與傳統並不太認同個人成就。琳賽和我站在其中一幅經典畫作前面時，一名青少女忽然間擋在我們中間。這不是我第一次在公開場合被認出來，但因為琳賽在場，這顯然很有成為新聞頭條的價值。操著德國腔的英語，這個女孩問說她可不可以跟我們合照。我不知道我為什麼做出那種反應，或許是這個德國女孩羞怯有禮的詢問方式，或許是琳賽總是能讓我心情變好、待人寬容，就這麼一次，我毫不猶豫同意了。琳賽微笑著，女孩站在我們中間拍了一張照片。她接著說了一些甜美的打氣話語，便離去。

沒多久，我拖著琳賽離開美術館，我擔心萬一那個女孩把照片上傳到社群媒體，我們很快便會引起不必要的注意。現在，我對於自己有那種想法感到很愚蠢。我一直神經兮兮地在線上檢查，可是那張照片始終沒有出現。那一天沒出現，之後一天也沒有。據我所知，那張照片從未公開過，只是被當做一個私人時刻的回憶。

每當我出門，我都會做一些變裝。我或許刮掉鬍鬚，或許換不同的眼鏡。我從來不喜歡寒冷的天氣，直到後來我明白帽子與圍巾提供世上最便利、最不顯眼的匿名。我改變走路的規律與速度；不聽從母親的明智意見，我過馬路時從來不看著來車，因此我從來沒有被無所不在的行車紀錄器給拍到。走過裝設監視器的大樓時，我便低著頭，所以沒有人看到我通常出現在網路上的正面模樣。我以前擔心搭公車與地鐵，可是現在大家都忙於盯著手機，根本沒人看我一眼。如果我搭計程車，我會叫司機在距離我住處幾條街外的公車或地鐵站接我，讓我在距離我要去的地方幾條街外的一個地址下車。

今天，我在這個廣大的陌生城市走了很長的路，想要找尋玫瑰。紅玫瑰、白玫瑰，或者藍色紫羅蘭，總之就是任何我可以找到的花。但我不會說任何花名的俄羅斯語，我只是嘟囔著說，用手比劃。

琳賽的俄語說得比我好。她也比較容易笑，更有耐心、慷慨與仁慈。

今晚，我們要慶祝我們的週年。琳賽三年前搬來這裡，兩年前的今天，我們結婚了。

致謝

二〇一三年五月，我在香港的飯店房間裡坐著，想著會不會有任何記者出現，要來見我，我從未這麼寂寞過。六年後，我發現自己處於完全相反的狀態，受到全球越來越多的記者、律師、技術人員以及人權倡議人士的歡迎，我不勝感激。在一本書的結尾，作者通常要感謝幫助這本書完成的所有人，我當然打算要在這裡做這件事，但是我同時也必須感謝那些讓我的生活得以順利進行下去的人，否則我就沒有盡到該盡的責任了，是他們維護我的自由，尤其是持續無私地保護我們的開放社會，以及讓我們和所有人連結起來的科技。

過去九個月，約書亞・柯恩（Joshua Cohen）帶我去上寫作課，幫忙把我雜亂無章的記憶和簡短的發表整理成一本書，一本我希望能讓他感到驕傲的書。

克里斯・巴黎斯—藍柏（Chris Parris-Lamb）證明了他是一個精明又有耐心的經紀人，山姆・尼克森（Sam Nicholson）提供了敏銳且清晰的編輯和幫助，以及 Metropolitan 出版公司的整個團隊，吉莉安・布雷克（Gillian Blake）、莎拉・柏席托（Sara Bershtel）、瑞瓦・

霍徹曼（Riva Hocherman），和格里戈里・托夫比斯（Grigory Tovbis）。

這個團隊的成功證實了每個成員的才華，以及組織這個團隊的人的才華——班・魏茲納，我的律師，也是我的朋友，這是我的榮幸。

同樣地，我要感謝我的國際律師團隊，他們不辭辛勞地維護我的自由。我也要感謝美國公民自由聯盟的執行長安東尼・羅密歐（Anthony Romero），他接受我可能對組織帶來的政治風險，以及其他美國公民自由聯盟的工作人員這些年來對我的幫助，有班奈特・史坦（Bennett Stein）、尼可拉・莫洛（Nicola Morrow）、諾亞・雅喬特（Noa Yachot），和丹尼爾・康・吉爾摩（Daniel Kahn Gillmor）。

此外，我還要感謝鮑伯・沃克（Bob Walker）、詹・塔維提安（Jan Tavitian）以及他們在演講經紀公司 American Program Bureau 的團隊，他們將我的訊息傳播給全世界的新受眾，讓我得以維生。

特雷佛・提姆（Trevor Timm）和新聞自由基金會的其他董事會成員提供我空間和資源，讓我重新去做我真正懷抱熱情的事物，為了社會公益的電腦工程。我特別感謝前新聞自由基金會營運經理艾曼紐・莫拉勒斯（Emmanuel Morales）以及現任新聞自由基金會董事會成員丹尼爾・艾斯柏格，他的正直可做為全世界的榜樣，也帶給我溫暖和真誠的友誼。

撰寫這本書時，我是使用免費的開源軟體，我要感謝 Qubes Project 和 Tor Project，以及自由軟體基金會。

感謝格倫·格林華德、蘿拉·柏翠絲、艾文·麥卡斯吉、巴特·傑爾曼等大師級人物，讓我明白在截稿期限內寫作是什麼情況，他們的專業結合了熱情與正直。在我自行進行編輯工作之後，更加欽佩他們的編輯專業，他們無所畏懼、願意承擔風險，讓他們的原則更有意義。

我最深的感謝要獻給莎拉·哈里森。

我深愛我的家人，我的父親隆恩，我的母親溫蒂，以及我優秀的姊姊潔西卡。

我只能用一種方式結束這本書，也就是我開啟這本書的方式——獻給琳賽，她的愛讓我得以度過流亡生涯。

REVOLUTION 16

永久檔案

作　者—愛德華・史諾登（Edward Snowden）
譯　者—蕭美惠、鄭勝得
主　編—李筱婷
協力編輯—張嘉云
企　畫—藍秋惠
美術設計—Poulenc

董事長—趙政岷
出版者—時報文化出版企業股份有限公司
108019台北市和平西路三段二四〇號七樓
發行專線—（〇二）二三〇六六八四二
讀者服務專線—〇八〇〇二三一七〇五
（〇二）二三〇四七一〇三
讀者服務傳真—（〇二）二三〇四六八五八
郵撥—一九三四四七二四時報文化出版公司
信箱—10899臺北華江橋郵局第99信箱
時報悅讀網—http://www.readingtimes.com.tw
時報出版愛讀者—http://www.facebook.com/readingtimes.fans
法律顧問—理律法律事務所　陳長文律師、李念祖律師
印　刷—紘億印刷有限公司
初版一刷—二〇一九年九月十二日
初版七刷—二〇二一年五月二十四日
定價—新台幣四二〇元

時報文化出版公司成立於一九七五年，
並於一九九九年股票上櫃公開發行，於二〇〇八年脫離中時集團非屬旺中，
以「尊重智慧與創意的文化事業」為信念。

永久檔案 / 愛德華. 史諾登 (Edward Snowden) 著 ; 蕭美惠、
鄭勝得　譯. -- 初版. -- 臺北市 : 時報文化, 2019.09
面 ;　公分. -- (Revolution ; 16)
譯自 : Permanent record
ISBN 978-957-13-7953-1(平裝)

1. 史諾登 (Snowden, Edward)　2. 傳記　3. 美國

785.28　108014690

PERMANENT RECORD by Edward Snowden

Published by arrangement with Metropolitan Books, an imprint of Henry Holt and Company
through Bardon-Chinese Media Agency

ISBN 9789571379531
Printed in Taiwan